Verlag
Karin Kestner

Dieses eine Leben,
zu wertvoll um
aufzugeben,
zu schade, um
sich nicht treu
zu bleiben ...

Alles Gute und
Dank

Sabine, Norbert und Kinder
29.12.2006

Sabine Helbig

Blitzlichter in der Dunkelheit

Das Leben einer tauben Frau

Verlag Karin Kestner
www.kestner.de

Verlag
Karin Kestner

Sabine Helbig
Blitzlichter in der Dunkelheit
Das Leben einer tauben Frau

Titelfoto: Sabine Helbig
Umschlaggestaltung und Satz: Tiemo Hollmann
Verlag: Verlag Karin Kestner
Hufgarten 4b
D-34302 Guxhagen
Tel: +49 (0) 5665 31 67
Fax: +49 (0) 5665 35 56
E-Mail: karin@kestner.de
Internet: www.kestner.de

ISBN: 3-9810709-5-X
978-3-9810709-5-8
Auflage: 1. Auflage

Für die Menschen,
denen ich mich nahe fühle -
die mir Liebende, Begleiter, Vertraute, Freunde sind!

Vorwort

September 2002, unsere erste Begegnung bei der Zehnjahresfeier und dem 7. Symposium der Tinnitus-Klinik in Bad Arolsen.

Du, Karin, und dein Berufskollege, ihr hattet dort einen Einsatz als Gebärdensprachdolmetscher. Für mich ward ihr bestellt worden. Wozu brauche ich einen Gebärdensprachdolmetscher? Ich bin taub! Ständig sah ich auf deine Hände, sehr schöne Hände! Sie übersetzten gesprochene Sprache in Zeichen, die ich sehen konnte. Ich verstand durch euch, was gesprochen wurde. Wir unterhielten uns in der Pause über das, was uns gerade bewegte und versicherten uns bereits damals schon einer beginnenden Sympathie füreinander. In der folgenden Zeit konntest du noch mehrere Male für mich in der Klinik, in der ich als einzige gehörlose Sozialarbeiterin beruflich tätig war, dolmetschen.

Uns beschäftigten spontane Ideen und gemeinsame Visionen, die mich ermunterten, in meiner Arbeit mutiger und selbstsicherer zu argumentieren, wenn es um heikle Themen ging, die um Probleme hörgeschädigter Kinder, der Cochlear-Implantat-Technologie oder andere gesellschaftskritische Fragen gingen. Deine geradlinige Persönlichkeit, dein Mitgefühl für hörgeschädigte Menschen, die nach wie vor eine Randgruppe in unserer Gesellschaft darstellen, haben mich von Anfang an fasziniert.

Kurze Zeit darauf verließ ich Bad Arolsen, beendete das Arbeitsverhältnis und kehrte in einen Ort knapp 400 Kilometer entfernt zu meiner Familie zurück. Ich entschied mich mit allen Konsequenzen für einen ganz anders gearteten Lebensabschnitt. Der Kontakt zwischen uns brach in der folgenden Zeit nicht ab. Du erlebtest mich nun als Privatmenschen, der dir berichtete, was mich in meinen Rollen als Mutter, Geliebte, Arbeitnehmerin und Freundin im Alltag beschäftigte. Und du nahmst Anteil – sprachst von „mögen“ und „schätzen“.

Die Umorientierung vom aktiven Berufsleben in eine neue Lebensform war ein Prozess, der nicht leicht zu bewältigen war. Auch jetzt ist es noch nicht so, dass ich von vollständiger Anpassung an die neue Situation sprechen kann. Alleinsein über Stunden, an jedem neuen Tag, brachte es mit sich, dass sich mir viele Erinnerungen aufdrängten, zu viele, um mit einem freien Kopf durch den Alltag zu gehen. Langsam reifte in mir der Entschluss, schreiben zu wollen, aufzuschreiben, was ich als hörgeschädigter Mensch erlebt habe, um Spuren zu hinterlassen, Mut zu machen und Sensibilität für Zusammenhänge zu erwecken. Und du hast mir den Rat gegeben, aus meinem Leben zu erzählen – einfach nur zu erzählen, was mir zu sagen wichtig ist. Ja, ich erzähle dir aus meinem Leben – viele Episoden!

Mutter

Wer war diese Frau, die mich geboren hat? Dunkler Kurzhaarschnitt im Stil der sechziger Jahre, klein, mit weiblichen, aber zurückhaltenden Proportionen, wunderschönen warmen Augen, weißen Perlzähnen und einem Mund, der wie für das Küssen geschaffen war.

Sie liebte es, schlicht und klassisch gekleidet zu sein, Rolli oder Bluse, Rock, neutrale Strümpfe und bequeme Schuhe. Lippenstift und Creme, ihre wichtigsten verschönernden Kosmetikutensilien, sie war jedoch von Natur aus schön! Ihr ganzes Wesen war schlicht und einfach und doch besonders. Sie konnte Menschen mit ihrem herzlichen Lachen, ihrer Stimme und offenen Art schnell für sich einnehmen. Ihre Gefühle, ihr Denken und Handeln standen unter dem Eindruck ihrer Kindheit, den Kriegsjahren, der Flucht aus der Heimat, der Fürsorge für andere Menschen und persönlichen Lebensentscheidungen. Mehr darüber erfuhr ich aus eigenem Erleben und aus ihren persönlichen Erzählungen.

Mein Bruder übergab mir nach ihrem Tode im Oktober 2004 alle Fotos, die sie gesammelt hatte, und bat mich, sie zu ordnen, zu archivieren und zu behüten. Mir Bilder meiner Mutter anzusehen, die für mich drei Mal gestorben war, war emotionale Schwerstarbeit.

Für mich starb sie das erste Mal, als sie sich für eine neue Familie entschied und sich offen dazu bekannte, dass sie sich mit meiner Erziehung überfordert fühlte, nachdem sie von meiner Hörschädigung erfuhr. Der zweite Tod kam in Gestalt der Alkoholkrankheit daher, welcher letztlich zu ihrem dritten, dem körperlichen Tod führte. Tod bedeutet für mich aber nicht das Vergessen eines Menschen, sondern nur die Abwesenheit der real sichtbaren Person.

Ich erinnere mich:

Sie saß meist auf einem Küchenstuhl, Zigarette in der Hand, die wohlverdiente Pause genießend, einen aufmerksamen Blick auf mich gerichtet – es war Zeit für einen Schwatz zwischen Mutter und Tochter. Immer war es irgendeine Küche, die sie als Platz zum Ausspannen nutzte. Wir mochten beide diese Küchen, Hort und Zentrum der Familie.

Selten waren diese Momente, in denen sie Muße fand, sich von der täglichen Arbeit zu erholen und mit mir auf Zeitreise zu gehen! Als sie noch mit mir allein bei meinen Großeltern lebte, war ich zu klein, um mich an Gespräche mit ihr erinnern zu können. Sie war aber anwesend, mich behütend und beschützend. Da ihre Eltern gehörlos waren, war sie kommunikativ sehr gut erreichbar für mich, sie setzte alle ihr zur

Verfügung stehenden Hilfsmittel wie einfache Gebärden, deutliches Mundbild, Gestik, Mimik und Körpersprache ein. Ab meinem siebten Lebensjahr, als ich schon nicht mehr bei ihr wohnte, kam sie regelmäßig zu meinen Großeltern, bei denen ich lebte. Dort erzählte sie mir Geschichten – immer wieder neu und von mir heiß begehrt. In diesen Augenblicken liebte ich sie mit der ganzen Kraft einer Kinderliebe, die unabhängig von meinem realen Alter war, und hing förmlich an ihren Lippen, wenn sie begann, ihre Geschichten zu erzählen:

„Sabine, dein Großvater war ein sehr strenger Vater. Weihnachten war furchtbar für uns vier Geschwister. Ich musste meine Zöpfe züchtig flechten, die Jungs bekamen Spucke auf den Kopf und ihnen wurde ein akkurater Seitenscheitel gezogen. Dann mussten wir uns wie Orgelpfeifen aufstellen. Der älteste Bub hatte ein Weihnachtslied zu spielen und wir anderen sollten dazu singen. Wir sangen fürchterlich falsch, und die Flöte misstönte. Vater hörte das jedoch nicht, sah uns nur den Mund bewegen und zwischendurch lachen. Er wurde zornig, lief rot an und holte den Teppichklopfer. Wir rannten vor Angst auf die Toilette und blieben den halben Heiligabend darin. Das Fest der Heiligen war damit für alle futsch."

Eine andere Geschichte:

„Weißt du, nach dem Kriege war es Luxus, in eine Kinovorstellung zu gehen, das war für mich ein Höhepunkt im Alltag. Ich, ein Fräulein, jung, hübsch und lebenslustig, durfte zwar ins Kino gehen, hatte aber Punkt 22:00 Uhr zu Hause zu sein. Kennst du noch die Zeit, wenn Stromsperren das Licht ausgehen ließen? Man musste überall Kerzen bereithalten, um nach Einbruch der Dunkelheit nicht ganz im Finstern zu sitzen! Ja, und an besagtem Abend musste wegen einer Stromsperre die Vorstellung unterbrochen werden, sodass der Film länger lief als geplant.

Vater hatte seine guten Privatkunden, die ihm - er war selbstständiger Schneidermeister - lukrative Schneideraufträge gaben. So einen Kunden, einen stadtbekannten Förster, traf ich auf dem Heimweg und dieser dachte sich, dass er gleich noch mal bei uns daheim vorbeischauen könnte, um mit Vater etwas abzusprechen. Er könnte mich auch gleich nach Hause bringen, also mich auf dem Weg dorthin beschützen.

Wir kamen an, ich öffnete die Tür. Vater wartete schon in der Küche und kam sofort auf uns zu.

Er konnte jedoch den Kunden im Dämmerlicht nicht richtig sehen und hören sowieso nicht, er sah nur, dass es ein Mann war. Seine Miene versprach nichts Gutes. Es war zwecklos, ihn vorzuwarnen, der gute Kunde bekam eine kräftige Ohrfeige dafür, dass er mich erst so spät

Abend nach Hause brachte. Oh, peinlich, peinlich und das nicht nur für mich, sondern auch für Vater, als sich alles aufklärte. Er mochte es überhaupt nicht, wenn er sich mit seiner Taubheit konfrontiert sah und ihm ein solcher Fauxpas unterlief."

Wenn meine Mutter über ihre Eltern sprach, lachte sie meistens und der Schalk saß ihr im Nacken. Sie war das älteste hörende Kind von vier durch die Bank hörenden Geschwistern, ein Geschwisterchen starb bereits als Baby. Mutter wusste damals schon um ihre kindliche Macht, die aus dem Hören – aber auch aus den Umständen der damaligen Zeit - resultierten.

„Nach dem Kriege litten wir furchtbaren Hunger, der Hunger hat uns erfinderisch gemacht und schamlos, wenn es darum ging, auf Diebestour zu gehen, um Essen zu beschaffen. Essen war überlebenswichtig.

Dein Opa hatte einen heißen Draht zu einem russischen Offizier. Er bekam von ihm gutes Essen, wenn er für ihn Maß nahm, um Uniformen zu schneidern. Der Offizier ließ ihn bei Bedarf persönlich zu sich kommen. Also machte er sich eines Tages wieder mal auf den Weg und ging an den Wachposten vorbei. Diese jedoch riefen „Halt – stehen bleiben!" Aber dein Opa, so taub wie er war, ging weiter, ging angeblich kaltschnäuzig weiter, was den einen Wachposten in größte Rage brachte und zuschlagen ließ. Opa lag da, wusste sicher zunächst nicht mal was überhaupt los war, zumal er nicht auf Schläge gefasst gewesen war. Als dem Offizier dies zugetragen wurde, war ihm der Vorfall sehr peinlich. Er hatte deinen Opa ins Herz geschlossen und seinen tauben Schneider draußen liegen zu sehen, gefiel ihm gar nicht. Sein schlechtes Gewissen, nicht daran gedacht zu haben, den Wachposten mitzuteilen, dass sein gehörloser Schneider kommt, hatte sich wohl auf höhere Nahrungsmittelmengen ausgewirkt und Opa kam mit einem gehörigen Schrecken und vielen Lebensmitteln davon."

Ich schaute auf Mutters Mund, saugte die von ihren Lippen geformten Sätze auf, es entstanden Bilder in meinem Kopf, ich fieberte förmlich mit. Dies wiederum freute meine Mutter so sehr, dass sie bereitwillig mehr erzählte, wenn ich mit großen Augen vor ihr saß und sie darum bat.

Eines Tages erzählte sie mir mehr über ihre Kinder- und Jugendjahre in Stettin, vom Krieg, der alle ihre Träume zerstörte und der sie aus der Heimat vertrieb. Sie sprach über ihre Geschwister, für die sie sich verantwortlich fühlte, weil ihre Eltern gehörlos und in ihren Augen manchmal hilflos waren.

„Du, Sabine, meine Eltern wurden beide in Stettin, einem Ort im Norden des heutigen Polen, geboren. Mein Vater im Jahre 1911 und meine Mutter zwei Jahre später, 1913. Damals gehörte Stettin noch zu Deutschland. Die Pommersche Landschaft ist geprägt vom Meer und von nordischen Einflüssen. Stettin ist eine große und liebenswerte Stadt inmitten von viel Grün.

Sieh mal, ich zeige dir ein Foto von ihr. Die Mutter und Schwester meiner Mutter sind früh gestorben, so dass der Vater mit seiner kleinen Tochter allein da stand. Er verwöhnte sie sehr, aus Angst, sie auch noch zu verlieren. Trank gern mal einen Schnaps und war ein Gentleman.

Dann erkrankte Mutter an einer Infektionskrankheit, durch die sie taub wurde, was ihren Vater veranlasste, sie noch mehr zu behüten. Er ließ sie in der Taubstummenanstalt Stettin einschulen. Sie wuchs zu einer sehr schönen, begehrten Frau heran, schwarzhaarig, rassig und klug.

Vater dagegen wuchs in einer kinderreichen Familie auf, deren Mutter auf die Unterstützung aller Kinder bei der Hilfe im Haushalt angewiesen war. Sie erzog ihre Kinder streng und lehrte sie den christlichen Glauben. Auch er ertaubte nach einer Infektionskrankheit im frühesten Kindesalter und besuchte auch die Stettiner Taubstummenanstalt. Er war sportlich, genau wie seine zukünftige Frau. Er schwamm und spielte Fußball. So kam es, dass sich die beiden in der Taubstummenanstalt kennen und lieben lernten. Sie heirateten kirchlich, als meine Mutter ihre Schwangerschaft nicht mehr verheimlichen konnte. Im September 1935 erblickte ich, ihr erstes gemeinsames Kind, das Licht der Welt und blieb von allen ihren Kindern die einzige Tochter.

Zu dieser Zeit legte Vater seine Meisterprüfung als Schneidermeister ab und erhielt den Meisterbrief, den er für eine geplante Selbstständigkeit benötigte. Mutter schenkte in Abständen von jeweils zwei Jahren drei Söhnen das Leben. Obwohl sie gehörlos waren, sprachen und gebärdeten die Eltern zwanglos mit uns Kindern, jedoch noch in der alten Gebärdensprachform, wie sie damals noch angewandt wurde. Offiziell wurde die Gebärdensprache nicht gern gesehen, auch nicht gelehrt. Dennoch ließen sich die gehörlosen Kinder der Gehörlosenschule ihre Muttersprache nicht nehmen und behielten sie unter ihresgleichen bei.

Wir waren eine glückliche Familie, unternahmen viel mit unserem Vater, gingen auf den Fußballplatz, spazieren und feierten Feste mit den gehörlosen Freunden unserer Eltern. Mutter kümmerte sich in der Zeit, während wir Kinder außer Haus waren, um den Haushalt. Mit sechs Jahren wurde ich in die Stettiner Volksschule eingeschult und konnte diese zwei Jahre lang besuchen.

Hitler kam 1933 an die Macht und überfiel 1939 Polen. Der Krieg holte auch uns ein. Bomben fielen auf unser Stettin. Fliegeralarm, Schreie,

Feuer und Angst, doch meine Eltern hörten die Fliegeralarme nie. Ich hatte mehr Angst um meine Eltern und kleinen Geschwister als um mich selbst. Ich war acht, Sabine, ich war erst acht Jahre alt und wir alle verloren unser Zuhause durch Feuer, Zerstörung, Hunger und Tod. Es war alles so furchtbar. Zum Kriegsende, im Jahr 1945, wurden wir nach Stolp evakuiert und kehrten danach wieder zurück nach Stettin, in unsere „alte" Straße, wohnten nur ein Haus weiter als zuvor. Dort besuchte ich dann auch wieder die Schule, bis wir 1947 in den Osten Deutschlands umsiedeln mussten. Vater verließ Stettin getrennt von der Familie und Mutter zog mit uns und dem Flüchtlingstreck allein zum angegebenen Ort, in dem wir unser neues Leben beginnen sollten. Die Flucht war eine Tortur: wieder Hunger, Läuse, Schwäche und Angst. Unterwegs rasteten wir unter anderem in Bunkern. Mutter wurde von fremden Soldaten überfallen, mehrere Soldaten befriedigten ihren Sexualtrieb an ihr und wir Kinder mussten hilflos zusehen, wie unsere Mutter benutzt wurde und schrie. Sabine, am nächsten Morgen waren ihre Haare weiß, keins von uns Kindern konnte diesen Anblick je vergessen."

Fast jedes Mal hielt meine Mutter an dieser Stelle inne, blickte in die Ferne und verharrte Minuten schweigend, bevor sie mit dem Erzählen fortfuhr:

„Irgendwie schafften wir es mit der Hilfe eines Fremden, die Flucht fortzusetzen.

Unsere neue „Heimat", die uns zugewiesen wurde, war ein kleines Städtchen im östlichen Teil der Ostharzes, eingebettet in Wald, der bis in den Oberharz hineinreichte. Die Historie dieses Städtchens war dem Straßenbild anzusehen – Residenzstadt mit Schloss, Marstall, langer Kastanienallee, Klosterburg und Ballsaal. Wir erhielten eine Wohnung mit Gemeinschaftsküchenbenutzung. Dort versuchten wir uns einzuleben. Dabei half uns eine feine adlige Dame, Frau von B., sie gab uns Möbel, Kleidung und manchmal Nahrung. Wir Kinder konnten bald wieder die Schule besuchen, die Freizeit war ausgefüllt mit der Beschaffung von Nahrungsmitteln. Die Umgebung war für uns Kinder gut geeignet, um unserem Bewegungsdrang nachzugeben und Streiche auszuhecken. Vater nähte und nähte, um unser Überleben zu sichern. Dann wurde Mutter noch einmal schwanger – von einem dieser Soldaten. Das Baby war sehr kränklich, es lebte nur ein paar Monate. Immer öfter musste ich für meine Mutter auf dem Schwarzmarkt Zigaretten ergattern, sie rauchte Kette, um das Hungergefühl zu überdecken. Wir kochten immer riesige Portionen Essen in einen großen Topf und das musste gerecht verteilt werden. Fleisch gab es selten, und wenn, dann ließ ich es bis zuletzt auf dem Teller, um es langsam zu genießen. Es gab oft Streit um jeden Happen zwischen uns Geschwistern.

Unsere Mutter wurde immer kränklicher, schlimmer Husten quälte sie. Ich übernahm ihre Aufgaben, kochte, wusch, schaffte für alles, was so getan werden musste und übersetzte Gespräche, damit meine Eltern mit Informationen versorgt wurden. Eines Tages wurde Mutter in eine Lungenklinik, gebracht, es sah schlecht für sie aus. Auf mir lastete noch mehr Verantwortung, ich war doch erst 12 Jahre alt. Mutter erholte sich nie mehr richtig von der schweren Krankheit. Sie resignierte und zog sich von der Außenwelt zurück. Sie widmete sich wieder mehr der Hausarbeit und überließ meinem Vater die aktive Familienrolle. Er wurde für sie zum Halt. Wir Kinder dagegen wurden für unseren Vater zum kommunikativen Halt, wir nahmen die Vermittlerrolle ein.

So vergingen die Jahre. Wir wurden konfirmiert, gewannen Freunde und beendeten einer nach dem anderen die Schule. Es folgten Lehrjahre. 1955 absolvierte ich als Studentin eine pädagogische Ausbildung am hiesigen Institut für Lehrerbildung. Danach arbeitete ich in einem Vorschulheim als Erzieherin.

Wir lebten auf dem Gebiet der sowjetischen Besatzungsmacht, zu dem auch der Ostsektor Berlins gehörte. Am 7. Oktober 1949 wurde die Deutsche Demokratische Republik gegründet. Sie wurde fünf Monate nach der Gründung der Bundesrepublik Deutschland ausgerufen. Die DDR war ein sozialistischer Staat nach dem System der Sowjetunion. Dies bedeutete eine ideologische Spaltung zum Westen Deutschlands hin, da die Bundesrepublik in der westlichen Hemisphäre verankert war, wo wirtschaftlich der Kapitalismus vorherrschte.

Deutschland war stark von den Kriegsfolgen betroffen, Hunger, Kälte, finanzielle Not führten zu einem wirtschaftlichen Zusammenbruch ganz Deutschlands. Die USA und Großbritannien sorgten dafür, dass schlimmere Not verhindert wurde. Der Marshallplan führte zu einem wirtschaftlichen Wiederaufbau auf dem Gebiet der drei westlichen Besatzungsmächte, wohingegen es in der DDR unter Walter Ulbricht dem Volk immer schlechter ging, nicht nur wirtschaftlich, sondern auch politisch. Von Demokratie war nichts zu spüren, im Gegenteil, man musste aufpassen, was man tat und sagte. Ich hörte vom Westen, dass es dort so viel besser sei, dass man dort frei leben könne. Hinzu kamen Sorgen um meine Eltern, zunehmende Zwistigkeiten mit ihnen, denen ich mich nicht mehr stellen wollte. Ich überlegte, in den Westen zu übersiedeln und mein Glück dort zu versuchen. Insgeheim hoffte ich, dass ich meine Eltern und Geschwister würde nachkommen lassen könnte. Ich war so jung, hatte einen Beruf, war attraktiv und zuversichtlich, dass ich genug Kraft haben würde, neue Wege zu beschreiten. So ging ich eines Tages mit zwei anderen Kolleginnen über die Grenze nach Eckernförde in Schleswig-Holstein."

Aus Mutters Erzählung ging nicht hervor, ob meine Großeltern von diesem Vorhaben wussten oder ob es eine Nacht-und-Nebel-Aktion war.

„Es tat weh, meine Eltern zu verlassen, aber es musste sein, ich hatte noch so viele Träume. Es gab Versprechungen, dass wir im Westen Arbeit, Wohnung und Perspektiven finden würden. Und ich fand Arbeit, sogar in meinem erlernten Beruf, doch die Bezahlung war die einer Hilfsarbeiterin. Ich wohnte zur Untermiete bei freier Kost. Das Geld reichte nicht, um sich eine Wohnung leisten zu können. Aus diesem Grund zogen wir in den Süden Deutschlands und schlugen unsere Zelte in der Nähe des Bodensees auf. Zu der Zeit arbeitete ich in einer Radiofirma und es ging uns finanziell besser. Auch privat fand ich mein Glück. Ich begegnete deinem Vater, wir verlobten uns und ich erwartete dich, Sabine, mit Freude."

Vater, der 14. März 1959 und seine Auswirkungen

Ich betrachte wieder einmal das einzige Foto meines Vater, das ich besitze. Das Bild ist an den Ecken umgeknickt, ein kleiner Fleck sitzt auf der oberen rechten Ecke. Es ist eine Schwarz-Weiß-Aufnahme, schwach belichtet. Es scheint Frühsommer zu sein, die Asphaltstraße ist feucht, so als hätte es kurze Zeit zuvor geregnet. Grünblättrige junge Bäume säumen an den Seiten die Straße, die sich zu einer Kurve anschickt. Weiter am Horizont sieht man ein einsames Haus. Auf der linken Bildseite, dort, wo die Straße beginnt, steht er vor einem Baum und lächelt in die Kamera.

Er hat ein klares, sympathisches Gesicht, mittelbraunes, kurz geschnittenes und nach hinten gekämmtes Haar, einen offenen Blick und volle Lippen. Seine Haltung ist selbstsicher, das rechte Bein hat er etwas vorgestellt und die rechte Hand in der Manteltasche seines sportlich-legeren Trenchcoats. Darunter trägt er einen dunklen Anzug, ein weißes Hemd und eine Krawatte. Jung sieht er aus, so etwa Ende zwanzig mag er sein. Das Foto liegt normalerweise zusammen mit anderen Schriftstücken in einer Mappe, in der ich die Unterlagen, die mit der Suche nach meinem Vater im Zusammenhang stehen, gesammelt habe.

Mutter lernte meinen Vater in Stuttgart kennen, sie verliebte sich in ihn und es kam zur Verlobung. Im Jahr 2001 schrieb sie mir in einem Brief folgendes über ihre Begegnung mit meinem Vater:

„... Ich habe lange überlegt, auch in Nächten und nun ist alles durchdacht, Zeit dafür, um dir mehr zu erzählen, was damals wirklich war. Ich bin froh über dich, meine Tochter! Aber Mutter und Tochter, das sehe ich heute so, sollten miteinander reden, nicht nur schreiben. Ich habe das Gefühl, dass du vieles in der Not nicht richtig verstanden hast, was ich dir vor vielen Jahren erklären wollte. Da waren viele falsche Empfindungen, die dich vieles in eine falsche Richtung denken ließen. Ich werde dir heute nur die Fakten mitteilen, so gut, wie es nach 43 Jahren eben geht. Du weißt, dass ich illegal nach meiner Ausbildung und dem ersten Jahr Arbeit über Berlin in den Westen ging. Ich bewarb mich dort in einem Kinderheim und wurde dort als Hilfserzieherin eingestellt, weil meine DDR-Ausbildung nicht anerkannt wurde, also als Hilfskraft in einem Heim, mit schlechter Bezahlung. Es war nicht das, was ich mir vorgestellt hatte. Danach bewarb ich mich in Stuttgart als Haushalthilfe bei einer Arztfamilie bei freier Kost, einer Dachwohnung und einem kleinen Gehalt. Dann hab ich mich bei Radio-Wega beworben und wurde angenommen, am Band arbeitete ich als Löterin mit einem monatlichen Gehalt von 260,00 DM.

Meine Kollegin wohnte in F. in der Nähe von S. und sagte, ich könne bei ihr wohnen. So bin ich zu ihr gezogen, nun lebten wir dort zu zweit in einem Zimmer mit Küchenmitbenutzung. Am Wochenende putzten wir für den alten Vermieter. Er war Witwer, 72 Jahre alt, schwer lungenkrank durch den Krieg. Meine Kollegin kam aus M. und hieß Marie. Wir unternahmen in der Freizeit viel miteinander und so lernte ich deinen Vater Jonas kennen und sie einen Mann, der aus der DDR abgehauen war. Es war eine schöne Zeit, jedes Wochenende Unternehmungen zu viert. Jonas war Zimmermann, wollte, das war sein Ziel, Architekt werden. Während der Woche war er jeweils auf Montage, nie in S. Dann kam eine Zeit im November. Er hatte Urlaub und wollte nach Hause. Er sagte, Weihnachten sei er wieder da, er kam aber nicht wieder. Marie riet mir, in seiner Firma anzurufen, was ich dann auch tat. Dort bekam ich die Auskunft, er hätte einen Antrag auf Auswanderung nach Australien gestellt und dem sei stattgegeben worden. Kurzschlussreaktion, meine Kollegin Marie war mit ihrem Freund weg, der Hauswirt nicht zu Hause: Da habe ich sämtliche Tabletten geschluckt und wusste hinterher nichts mehr.

Irgendwann erwachte ich im Krankenhaus, die Einlieferung dort hatte meine Kollegin veranlasst. Ein netter Arzt sagte mir, es wäre alles wieder gut, nur müsste ich wegen anderer Untersuchungen noch da bleiben.

Am Tag meiner Entlassung sagte man mir, dass ich ein Kind erwarte.

Ich hatte nichts davon gemerkt, war ja noch jung und doof. Wieder zu Hause überlegte ich, was ich machen sollte. Ein Krippen- oder Heimplatz kostete 300,00 DM monatlich und ich hatte nur 260,00 DM im Monat zum Leben. Ich war in Panik, habe in der Radiofirma gekündigt, wollte wieder nach Hause zu meinen Eltern, und in meinem erlernten Beruf arbeiten. Zurück in B. erwartete mich zunächst jedoch ein Verhör durch die Staatssicherheit in Leipzig. Zur Strafe dafür, einige Zeit in den Westen übergesiedelt zu sein, durfte ich nicht in meinem Beruf arbeiten, sondern musste überall hin, wo gerade jemand gebraucht wurde.

Dann warst du endlich da, sechs Wochen Ruhe mit dir. Nach den sechs Wochen musste ich weiter arbeiten, zuletzt in einer Geflügelschlachterei in H.

Zwischenzeitlich bekam ich Post von Bekannten aus dem Schwarzwald. Sie rieten mir, ans Rote Kreuz zu schreiben, es würde meinen Brief ans Auswanderungslager in Sydney weiterleiten. Nach Wochen war ein dünner Brief im Kasten, geöffnet, es gab nur einen Briefkasten für alle Bewohner im Haus. Er war von Jonas aus dem Auswanderungslager. Ich sollte mich beruhigen, es werde alles wieder gut, aber mit der Bemerkung, mein kranker, alter Hauswart könne doch auch der Vater sein. Mich entsetzte dieser Verdacht. Bei der Polizei in B. stellte ich Anzeige auf Verletzung des Briefgeheimnisses gegen Unbekannt, es konnte aber nur jemand aus unserem Wohnhaus gewesen sein. Man sagte mir, ich sollte in einem Monat wieder kommen. Bin wieder hin, sie sagten, sie hätten recherchiert, gegen die Hausbewohner bestünde kein Verdacht, es wären gute DDR-Bürger.

Aber eine Republikflucht, nach Beendigung eines Studiums in der DDR und Kontakt ins westliche Ausland wäre doch etwas anderes und ich sollte mir überlegen, wem man mehr trauen könne. Ich müsste erst einmal beweisen, dass ich wieder zur Deutschen Demokratischen Republik stehe. Dies war es in groben Zügen - und gleichzeitig war es die letzte Nachricht von deinem Vater.

Auch das Jugendamt half mir nicht. Nach zwei Jahren durfte ich wieder in meinem Beruf arbeiten, aber immer unter Kontrolle. Die hörte aber auf, als man merkte, dass ich meine Arbeit gut machte, nur du kamst zu kurz. Omi und Opa waren uns eine große Hilfe. Alles andere mündlich, ich bin zu aufgewühlt, lass mich erst wieder zur Ruhe kommen ..."

Mutter und ich sprachen nie wieder über dieses Thema. 1990 stellte ich beim Deutschen Roten Kreuz in München einen Nachforschungsantrag. Im November 1993 erhielt ich die Nachforschungsergebnisse:

„... die Überprüfung unserer Unterlagen ergab, dass für Herrn Jonas

Berner, geb. 1930 in Konstanz am Bodensee, keine Aufzeichnungen vorliegen. Wir haben Nachforschungen in der Bundesrepublik Deutschland durchgeführt und konnten feststellen, dass Herr Jonas Berner, geb. am 22.10.1934 in K., am 14.03.1959 mit der MS „Flaminia" von B. aus nach Australien ausgewandert ist. Auf Grund dieser Ermittlung haben wir das Australische Rote Kreuz gebeten, Nachforschungen nach dem Verbleib des Gesuchten durchzuführen. Das Australische Rote Kreuz teilte uns mit, dass es den Suchantrag nicht annimmt, da die Antragstellerin eine nichteheliche Tochter ist und der Gesuchte nur 5 1/2 Monate nach ihrer Geburt Deutschland verließ. Es wurde auch erwähnt, dass Bemühungen, den Gesuchten zu finden, sich auf ihn und eventuelle Angehörige (die möglicherweise von der Existenz der Antragstellerin nichts wissen), sich störend auswirken könnten. Erfahrungsgemäß wissen wir, dass in ähnlich gelagerten Fällen das Australische Rote Kreuz nicht tätig wird ... "

Was für eine Geschichte! Da wandert ein Mann aus, in ein fernes, sehr fernes Land und lässt nie wieder etwas von sich hören! Er bricht alle Zelte ab, gibt seiner Sehnsucht nach. Selbst Menschen, die er in sein Innerstes blicken ließ, ließ er zurück. Welche Motive hatte er? Seine Mutter und Geschwister im Schwarzwald, auch sie haben versucht, ihn zu erreichen, doch auch sie haben die Spur verloren. So sagten sie es Freunden, die für mich bei ihnen anriefen. Ich ließ bis zum Jahr 2004 weiter suchen, über einen Genealogischen Dienst in der Schweiz, Botschaften, Internetsuchdienste und Caritas. Zu erfahren war, dass er 1969 geheiratet hatte.

Der 29. Oktober 1958

Acht Tage nach dem Geburtstag meines Vaters:

Goldfarbene, rötlich, welkende Blätter fielen zu Boden, die Sonne wärmte nur noch sanft und die Luft war frisch. Der Geruch nach Wald überdeckte den Kleinstadtmief, der Tag neigte sich der zweiten Hälfte zu. Ein Mann in der Mitte seines Lebens stützte seine Tochter auf dem Weg zur Klinik, begleitete sie zur Geburt ihres ersten Kindes. Er wartete vor dem Kreißsaal, lief vor Nervosität den Gang auf und ab und hoffte, dass die Geburt nicht zu schwer werden würde. Irgendwann am späten Nachmittag war es soweit, dass er sich zum Großvater beglückwünschen konnte. Er eilte nach Hause und verkündete dem Rest der Familie, dass seine Tochter einem gesunden Mädchen das Leben geschenkt habe. 3300 Gramm schwer, über 50 cm groß, der

Kopf mit einem dunklen Haarflaum bedeckt und die junge Mutter sei überglücklich. Das Mädchen wurde im Geburtsregister unter der Nummer 179/1958 registriert.

Meine Mutter gab ihrem Baby den Namen **Sabine**. Sie meinte einmal zu mir, dass sich der Name auf eine Gegend in Mittelitalien beziehen würde und in den sechziger Jahren sei es ein sehr beliebter Mädchenname gewesen. Sie fand ihn schön.

Meine Baby– und Kleinkinderjahre

Ich entwickelte mich zu einem prachtvollen Baby, Pausbacken, große Augen und mit dem familiären Erbe, einem Kussmund ausgestattet. Meine Mutter wohnte nun wieder bei ihren Eltern, sie hatte dort ein Zimmer für sich. Ihre Geschwister betrachteten mich ganz selbstverständlich als neues Familienmitglied und ich muss auf vielen Armen getragen worden sein. Von April 1958 bis Januar 1959 arbeitete meine Mutter als Küchenhilfe in einer Segelflugschule. Tagsüber betreute mich meine Oma zu Hause. Ab Januar 1959 konnte meine Mutter in der Kinderkrippe der Stadt als Kinderpflegerin anfangen und mich mitnehmen, sie konnte so Beruf und meine Kinderpflege optimal verbinden. Doch im August 1959 begann sie eine Arbeit als Rupferin in einem Lebensmittelkombinat. Ich blieb weiter in der Kinderkrippe.

Geflieste Minitoiletten mit einer Topfparade, auf einem Topf saß ich.

Der Blick von starken Schultern begeisterte mich und Schlittenfahrten, fest eingemummelt in Decken und Kissen Opa und Onkel wechselten sich ab mich zu tragen und auf dem Schlitten zu ziehen.

Ein Gitterbett, weiß, Zipfel vom Taschentuch in der Hand und Gesichter die sich über mich beugten.

Eines Tages stürzte der Kinderwagen mit mir eine Wendeltreppe hinunter, ein Schock für die ganze Familie, sie waren so froh, dass „... dir nichts weiter passiert ist".

Schlaflieder, die ich wahrgenommen habe, begleiteten mich in Kinderträume.

Lange Spaziergänge im Schlosspark, dort gab es einen lebensgroßen Steinlöwen, wie oft saß ich wohl auf ihm?

Meine Mutter sah ich weniger, die meiste Zeit verbrachte ich mit ihren Eltern und ihren Geschwistern. Mein Opa nahm mich sehr oft auf den Schoß und zeigte mir Handspiele, Bilderbücher und malte mir etwas vor. Flugzeuge, Hühner, Gänse mit Gemüse und Brei flogen in meinen Mund, hm, aufgegessen. Geschafft! Tapsende Schritte zu anderen Kindern, zaghafte Kontaktsuche, kindliche Freude und heile Welt.

In dieser Zeit zogen meine Großeltern mit ihren Kindern in eine größere Wohnung in die Nähe des Schlosses, rechts der Kastanienallee, ausgestattet mit einer Riesenküche und drei weiteren Räumen. Einen Flur gab es nicht, man kam gleich von draußen in die Wohnküche, rechts stand ein Ofen mit grünen Kachelfliesen, daneben ein Herd, der die meiste Zeit des Jahres gefeuert wurde. Ein robustes Küchenbuffet in hässlicher Milchkaffeefarbe zierte die rechte Wandseite, etwas weiter vorn kam man zu einer Tür, die ins Wohnzimmer führte. Von der Eingangtür aus blickte man direkt auf ein Fenster. Dort stand der Esstisch mit Stühlen und links stand ein Aufwaschtisch, oberhalb eines weiteren Fensters hatten wir einen zweiten Ausblick auf den Hinterhof. Dieser war sehr wichtig für meine Großeltern, um rufen zu können: „Sabine, komm hoch!“ Die Ofenbank, die am Kachelofen stand, war der Stammplatz meiner Oma. Sie konnte stundenlang dort sitzen, lesen, nähen und sich mit mir unterhalten. Das Wohnzimmer war mit dunklen Mahagonimöbeln ausgestattet, ein Klappsofa stand in der Ecke. Auf diesem schlief meine Mutter manchmal oder wir spielten Karten und „Mensch ärgere Dich nicht!“ darauf. Mein Opa nutzte dieses Zimmer auch, um Behördenbriefe in alter deutscher Schrift zu schreiben. Das Schlafzimmer, auf der gegenüberliegenden Seite des Wohnzimmers, war lang gestreckt, mit Ehebett, Kleiderschrank, Nähmaschine, Kinderbett und Ablage. Links waren zwei große Fenster, die manchmal mit Hilfe einer langen Leiter als Eingang für die Söhne meiner Großeltern benutzt wurden, wenn diese zur nächtlichen Stunde nicht mehr auf üblichem Weg in die Wohnung gelangen konnten. Eine Lichtsignalanlage gab es damals noch nicht. Es waren Schrecksekunden für uns, wenn nachts dunkle Silhouetten am Fenster auftauchten. Vom Schlafzimmer aus führte eine weitere Tür in ein separates Zimmer, das zuerst meiner Mutter gehörte und später als Schlafraum für ihre Brüder und Freundinnen herhielt. Das Besondere in diesem Zimmer war ein wunderschönes weißes Bett, groß, weich gepolstert und kuschelig. Als ich größer wurde, schlief ich vorwiegend in diesem Bett, es sei denn, wenn Besuch kam.

Das Leben zog in ruhigen Bahnen vorüber, ich wurde sehr behütet, durfte Kind sein, spielen, und bekam von allen Familienangehörigen Zuwendung, sehr viel Zuwendung. Mein Opa: „Sabine, schau mal, ich male dir einen Baum. Du musst auf die Äste achten, sie sind verzweigt. Du kannst sie immer weiter verzweigen!“ Oder mein jüngster Onkel: „Kommst du mit in den Wald?“ Er lernte Forstwirtschaft und kannte den Wald sehr gut. Durch ihn verlor ich meine Angst vor dem Wald.

Die Brüder meiner Mutter waren sehr attraktiv und das wussten sie auch. Der älteste Bruder heiratete früh und konzentrierte sich auf seine berufliche Karriere. Ich sah ihn von da an nur noch, wenn er zu Besuch kam. Der mittlere Bruder kam sehr häufig zu Besuch. Der jüngste Sohn meiner Großeltern ähnelte mit seinem dunklen Haar, den blauen Augen und dem großen Mund seiner Schwester am meisten. Ich war mächtig stolz auf ihn, schon als kleines Kind von drei oder vier Jahren und dachte manchmal, dass er mein Vater sei.

Wir sprachen zu Hause sehr deutlich, mal in Gebärdensprache, dann wieder in Lautsprache oder beides, je nach dem, wie jeder sich fühlte und sich mitteilen wollte. Wenn Vater und Söhne, was manchmal vorkam, betrunken waren, wurde gebärdet und die Zielrichtung des Gesagten war sofort klar. Für mich war diese familiäre Kommunikation Normalität wie jede andere auch. Mit drei Jahren kam ich in den städtischen Kindergarten. Dieser befand sich auf dem Gelände des Siedlungskerns, der sich im Jahr 1531 zu einer kleinen Stadt gemausert hatte. Mit Pflastersteinen bestückte Straßen, Natursteinmauern und ein historisch anmutendes Gebäude mit kleinen Türmen und rankendem Efeu im Garten ließen diesen Ort märchenhaft erscheinen. Märchenhaft war auch die Zeit, die ich dort verbrachte. Ich weiß kaum noch etwas über das, was sich hinter diesen Mauern tat. Nur das Malen und Basteln mit anderen Kindern ist mir in Erinnerung geblieben.

Die politische Bewährungszeit meiner Mutter erwies sich als so positiv, dass man ihr nun mehr und mehr berufsspezifische Tätigkeiten anvertraute. Sie arbeitete vorwiegend in Kindergärten, zuletzt in G. Dort lernte sie einen Mann kennen. Ich entsinne mich an ein Gespräch. Mutter stand vor einem Spiegel und toupierte sich ihre Haare zu einem so genannten „Vogelnest“, die Augenbrauen wurden mit Creme betupft und in eine Richtung gebürstet, bis sie glänzten. Ihre vollen Lippen zog sie mit einem sanftroten Stift nach. Ich saß auf einem Hocker. Sie blickte in den Spiegel, hatte manchmal eine Haarklemme im Mund und lispelte mir zu, dass sie nicht mehr allein mit mir sein wollte. „Ich finde diesen Mann nicht schön, aber er ist gut zu mir! Er wird für uns beide sorgen und dann können wir uns eine eigene Wohnung suchen! Gefällt dir der Gedanke, mein Kind? Es ist für mich gut, wenn ich nicht alles alleine machen muss und einen Partner habe, der mich nicht betrügt, sondern da ist, wenn ich ihn brauche.“ Ich dachte: „Was erzählt Mutti da? Wir haben doch eine Familie! Oma, Opa und alle Onkels, auch meine Tanten sind so lieb. Wer hat Mama betrogen? Warum brauchen wir noch einen fremden Mann?“ Das war der Zeitpunkt, als ich das erste Mal bewusster darüber nachdachte, dass es noch einen anderen Mann im Leben meiner Mutter gegeben haben musste. „Wo ist er?

Warum ist er nicht hier?“

Ich fragte: „Mama, wo fährst du jetzt hin?“ Diese Frage tauchte nun immer öfter auf und meine Mutter sagte, dass wir bald umziehen würden. Kindliche Sorgen bedrückten mich: „Was wird aus meiner Puppe und aus meiner kleinen Freundin? Können wir dann noch mit Knöpfen spielen und auf dem Hof in der Wanne plantschen?“ Noch änderte sich nichts in unserem Alltag, die Tage vergingen und ich dachte kaum noch an diese „doofen fremden Männer“ im Leben meiner Mutter.

Die Sommer waren mit Hitze angefüllt, die Zinkwanne wurde aus der Waschküche geholt und wir Kinder badeten lange mit größtem Vergnügen. Butterbrot mit Salz, Milch aus der Kanne oder schwarze Johannisbeeren waren willkommene Leckereien. Die Winter waren einsamer, meist spielte ich in der Küche Postverkäuferin, mit dem Kaufmannsladen oder holte einen samtblauen, schweren Morgenmantel von meiner Oma und zog ihn an. Sie gab mir noch mehr Kleider aus einer alten Truhe, die meinem Opa als Schneidertruhe diente, ich sie zog an und bestaunte mich im Spiegel.

Manchmal schickte mich meine Oma zu einem Zeitungskiosk, ich holte dann für uns Zeitungen, für sie Krimis oder Illustrierten und für mich „Bummi“ oder das „Mosaik“. Wir lasen sehr viel. Ich konnte schon vor dem Schulbeginn Buchstaben lesen. Mein Opa kam immer spät von der Arbeit, inzwischen hatte er einen festen Arbeitsplatz in einer kleinen Modefirma erhalten. Er musste täglich 8 km mit dem Bus zur Arbeitsstelle fahren. Nach Feierabend nähte er öfter noch für Privatkunden oder half irgendwo auf einer Baustelle, um noch ein paar Mark hinzu zu verdienen.

Wenn die Zeit heranrückte, dass er abends heimkommen müsste, stellte ich mich oft ans Fenster und wartete sehnsüchtig auf ihn. Kaum kam er um die Ecke, rannte ich zur Tür, um ihm freudestrahlend um den Hals zu fallen, selten fiel dieses Ritual aus. Inzwischen deckte meine Oma den Tisch und wir aßen lange, erzählten nebenbei, wie der Tag verlaufen war. Danach setzten wir uns zum Spielen an den Tisch.

Die Sonntage und Feiertage fingen immer mit der Begrüßung an: „Komm, aufstehen, Kaffee mahlen!“ Ich saß mit dem Schlafanzug auf der Ofenbank und mein Opa, frisch rasiert, nach Rasierwasser duftend, mahlte mit einer alten Kaffeemühle den Kaffee. Kaffeegeruch durchzog die Küche, der Tag begann so schön. Wir gingen oft in den Wald, in den Schlosspark oder zum Teich und schwammen eine Runde. Lesen und Malen blieb eine sehr wichtige gemeinsame Freizeitbeschäftigung. Meine Oma hatte kranke Füße, ein offenes Bein und sie konnte nicht so viel laufen. Aller zwei Wochen ging ich mit ihr zum Friseur und schaute zu, wie sie ihre Haare machen ließ oder wir gingen einkaufen und kochten. Sie konnte kochen und backen wie keine Zweite, und wenn alle Familienmitglieder da waren, gab es viel zu essen, alles wurde mit großer Hingabe aufgegessen. Wir lachten viel, freuten uns, dass es uns gab. Ab und zu besuchten wir andere gehörlose Ehepaare. Dort war ich die Kleine, die aufmerksam zuschaute, was die Erwachsenen zu erzählen hatten. Ich lernte unheimlich schnell, was es für gehörlose Menschen bedeutete, Gemeinschaft zu leben. Sie konnten sich untereinander viel freier und zwangloser austauschen als unter hörenden Mitmenschen. Hörende Freunde hatten meine Großeltern nicht, nur Bekannte, die ab und zu mal kamen oder halfen. Ich verstand nicht, warum das so war, spürte jedoch allmählich, dass bei uns in der Familie etwas anders war als bei meinen Freundinnen. Meine Mutter nahm mich nun öfters mit nach S., dort wohnte der mir so fremde Mann.

Stiefvater

„Das ist der Hannes, dein neuer Papa!" so stellte ihn mir meine Mutter vor. Ich wollte keinen neuen Papa! Ich brauchte keinen neuen Papa mehr! Unmerklich und allmählich änderte sich mein Leben und verlagerte sich auf ein anderes Wohnumfeld. Wir wohnten nun in seinem Elternhaus in S. In diesem Haus lebten noch seine Mutter, seine Oma und noch andere Leute, die ich nicht kannte. Ich hatte nie einen richtigen Bezug zu all diesen Personen in diesem düsteren, muffigen Haus. Das Obergeschoss war für mich tabu. Düstere Räume im Erdgeschoss erweckten meinen Widerwillen so sehr, dass ich nur noch die Düsternis in Erinnerung habe und nicht einmal mehr weiß, wie diese aussahen und welche Möbel dort standen.

Der neue Papa? „Das soll er sein?" dachte ich. Alles an ihm war Haut und Knochen, der Mund eine harte, verkniffene Linie, kühl blickende, wässrig blaue Augen, feines dunkelblondes Haar, die Schultern nach vorn gezogen, Hände meist in den Hosentaschen, er erinnerte mich an einen Vogel, der misstrauisch um sich blickte und dann loshackte, wenn es was zu hacken gab. Mir blieb meist das Wort im Halse stecken, wenn er mich ansprach. Ich konnte nicht antworten, weil ich ihn nicht verstehen konnte. Das brachte ihn oft in unwahrscheinliche Wut, und er fing oft an zu brüllen. Ich wusste nicht, warum ich ihn nicht verstehen konnte. „Hannes, lass doch das Kind, sie ist doch klein und muss sich an dich gewöhnen!", so beschwichtigte meine Mutter seine Attacken mir gegenüber und sorgte dafür, dass wir wenig in Kontakt kamen. Dies gelang ihr gut, denn sie nahm mich mit zur Arbeit. Er arbeitete in drei Schichten in einer Maschinenfabrik als Dreher. Meine hauptsächliche

Empfindung zu dieser Zeit: „Mama hat mich lieb, sie ist da!“

Endlich hatte ich meine Mutter täglich um mich herum und ich glaube, dass diese gemeinsame Zeit uns in der Vergangenheit sehr gefehlt hatte. Sie arbeitete nun in einem Kinderheim, ebenfalls im Schichtsystem, und sie nahm mich mit. Die Kinder in diesem Heim nahmen mich in ihren Kreis auf, als wäre ich ein Kind wie sie. Das war ich auch, nur wusste ich es noch nicht. Ab und zu, wenn meine Mutter frei hatte, fuhren wir nach B. zu meinen Großeltern und es war die geliebte, vertraute Umgebung, in der ich verstand und verstanden wurde. Die Rückkehr an Sonntagabenden, in diesen verhassten Ort, zu diesem Mann, empfand ich als Tortur, als Qual. Ich hatte das Gefühl, in Sprachlosigkeit, in Stille zu „versinken“. Irgendwann in dieser Zeit heirateten meine Mutter und er, wir zogen in eine andere Wohnung in die Nähe des örtlichen Bahnhofs. Diese Wohnung war eine Obergeschosswohnung, Miniküche, Abstellraum, Wohnzimmer mit klaren, einfachen Holzmöbeln, Schlafzimmer mit Ehebett, Schrank und Nachttisch. Ich schlief in einem Abstellraum, in meinem weißen Bett, das von B. nach S. transportiert wurde. Meine Mutter wurde schwanger.

Schulbeginn und die ersten Schuljahre

Eines Tages brachte meine Mutter schöne Kleidung mit nach Hause, eine weiße Strumpfhose, einen blauen Faltenrock, eine weiße Bluse und schöne Schuhe. Sie sagte, dass Oma und Opa sie gekauft hätten, denn ich käme bald in die Schule. Im September 1964 wurde ich eingeschult. Wie war der Schulanfang, die Feier, die Zuckertüte? Ich weiß es nicht mehr, ich weiß auch nicht mehr, wie ich die Schüler dort erlebte und wie ich lernte! Zwei Monate später lag ein Baby in einem Stubenwagen. Mir gefiel der neue Spielgefährte, ich schaute meiner Mutter zu, wenn sie ihn wickelte, stillte und mit ihm sprach. Das Baby gehörte zu uns beiden, es war ein Junge und nun mein Bruder. Ich war froh, wenn ich nach dem Schulunterricht nach Hause tippeln konnte und mit ihm oder meiner neuen Freundin, die schräg gegenüber in einer Villa wohnte, spielen konnte. In meiner babysitterfreien Zeit ging ich zu Uschi und wir verloren uns in ihrer wunderschönen, heilen Welt. Ihre Eltern waren wohlhabend. Uschi war ein lustiges und aufgewecktes Mädchen, sie passte zu mir und meinem stillen Wesen. Wir ergänzten uns wie zwei Schwestern, zumal ich zu diesem Zeitpunkt noch nicht wusste, dass ich anders als andere Kinder war. Mein Bruder wuchs heran, ich fuhr fast täglich mit ihm spazieren. Im Sommer war es schön, nicht aber im Winter, wenn ich fror und meine Mutter uns raus schickte, damit sie in Ruhe die Wohnung putzen und waschen konnte. Oft stieg ich zu ihm ins Laufgitter, um ihn zu beschäftigen.

Meinem Stiefvater ging ich nach Möglichkeit aus dem Weg. Ich sah ihn manchmal seine eklige Brotsuppe löffeln. Er tunkte altes Brot in Wasser und ließ es gären, würzte das Gebräu und pries es als Delikatesse an. Leidenschaftlich gern aß er alles, was mit Fett und Speck zu tun hatte und er trank über die Maßen viel. Meist waren es Schnaps oder Bier. Sauer war ein Begriff, den ich im Zusammenhang mit seiner Person sehen, riechen und aus tiefstem Herzen ablehnen konnte. Ich rätselte: „Was für einen Vater habe ich? Er mag mich doch gar nicht!“

Meine Mutter hatte immer weniger Zeit für ein Lächeln, für Lachen oder einfach nur Ruhe. Meine Hausaufgaben machte ich selbst. An Sonntagen kamen meist meine Großeltern zu Besuch und ich freute mich schon die ganze Woche darauf, sie wieder zu sehen und mit ihnen zusammen zu sein. Es fiel mir von Mal zu Mal schwerer, sie nach Hause fahren zu lassen und in der Stille zurück zu bleiben. Mein Bruder wurde größer, und er brauchte ein neues Bett. So bekam er mein weißes Bett und ich schlief von da an auf einer Ziehharmonikaliege im Schlafzimmer. Das kleine Zimmer wurde als Abstellraum genutzt. Eines Abends sollte ich auf meinen Bruder aufpassen, weil meine Mutter mit ihrem Mann ausgehen wollte. Ich konnte nicht schlafen, sah immer zum Bett meines Bruders und schaute, ob er seine Augen geschlossen hielt. Er schlief nicht, schrie fast nur. Ich nahm ihn auf den Arm und lief mit ihm im Nachthemd zum Ausflugslokal. Meine Mutter kam mit mir nach Hause und wir legten uns schlafen. Doch etwas später in der Nacht wachte ich auf und sah Geschrei, Krach und wie Möbel durch das Zimmer flogen. Meine Mutter tobte, der Mann tobte und das Baby schrie wie am Spieß. Ich zitterte am ganzen Körper vor Angst um uns alle und wusste nicht, was ich tun sollte. Ein anderes Mal schrie meine Mutter „Ich bring mich um!“ und rannte auf den Hof.

Dann war wieder Ruhe. So, als wäre nie was gewesen.

Bastard

„He, du Bastard, du Gör dieses Kerls, der deine Mutter gefickt hat, was willst du hier eigentlich? Scher dich dorthin, woher du gekommen bist!“ oder „Kannst du deine Ohren nicht aufsperren? Bist du taub oder was, vielleicht solltest du das Hören gelehrt bekommen! Einen Sprachfehler hast du da auch noch, man versteht dich ja kaum.“ „Heb deine Füße und sprich lauter, wenn ich mit dir rede!“ Er konnte aus heiterem Himmel heraus rasend werden. So sehr, dass er hochrot anlief und ihm manchmal der Speichel aus den Mundwinkeln lief. Meine Mutter stellte sich zwischen uns Kinder und diesen Menschen, was sie über alle Gebühr belastete. Sie war nur noch auf der Hut und tat alles, um keine Angriffspunkte für Rasereien zu bieten. Doch er fand phasenweise immer neue Gründe, um auszurasten. Was genau das alles für Gründe waren, weiß ich bis heute nicht. Auf jeden Fall war ich ein Grund, denn er empfand mich als Störfaktor und als Relikt aus der Vergangenheit meiner Mutter. Er wollte nichts davon wissen, dass meine Mutter auch noch ein anderes Leben inklusive andere Männer kannte. Hinzu kam, dass er „rot“ sah, wenn er mich rief und ich keine Reaktion zeigte, und er glaubte mir nicht, dass ich ihn nicht verstehen konnte. Ich konnte nicht von seinen Lippen ablesen, seine Körpersprache zeigte nur wilde Gestik. Er trank nun immer öfter und immer mehr. Zum Glück ging er seiner Arbeit zuverlässig nach, war dort angesehen und fleißig, sodass es zwischendurch zu Pausen kam, meine Mutter und wir Kinder aufatmen konnten.

Langsam begann ich, immer trauriger zu werden, ich stand bereits am Freitag am Bahnhof und hielt Ausschau, ob nicht doch schon Besuch aus B. kam. Meine Großeltern spürten, dass es mir nicht gut ging, ich erzählte ihnen auch alles, was ich sah und erlebte. Ich weinte oft herzerweichend und klammerte mich an sie, wenn sie fortmussten. Die Abschiede waren immer schwerer auszuhalten und ich erholte mich kaum noch von diesen. Eines Tages, mitten in der Woche, kamen meine Großeltern und sprachen lange mit meiner Mutter. Dann packten sie einen Koffer und umarmten ihre Tochter. Sie sagten mir: „Sabine, wir nehmen dich mit zu uns, du kannst hier nicht mehr bleiben.“ Meine Mutter tat mir sehr Leid. Ich wollte, dass sie und das Baby mitkommen sollten, aber sie konnte es nicht. Sie weinte sehr. Die Entscheidung zu treffen, mich zu sich zu nehmen, war für meine Großeltern wahrscheinlich eine Lebensentscheidung. Sie waren zu diesem Zeitpunkt auf dem Zenit ihres Lebens und wollten eigentlich keine Kinder mehr erziehen. Meine Oma meinte: „Du bist für uns wie ein letztes Kind, für das wir sorgen möchten, weil es deine Mama nicht kann. Du bist bei uns besser aufgehoben als bei ihr“.

Schuljahre und Leben mit Schwerhörigkeit

Ich wurde nun, nachdem ich ein Jahr in S. zur Schule gegangen war, in die allgemeine polytechnische Schule von B. umgeschult. Die Kinder waren neugierig, wer denn nun Neues käme. Meine Großeltern waren stadtbekannt. Gehörlose Paare gab es nur ganz wenige, man konnte sie an den Fingern abzählen. Die Kunden meines Opas wussten viel von seiner Familie, zumal sie oft bei uns zu Hause klingelten, um Aufträge abzuliefern. Die Söhne meiner Großeltern hatten einen großen Freundeskreis, alles in allem war es nun neuer Gesprächsstoff für die Stadt, als bekannt wurde, dass das Enkelkind von Familie K. nun bei seinen Großeltern lebte. So wussten die Eltern meiner Mitschüler Bescheid und sprachen davon, dass ein Kind taubstummer Leute in die neue Klasse kommen würde. Die Blicke waren kaum auszuhalten, als ich das neue Klassenzimmer betrat. Es war ein länglicher Raum, mit Bankreihen, hohen Fenstern an der Seite und kahlen Wänden. Die Lehrer waren aufmerksam, konnten sich jedoch nicht allzu intensiv auf mich einstellen.

Zum ersten Mal spürte ich, dass ich anders war als die Kinder, mit denen ich spielte und lernte. Doch, was genau war anders? Ich starrte im Unterricht auf die Lehrer, sah auf ihre Lippen, versuchte Gesprächsinhalten zu folgen, sprachliche Puzzles zusammenzusetzen, schlicht gesagt, dem Unterricht zu folgen. So lange der Stoff an die Tafel geschrieben wurde, konnte ich mir noch Teile eines Puzzles zusammensuchen. Doch sobald ich einen Lehrer nicht verstand, was in Mathematik oft der Fall war, musste ich aufgeben. So saß ich auf meinem Stuhl und langweilte mich so sehr, dass ich Bilder auf Hefte und Bücher malte oder intensiv zeichnete, was meine ganze Konzentration in Anspruch nahm. Die Zensuren in den naturwissenschaftlichen Fächern sackten langsam, aber stetig ab. Da ich bereits vor Schulbeginn gut lesen, schreiben und zeichnen konnte, auch sportlich recht aktiv war, gingen die Lehrer zunächst von einer Rechenschwäche aus, der mit mehr Fleiß und Aufmerksamkeit begegnet werden sollte. In Musik drückte man ein Auge zu, wenn ich nicht mitsang oder Noten falsch schrieb.

In meiner Freizeit spielte ich sehr viel mit einer Nachbarsfreundin, ich war ein lebhaftes Kind, das gern draußen sein wollte. So nahm mich mein jüngster Onkel oft mit, wenn er seine Freundin und ihre Familie besuchte. Sie lebte am Schlossberg, ganz in der Nähe des Waldes, dort konnte ich mich austoben. Es gab viele Haustiere und ich hatte oft das Gefühl, auf dem Dorf zu sein. Der Wald ließ meine gereizten Sinne zur Ruhe kommen und ich zog ihn der Schule vor. Ich war glücklich, bei meinen Großeltern zu sein, keinen Streit und keine angstbesetzten Überraschungen mehr erleben zu müssen. Meine Mutter kam oft zu Besuch oder wir fuhren zu ihr, wenn mein Stiefvater gerade Spätschicht hatte. Meine Mutter fing an, sich an die neue Situation zu gewöhnen und sprach davon, dass es mir bei meinen Großeltern gut ginge, was auch der Fall war. Ich kannte im Umgang mit ihnen keine sprachlichen oder emotional belastenden Schwierigkeiten. Natürlich war mein Opa manchmal streng und darauf bedacht, dass ich bestimmte Grenzen einhielt. Es kam schon mal vor, dass er einen Teppichklopfer hervor holte, um mir den Hintern zu versohlen. Doch dann hatte ich wirklich etwas „ausgefressen“, wie wir damals so sagten. Doch ich ging nicht mehr gern in die Schule, nur unter größter Selbstdisziplin, ich setzte mich mehr und mehr selbst unter Druck.

Die Zeit der Krankheiten und der Sorge um meine Gesundheit begann plötzlich. Ich zog mich zurück, war sehr häufig krank. Zunächst bekam ich Scharlach, eine Infektionskrankheit, die unter Quarantäne behandelt werden musste. Um Ansteckungen zu vermeiden wurde ich ins Krankenhaus nach Q. gebracht, und lag allein in einem Zimmer. Meine Mutter konnte mich nicht besuchen. Die Wochen, drei oder gar sechs Wochen, vergingen endlos langsam. Manchmal kamen meine Großeltern, wenn mein Opa nicht arbeiten musste. Meine Oma hatte ja ihr krankes Bein und das Laufen fiel ihr schwer, sie brauchte die Stütze meines Opas. Sehr oft saß ich am Fenster und immer war Sehnsucht in mir. Sehnsucht nach was? Liebe und Verstehen?

Eines Tages kam mein Onkel mit seiner Freundin. Ich freute mich so sehr, dass sie kamen und war gleichzeitig tieftraurig, denn wenn sie kommen konnten, könnte doch auch meine Mutter kommen! Das Malen und Lesen halfen mir, die Zeit zu überbrücken. Die Nächte allein in dem Zimmer waren hart, wenn der Schlaf ausblieb. Ich schaute den Schatten zu, die das Licht ins Zimmer warf. Oberhalb der Tür war noch ein Fenster, von dem aus ich draußen auf dem Gang die Schatten von Menschen sehen konnte, die hin und her liefen. Ich konnte einem Pfirsich stundenlange Aufmerksamkeit widmen, indem ich um ihn herum immer ein Stück abknabberte. So verging die Zeit schneller.

Wieder zu Hause erholte ich mich nicht mehr richtig, wurde immer wieder krank. Es kam zu Magenschmerzen mit Brechanfällen, die mich meist über eine Woche quälten, bevor es mir wieder besser ging. Hinzu kamen noch Anginen, die Fieberschübe auslösten und mich ans Bett fesselten. Fieberträume voller Panik, oft stöhnte ich vor lauter Angst und blieb wach im Bett sitzen, um nur ja nicht wieder in diese Träume abzugleiten.

Die ganze Familie sorgte sich und suchte vor allem nach Ursachen dafür. Wenn ich gesund war, ging das Leben so weiter wie vor den Phasen des Unwohlseins, bis eines Tages in der Hofpause mich eine Lehrerin zu sich winkte. Ich ging ungern zu ihr hin, sah ich doch alle Blicke auf mich gerichtet. Meist riefen die Lehrer nur, wenn ein Kind nicht folgte oder einen Streit vom Zaun brach. Sie sprach nebenbei noch auf eine andere Lehrerin ein, die ich noch nicht kannte und neu an der Schule war: „Das ist die Sabine, ihre Großeltern sind taubstumm. Das Kind spricht ganz schlecht. Sehen Sie mal selbst!“ Sie fragte mich, als ich vor ihr stand: „Sprich mir mal deinen Namen vor!“ und ich tat es, indem ich „Sabine“ sagte. Noch einmal, du musst das „S“ deutlich sprechen!“ So ging es bestimmt drei oder vier Mal, hinter mir eine Traube von anderen Kindern, die zuschauten und Kommentare abgaben. Ich hatte einen Kloß im Hals, schämte mich sehr und war wütend, weil ich mich vorgeführt fühlte. Es kam immer öfter vor, dass mich Kinder verspotteten und ich fragte mich: „Was kann ich tun?“ Einmal kratzte mich ein Mädchen so sehr, dass man diesen Strich noch heute an meiner Wange sieht, wenn ich mich ins Licht stelle. Zunehmend spürte ich, dass ich nicht nur schlecht sprach, sondern auch schlecht hörte und dass mich dies von den anderen Kindern unterschied. Über diese Vorfälle in der Schule sprach ich nur mit meiner Oma. Ich wollte meinen Opa nicht enttäuschen, nicht belasten. Es kam vor, dass ich früh mit Magenschmerzen aufwachte, mich in den Schaukelstuhl setzte und den ganzen Vormittag in ihm hockte.

Eines Tages kam meine Mutter und schlief bei meinen Großeltern im Wohnzimmer. Ich lag neben ihr und wollte noch mit ihr kuscheln und Geschichten hören. Sie war jedoch sehr müde, drehte sich zur Wand und ich lehnte mich an ihren Rücken. „Warum schläft Mama hier?“ Ich schüttelte sie und drehte sie um, fragte: „Warum bist du hier?“ Sie antwortete: „ Wir fahren morgen nach Q., um deine Ohren untersuchen zu lassen“. Mein Schlaf war unruhig.

In aller Frühe fuhren wir mit dem Bus nach Q., und besuchten Dr. B. in seiner Praxis. Er untersuchte mich lange und schickte mich wieder ins Wartezimmer, um mit meiner Mutter allein sprechen zu können. Später erklärte sie, dass wir noch einmal wiederkommen müssten, weil Polypen entfernt werden sollen. „Was zum Teufel sind Polypen?“ Auch dies erklärte mir meine Mutter, sie sagte auch, dass der Doktor sehen wolle, ob ich nach der Entfernung besser hören könne. Das Wort Schwerhörigkeit kam nicht über ihre Lippen. Ein paar Wochen später wurden die Polypen entfernt. Es war eine schmerzhafte Sache, die mir ein Spielzeug einbrachte. Weitere Arzttermine im Jahr 1965 folgten und meine Mutter wirkte mit jedem Mal deprimierter, wenn sie aus dem Sprechzimmer kam. Noch immer sagte sie mir nichts Genaues, worüber der Hals-Nasen-Ohren-Arzt mit ihr gesprochen hatte, nur, dass Oma mit mir einmal in der Woche zum Sprachförderunterricht nach Q. fahren würde. Dies tat sie dann auch regelmäßig, doch mich erfüllte es mit Widerwillen. Die Sprachförderung entpuppte sich als Spiegelübung oder endlose und nervtötende Wiederholung von Lauten wie a, o, i, e und Wörtern mit S, ß, Z, Sch oder St. Ich hasste diese Stunden, weil ich nicht erkennen konnte, dass sich etwas zum Besseren veränderte.

Meine eigene Stimme, wie hörte sie sich an? Wir sprachen nicht viel über diese Zeit, vor allem deshalb nicht, weil meine Großeltern von diesen Sprachübungen gar nicht begeistert waren. Sie glaubten nicht, dass diese mein Sprechvermögen verbessern könnten. Sie wussten, dass ich nicht gut hörte. Mir tat es gut, sie an meiner Seite zu haben, sie verstanden und fühlten mit und übten keinen Druck auf mich aus Ganz allmählich spürte ich, dass ich die Gebärdensprache brauchte, um alles verstehen zu können und verstanden zu werden und begriff, dass meine Großeltern mir nicht nur Elternersatz waren, sondern mir eine kulturelle Heimat boten. Ich verstand nun, dass ich mich nicht mit anderen Kindern vergleichen konnte und dass ich in einer anderen Welt lebte, die anderen nicht zugänglich war.

Rückzug, Religion und Wälder

Wieder zogen die Sommer und Winter ins Land, tauchten unser kleines Städtchen in Licht, Nebel, Dunkelheit und überließen es dem Wechsel der Jahreszeiten. Das Schlosstheater öffnete seine Pforten, Märchenstücke wurden vorgetragen. Winter, meterhoher Schnee, Laternenlicht und Kutschen, mittendrin waren wir Kinder auf dem Weg zu einer Aufführung. Ich liebte diese Stunden, schaute neugierig zum Ballsaal hinüber und versuchte tanzende Paare durch die Fensterscheiben zu beobachten. „Wenn ich groß bin, will ich auch so schön tanzen!“ Mir reichte es, die Schauspieler und die ganze Bühnenatmosphäre zu erleben, einfach dabei zu sein. In der Schule wurde ich allmählich von den anderen Kindern akzeptiert, man hatte sich an mich und meine Besonderheit gewöhnt. Wenn neue Kinder in die Klasse kamen, war es jedes Mal wie ein kleiner Neuanfang, dem ich mich stellen musste. Aber ich hatte Freunde gefunden, die mich so mochten, wie ich war. Das Lernen war mehr ein notwendiges Übel geworden, dem ich nicht ausweichen konnte.

Meine Großeltern ließen mich in Ruhe, schenkten mir jedoch zum Geburtstag und zum Weihnachtsfest mit schöner Regelmäßigkeit Bücher, die ich verschlang. Zwischenzeitlich brauchten meine Großeltern keine große Wohnung mehr, sie zogen mit mir in eine kleinere Wohnung an den Waldrand. Ihre Söhne hatten nun selbst eigene Familien. Es war ein längerer Weg vom Bahnhof bis dorthin, doch ich war hellauf begeistert, nun noch näher am Wald spielen und toben zu dürfen, zumal sich in 100 Metern Entfernung eine Waldgaststätte mit

Spielplatz befand. Zu der Wohnung gehörte ein Gemeinschaftsflur, ein gemütliches kleines Wohnzimmer mit Sofa, Couchtisch, Sessel, Vitrine und Schaukelstuhl. Einen Kachelofen gab es auch hier. Die Küche war hell, klein, mit neuen moderneren Küchenmöbeln eingerichtet, zwei Waschbecken und Nähmaschine. Im Schlafzimmer standen noch die alten Schlafzimmermöbel. Ich schlief nun im Wohnzimmer auf der Couch.

Eine Schulfreundin wohnte nur zwei Häuser weiter, so dass wir uns regelmäßig sehen konnten. Meist nachmittags und an den Wochenenden. June war sehr schlank, zierlich, hatte lange kaffeebraune Haare und braune, mandelförmige Augen. Ihr Mund war meinem ähnlich. Ich konnte sehr gut von ihren Lippen absehen und sie ließ mich nie merken, dass ich schwerhörig und meine Sprache für sie unangenehm war. Ich war nicht ganz so schlank wie sie, jedoch nicht dick. Ich hatte auch diese dunklen Haare, nur waren sie kurz geschnitten wie bei einem Jungen, dazu blaue Augen, die melancholisch in die Welt blickten. Fremde, die uns zusammen sahen, dachten öfters, dass wir Geschwister seien.

Wir fühlten uns auch wie Geschwister, viel mehr seitdem Junes´ Mutter immer weniger Zeit für sie hatte. Junes´ Oma kochte für sie, die Oma war eine alte, allein stehende Frau, die sehr spartanisch lebte. Auf mich wirkte sie wie Mutter Theresa, ihre Anspruchslosigkeit und Zufriedenheit mit dem Leben brachten mich immer wieder zum Staunen. Junes´ Vater sah ich nie, er lebte auch von ihrer Mutter getrennt. Die Mutter hatte eine große, sehr schöne Wohnung mit hellen Möbeln, Balkon und einem kleinen Garten. Sie war eine schöne Frau, die sich später das Leben nahm.

Manchmal gingen meine Großeltern in die Kirche, und ich fand mich eines Tages im Religionsunterricht wieder, aber es gefiel mir überhaupt nicht. Die christlichen Geschichten muteten sich mir wie Märchen an, die sich so gar nicht mit dem wahren Leben in Verbindung bringen ließen. Ich konnte mit ihnen nichts anfangen. Ich sah einfach das, was ich sah und nicht, was es irgendwo geben sollte. Auch fiel es mir schwer, die kostbare Freizeit für muffige und langweilige Schwatzstunden zu opfern. So war ich heilfroh, als eines Tages meine Oma meinte, dass ich ruhig schwänzen könne, denn ich könnte sowieso nicht getauft werden. Mir war es schnuppe, ob ich getauft war oder nicht.

Es gab in der Stadt einen Versicherungsvertreter, der sehr christlich gewesen sein muss. Ich war manchmal bei ihm zu Hause und machte mir ein Bild von Menschen, die in die Kirche gingen. Anständig, brav, zugeknöpft, grau-weiße Farben, alles zu öde für mich wildes Kind. Ich zog mich entweder zurück in Ecken, um stundenlang zu lesen oder tobte mit meiner Freundin im Wald herum. Wir spielten Verstecken oder Räuber und Gendarm, dachten uns akrobatische Übungen aus, die wir auf dem Spielplatz an den Geräten ausprobierten und kassierten Geld für Aufführungen. Wir gingen für unsere Omas Besorgungen erledigen und spielten bei meiner Freundin mit Karten oder Puppen. Im Sommer nahm ich June mit zu meiner Mutter, um mit ihr im Ort baden zu gehen.

Meine Mutter hatte nun einen zweiten Sohn. Er wurde 1968 geboren. Hellblondes Haar wie reifer Weizen, ein niedliches Gesicht, das war Jörn als Baby und Kleinkind. Auch ihn fuhr ich ab und zu im Kinderwagen aus. Dem Stiefvater mochte ich nicht begegnen, doch es ließ sich an Feiertagen kaum vermeiden. Aber es waren nur ein paar Stunden im Beisein meiner Großeltern und Onkels, die sich gut meistern ließen. Wichtig war mir der Kontakt zu meiner Mutter, ich liebte sie. Zu meinen Geschwistern hatte ich zu dem Zeitpunkt nur wenig Kontakt. So kleine Jungs interessierten mich nicht mehr, vor allem nicht, weil sie ständig mit Autos spielten. Nach Beendigung des Mutterschaftsurlaubs begann meine Mutter als Kindergärtnerin im Ort zu arbeiten. Ihre Söhne waren auch in diesem Kindergarten untergebracht.

Eines Tages wunderte ich mich über weitere Kinder im Haushalt meiner Mutter. Sie sagte, dass sie diesen Kindern eine Pflegstatt gegeben habe. Sie würden nur tagsüber kommen, ansonsten wieder ins Heim zurückgehen. So war es dann auch und manchmal spielten wir gemeinsam mit diesen Kindern. Nachdem die wöchentlichen Besuchsstunden bei meiner Mutter gut verliefen, sich mein Stiefvater nicht mehr allzu sehr über mich aufregte, wagte ich es, ab und zu bei meiner Mutter zu übernachten. Doch ich freute mich immer wieder auf die Rückkehr nach B. zu meinen Großeltern und zu meiner inzwischen sehr vertraut gewordenen Freundin June. Von anderen Kindern zogen wir beide uns zurück und bauten uns eine eigene kleine Welt auf.

Die wirtschaftlichen Verhältnisse meiner Großeltern besserten sich. Bei meiner Freundin gab es plötzlich einen Fernsehapparat. Mit wachsendem Interesse widmete ich mich den politischen Nachrichten im Fernsehen. In dem Zusammenhang erfuhr ich, dass es seit 1961 eine Mauer gab und dass zwei deutsche Staaten existierten. Die Ereignisse des Prager Frühlings, Aufstand der demokratischen Kräfte in der Tschechoslowakei und dessen Scheitern nach dem Einrücken der Panzer des Warschauer Paktes gaben mir sehr zu denken. Die Informationen waren unvollständig, mir gelang es nicht, alles richtig einzuordnen. Meine Großeltern, auch meine Mutter hielten sich mit politischen Kommentaren sehr zurück, aber ich wusste, dass meine Großeltern den Mauerbau verurteilten. Nicht offen nach außen hin, uns gegenüber aber mit klaren Worten.

Eines Tages zeigten sie einen Dokumentarfilmausschnitt im Fernsehen, die Atombombenabwürfe auf Hiroshima und Nagasaki waren zu sehen. Diese Bilder waren ein Schock für mich, welcher noch lange Jahre meine Träume begleitete. Wenn von Spannungen zwischen Ost- und Westdeutschland die Rede war, dachte ich an Bomben und Krieg. Nie konnte ich über diese Ängste sprechen, die von Übelkeit begleitet wurden. Sie bewirkten meinen Rückzug, Stille und Abschottung, ich verkroch mich in die Welt der Bücher. Ich las und las, las mir die Angst aus dem Leib. „Omi, kann man nicht in den Westen fahren?"

„Nein, mein Kind, das geht nicht!"

„Was macht die Oma im Westen?"

Meine Großeltern schickten der Mutter meines Vaters Briefe und Fotos von mir. Sie nahmen die Briefe an, weigerten sich aber beharrlich, mich als Enkeltochter anzuerkennen.

Das erste und einzige Mal sah ich meinen Opa weinen, als seine Mutter starb. Sie wohnte in Westdeutschland und er konnte nicht zu ihrer Beerdigung fahren. Das kleine Erbe kam in großen GENEX-Kisten, die etwa zwei Meter hoch und ebenso breit waren. Schlimm für ihn war, dass er aus seiner übrigen Familiengemeinschaft ausgeschlossen blieb, weil seine Geschwister ebenfalls in Westdeutschland lebten. Zu Ostern und Weihnachten kamen Pakete und Briefe von ihnen, die fast immer durch die Postkontrolle liefen, also geöffnet wurden, bevor sie uns erreichten. Der Krieg, die Flucht und die Teilung Deutschlands blieben bis zum Tode meiner Großeltern ein Thema. Irgendwie wurden ihre Kinder und Enkel immer wieder daran erinnert und mussten erleben, dass manches sich nicht verleugnen ließ.

Für meine Mutter war es sehr schwer, ihre Erinnerungen so zu verarbeiten, dass sie sich von diesen befreien konnte. Die Angst vor innerstaatlicher Willkür saß ihr nach wie vor in den Knochen. Sie arbeitete unwahrscheinlich viel und gab ihre Kraft an fremde Kinder weiter. Sie versuchte dadurch zu erreichen, dass die Gesellschaft ihre Flucht in den Westen „vergaß" oder „verzieh". Die Arbeit verschlang enorm viel ihrer Energie, die sie ihren eigenen Kindern nur noch in beschränktem Maße geben konnte. Sie wusste das, doch war ihr der „Spatz in der Hand" mehr wert als die „Taube auf dem Dach". Das Essen, ein Dach über dem Kopf, Geld zum Leben, Schulbildung für die Kinder, ab und zu Spaß, das war das, was sie abgesichert wissen wollte.

Die Konfrontation mit meiner Schwerhörigkeit war für sie ein Schock! Sie hatte ihre ganze Kindheit und Jugend damit verbracht, ihre gehörlosen Eltern zu unterstützen, heil durch den Krieg und die

Nachkriegszeit zu bringen. „Nicht noch einmal das gleiche!" Die Trennung von meinem Vater war ihr noch frisch in Erinnerung, kaum für sie nachzuvollziehen und sie glaubte auch nicht mehr daran, ihn jemals wieder zu sehen. Für sie war es unerträglich, es auszuhalten, dass einerseits alle drei Kinder ihre Nähe brauchten und andererseits für ihr täglich Brot gesorgt werden musste. Beides zusammen konnte sie nicht mehr geben. Sie fand sich damit ab und ganz allmählich begannen ihre Fröhlichkeit und Zuversicht aus der Jugend zu schwinden. Ich spürte das daran, dass sie immer weniger Zeit hatte. Wenn ich kam, war sie meist mit Hausputz oder Waschen beschäftigt. Berge von Wäsche, Bohnerwachs, Kohleneimer, diese Bilder waren für mich normal an den Wochenenden. Sie kam nun nicht mehr oft nach B.

Sonderschule

Meine Großeltern hielten eine Krisensitzung ab. Der Anlass dafür, war ein Schreiben der Sonderpädagogischen Beratungsstelle für Hörgeschädigte H. vom 21.10.1969:

„... Die Klassenlehrerin der o. g. Schülerin meldete, dass bei dem Mädchen eine Hörstörung vorliegt und die Gefahr einer Leistungsminderung besteht." Sie schickte von Herr Dr. B., Q., eine Bescheinigung mit:

„Das Kind S. K., geb. ...., leidet an einer hochgradigen, doppelseitigen Schwerhörigkeit. Die Einschulung in die Schwerhörigenschule H. wird fachärztlicherseits dringend empfohlen" (25.09.69).

„Ich möchte Sie bitten, eine ärztliche und audiometrische Untersuchung bei Ihnen zu veranlassen und mir einen Befund und eine Audiogrammabschrift zu schicken.

Besten Dank ...!"

Meine Mutter hatte kaum Zeit, aber sie musste mit mir dorthin fahren, weil sie nach wie vor das Sorgerecht für mich hatte. Während der zweistündigen Busfahrt nach H. war sie sehr unruhig und nervös. Sie sorgte sich um ihre beiden Söhne. Ob sie wohl von ihrem Vater gut betreut würden, ob er nüchtern bleiben würde?

Als wir aus dem Bus stiegen, staunte ich. Die Hochhäuser, die Hochbrücke am Bahnhof und die vielen Menschen auf den Straßen, noch nie hatte ich eine so große Stadt und so feine Geschäfte gesehen. Dass es so viele Lebensmittel gab, wusste ich vorher nicht. Ich sah bunte Strohhalme in der „Mitropa". Ich steckte mir welche davon in die Tasche. Wir fuhren mit der Straßenbahn, auch das war neu für mich, es war alles so aufregend.

Die Hektik der Großstadt erfasste auch meine Mutter, ihre Laune war unerträglich. Ich hoffte, dass wir endlich wieder nach Hause fahren konnten, damit sie sich wieder beruhigte. Aber zuerst mussten wir in der HNO-Klinik viele Untersuchungen hinter uns bringen. Sie waren weder schmerzhaft noch belastend für mich. Gegen Mittag waren die Untersuchungsergebnisse vollständig und wir saßen im großen, mit vielen Menschen besetzten Warteraum auf einer langen Holzbank. Wir warteten auf den Aufruf zum Abschlussgespräch bei der Oberärztin. Wir wurden aufgerufen, und wieder ging meine Mutter allein zum Arztgespräch. Nach einer Weile kam sie blass zurück und sagte mir nur, dass wir heim könnten.

Auf der Fahrt zurück erzählte sie, dass die Ärzte eine hochgradige Schwerhörigkeit festgestellt hätten und ich in eine andere Schule versetzt werden müsste. Ich wagte nicht, weiter zu fragen. Ich wollte meiner Mutter nicht noch mehr Sorgen machen, sie nicht mehr belasten.

In B. angekommen, brachte mich meine Mutter zu ihren Eltern. Sie sprach kurz mit ihnen und bat sie, am nächsten Wochenende mit mir zusammen zu ihr zu kommen. Nach einem kurzen Abschied von mir, fuhr sie heim zu ihrer Familie.

Am Wochenende erfuhren wir mehr über die Untersuchungsergebnisse. Eine klare Ursache meiner Hörschädigung gab es nicht, nur Vermutungen. Erbanlagen waren unwahrscheinlich, denn meine Großeltern hatten keine hörgeschädigten Familienangehörigen oder Vorfahren, die von Hörstörungen betroffen waren. Die Mediziner gingen eher davon aus, dass Antibiotika oder andere Medikamente Einfluss auf mein Hörvermögen gehabt hatten. Möglich sei auch die Folge eines Aufpralls auf den Kopf. Ich war als Baby im Kinderwagen die Treppe hinunter gestürzt.

Richtig schwer wurde es allen ums Herz, als meine Mutter sagte, dass ich in H. in eine Sonderschule eingeschult werden müsste, um mich dort besser fördern zu können. Was alles damit zusammen hängen sollte, war mir noch gar nicht klar. Ich rannte zu meiner Freundin June und flüsterte: „Los komm, es gibt was Neues!“ Wir rannten zu mir, holten den Schlüssel der Toilettentür vom Brett, das an der Flurwand hing. Wir hatten eine Gemeinschaftstoilette, die wir mit unseren Nachbarn teilen mussten.

Dieser Raum war interessant. Die Toilette befand sich am Ende eines etwa zwei Meter breiten und sechs Meter langen Ganges. Auf der rechten Seite waren noch zwei Türen, die zu Abstellräumen führten. Genau diese waren für uns sehr spannend. Wir schlossen die Tür und fühlten uns an einem geheimen Ort, an dem uns vorerst keiner suchen würde.

Wir setzten uns abwechselnd auf die Klobrille und fingen an, uns Neuigkeiten zu erzählen. Wir hatten Riesenspaß daran, Wörter zu Wortketten zu bilden und uns dann darüber kaputt zu lachen. Diesmal bildete ich das Wort „Schwerhörigenschule“. Beide hatten wir dieses Wort noch nicht gehört. Ich erzählte ihr dann, dass ich in eine andere Schule gehen sollte. Wann? Das wusste ich nicht.

Zunächst gingen wir weiter gemeinsam in unsere gewohnte Schule. Wir tobten, spielten und kicherten wie junge Hühner, wenn es etwas zum Kichern gab. Der Frühling kam, wir freuten uns auf die Ferien, auf den Sommer und unsere gewohnten Streifzüge durch den Wald. Wir hatten unsere kurzen Hosen an, irgendeinen Pulli, die kastanienbraunen Haare gebändigt und durch die Hitze gerötete Wangen. Im Sommer kochte meine Oma oft Grießpudding und dazu gab es Johannisbeerkompott, sehr lecker! Wir packten morgens unsere Beutel voll Essen und machten uns auf den Weg durch den Wald, um an einem Badesee zu picknicken.

Es war ein Waldbad, das einzige, das uns Kindern bekannt war. Dort wurde uns das Schwimmen beigebracht. Nicht jedes Jahr, aber doch hin und wieder fuhr June für zwei Wochen in ein Ferienlager. In dieser Zeit fühlte ich mich sehr allein und hätte mir gewünscht, dass meine Geschwister da gewesen wären. Doch meine Geschwister waren mir fremd geworden. Sie hatten einen eigenen Freundeskreis, und sie waren Jungen, mit denen ich zu diesem Zeitpunkt nichts „am Hut“ hatte und noch dazu fand ich, dass sie halbe „Babys“ seien.

Meine Großeltern spürten, dass ich mich einsam fühlte, konnten sich in meine Lage einfühlen, aber sie waren nicht jung genug, mit mir in den Wäldern herumzutoben oder Streiche auszuhecken. Sie konnten nicht viel tun, um mich aufzuheitern.

Abends ging mein Opa oft mit mir zu einem anderen See, man nannte ihn den „Dachsteich“. Es war ein Stausee, ungefähr zwei bis drei Kilometer im Umfang. Der Wald umschloss den See und Fremde mussten fragen, um ihn finden zu können. Wir schwammen dann eine Runde und saßen am Ufer, bis die Sonne unterging. Manchmal warf er Steine in den See und freute sich, wenn sie Wellen schlugen. Wir sprachen wenig, wozu auch? Es war gut so, wie es war. Zu Hause wartete meine Oma auf uns, und es gab oft Kartoffelbrei mit Beefsteak und grünem Salat zum Abendessen. Im Bett las ich, bis mir die Augen zufielen. Bücher wurden mehr und mehr zu Freunden und sie wurden „June-Ersatz“, wenn sie im Zeltlager war. June wurde, nachdem sie dieses Jahr aus dem Ferienlager zurückkam, plötzlich krank. Ihr musste der Blinddarm herausoperiert werden. Ich besuchte sie oft, um sie aufzuheitern. Die Ferien gingen zu Ende und es wurde Ernst mit der Umschulung. Meine Großeltern kauften einen rot-schwarzkarierten Koffer. Ich bekam neue Kleidung, die mein Opa für mich noch veränderte.

Er achtete sehr darauf, dass ich „korrekt“ gekleidet war. Ich liebte aber meine schwingenden Kleider, kurzen Hosen und die bequemen, schlampigen Pullover. Korrekt war für meinen Opa alles, was ich für mich als zu brav empfand.

Der Abschied von meinen Schulkameraden war kein richtiger Abschied, weil wir in die Sommerferien gingen, ohne zu ahnen, dass ich im September nicht mehr da sein würde. Der September kam, ich war nun fast 13 Jahre alt. Noch einen Monat, dann hatte ich Geburtstag. Ich sollte die 5. Klasse noch einmal wiederholen, um Zeit für die Eingewöhnung zu gewinnen. Mich störte das nicht weiter, denn es gab wichtigere Sachen als Schule. Zum Beispiel der Abschied von meinen Großeltern und von June. Zeigen konnte ich den Abschiedsschmerz nicht, weil ich nicht wollte, dass sie noch trauriger sein würden, als ich es war. Angst kam auch dazu, Angst vor dem Neuen, Unerwarteten und Ungewissen. Ich spürte, dass ein wichtiger neuer Lebensabschnitt begann, der sich von den vorhergehenden unterscheiden würde. Ich würde nur noch an den Wochenenden und in den Ferien nach Hause fahren können.

Großstadt, Internatsleben und neue Mitschüler

Mit 59 Jahren war mein Opa noch immer ein stattlicher Mann. Er war groß, sein Bauch erinnerte mich an den eines Teddybären, seine Hände waren groß wie Bärenpranken und rau durch seine Wochenendarbeiten auf dem Bau. Seine Augen unter buschigen Augenbrauen strahlten Güte und Wärme aus und flößten auch seinen Mitmenschen Vertrauen ein. Mir gab er Sicherheit, ich wusste, dass alles gut gehen würde, wenn er nur in meiner Nähe war. Bei ihm wusste ich, woran ich war. Wenn er wütend war, war er wütend, doch immer auf seine besondere Art. Ich konnte seine Wut immer verstehen und nachvollziehen. Und wenn er lachte, gab es einen Grund dafür. Dann lachte sein ganzer Körper mit und er steckte alle mit seinem Lachen an.

Er würde mich nun nach H. bringen, an einem Sonntagnachmittag. Das Wetter war spätsommerlich warm. Wir fuhren mit dem Bus ungefähr siebzig Kilometer, durch zwei etwas größere Kreisstädte und mehrere Dörfer. Die Fahrt erschien mir wie eine Ausflugsfahrt, doch in H. verflüchtigte sich dieses Gefühl schnell.

Um zum Internat zu kommen, mussten wir einige Haltestellen mit der Straßenbahn fahren, zwei oder drei Minuten gingen wir noch schweigend nebeneinander her, dann waren wir angekommen. Das Internat war ein älteres Gebäude. Es machte den Eindruck einer alten vernachlässigten Villa, deren Räumlichkeiten immer wieder notdürftig renoviert worden waren. Die Erzieherin begrüßte uns und zeigte uns das Zimmer, in dem ich schlafen sollte. Es befand sich im Dachgeschoss, war klein, etwa vier mal vier Meter groß. Zwei Doppelstockbetten standen an der Seite, vier Hocker und ein Schrank befanden sich im Zimmer.

Mein Koffer wurde ausgepackt, einige Erklärungen folgten und dann war es Zeit. Mit Tränen in den Augen nahmen mein Opa und ich Abschied. Für mich war der einzige Trost, dass es bald Samstag wurde, der Tag, an dem mich Opa wieder abholen würde. Die ganze Zeit über hatte ich ein schlechtes Gewissen. Opa hatte extra für mich Zeit opfern müssen, um mich nach H. zu bringen und er musste nun die ganze Strecke wieder zurück fahren. Diese Zeit hätte er dringend für seine Erholung gebraucht, denn er arbeitete immer noch als Schneidermeister in einer kleinen Modefirma. Ihm unterstand eine Maßschneiderabteilung. Eine beachtliche Leistung für einen gehörlosen Mann in der damaligen Zeit.

Allein zurückgeblieben schaute ich mich zaghaft um und fühlte mich allein und sehr verloren. Es waren nur wenige Kinder da und diese beäugten mich neugierig. Irgendwie ging der Tag zur Neige, ich schlief ein und der nächste Tag begann mit dem Unterricht. Der Unterricht fand im gleichen Hause statt. Das Klassenzimmer war ein länglicher Raum, mit einer großen Fensterfront auf der linken Seite. Die Bänke waren in U-Form aufgestellt und acht Kinder fanden auf den Stühlen Platz, im Vergleich zur Anzahl der Schüler in meiner bisherigen Schulklasse, sehr wenige. Sie beäugten mich neugierig. Die Klassenleiterin war noch recht jung, blond und ein mütterlicher Typ. Genau richtig, um mir Vertrauen zu vermitteln.

Es war so erstaunlich für mich, als ich merkte, dass es auch andere Kinder gab, die schlecht hören konnten und schlecht sprachen. Erleichterung durchströmte mich, dachte ich doch bisher, dass nur erwachsene Menschen taub wären und ich eine Ausnahme unter allen anderen Kindern sei. Berührungsängste hatten weder meine neuen Klassenkameraden noch ich, schnell gewöhnten wir uns aneinander. Die Kinder ähnelten mir in meiner Kommunikationsform. Zum ersten Mal brauchte ich mich nicht zu bemühen, deutlich zu sprechen. Ich konnte so reden, wie ich es eben konnte und musste mir keinen Zwang antun, verstanden zu werden. Irgendwann bekam ich ein Hörgerät angepasst. Ein Gerät, welches alle in der Klasse hatten, also eine scheinbar „normale" Sache. Es wurde um den Hals gehängt, ein Metallgehäuse schützte die Hörtechnik. Mit einem Kabel wurde es mit dem Ohrpassstück verbunden, das ungewohnt und fremd im Ohr steckte. Die Geräusche, die ich nach Einschalten des Gerätes hören konnte, waren für mich erschreckend. Nervend laut und metallisch scheppernd kamen die Töne in meinem Gehirn an. Ich versuchte auf eine niedrigere Lautstärke zu schalten, dann aber war kaum noch Sprache zu verstehen. Eine Verbesserung war es dennoch, ich konnte zum ersten Mal Sprache verstehen.

Einige Kinder schliefen im Internat und andere gingen täglich nach Hause. Das Zurückbleiben im Internat war mit dem Gefühl der Verlorenheit verbunden. Verloren zu sein - nicht nur ich allein hatte dieses Gefühl. Alle Kinder, die im Internat wohnten, mussten sich den Regeln und der Heimordnung des Internats anpassen. In der Familie gab es natürlich auch Regeln, denen man sich fügen musste, doch die waren leichter zu ertragen, denn es gab zuhause Kuscheleinheiten, Liebkosungen und Worte, die nur mir galten. Das konnten die Erzieherinnen und Lehrer nicht leisten. Ich kannte dieses Gefühl der Verlorenheit bereits aus der Zeit, als ich bei meiner Mutter wohnte.

Im Internat und in der Schule waren alle Lehrer hörend, bis auf unseren Mathematik- und Physiklehrer, der leicht schwerhörig war. Hörende Menschen strahlten geballte Macht aus, die Macht der Sprache, die der Erfahrungen und die der zahlenmäßigen Überlegenheit.

Die Sonntage im Internat waren am schlimmsten auszuhalten. Nur wenige Kinder reisten wie ich am Sonntag an. Voller Neid schaute ich auf June, die den Sonntag daheim genießen konnte. Sie konnte ins Kino gehen, in unserem geliebten Wald herumtollen und Dinge tun, die Spaß bereiteten. Sie fehlte mir so sehr. Mir fehlte so vieles, der Wald, die Natur, die Liebe meiner Großeltern, Nähe zu Menschen, denen ich mehr erzählen konnte als nur das, was für die Schule wichtig war. Trotzdem fuhr ich nach H. Ich versuchte, den Sonntag durch Lesen und Malen schnell vergehen zu lassen. Das Abendessen, ein paar Wurst- und Käsescheiben, abgewogene Butter, halb ausgetrocknetes Brot, ließ ich oft ausfallen und aß dafür das, was mir meine Oma eingepackt hatte und ging früh zu Bett.

So verging Woche um Woche. Langsam gewöhnte ich mich an diesen Rhythmus, aber schön war es nicht, ich wollte mich nicht anpassen. Im Gegenteil, ich spürte Wut in mir, inneren Groll und Rebellion, die jedoch nicht von meinem Umfeld wahrgenommen wurde. So manches Mal lag ich am Abend wach in meinem Bett und fiel in eine Art Wachtraum. Ich träumte von einer anderen Welt voller Wärme, von einer

Hand, die mir über den Kopf streichelte und von Armen, die mich umfassten.

Es kamen neue Mitschüler in unsere Klasse, immer mehr Internatskinder kamen und wir waren nun drei Mädchen in einem Zimmer. Ein Mädchen war auch in meiner Klasse, Gina. Sie war groß, hatte einen bräunlichen Teint, dunkle Haare und wirkte erwachsen. Mit den Jungen kam ich sehr gut klar, ich tobte so gern wie sie. Ich mochte es, wie die Jungen mit dem Schulalltag umgingen. Sie suchten sich sportlichen Ausgleich, brachten mich oft zum Lachen und ihre Streiche waren Balsam für meine Seele, die nach „Rache“ schrie. Äußerlich wirkte ich sanft, aber tief in mir war ich wild und wütend.

Manchmal durfte ich mit den Tagesschülern nach Hause gehen. Dort versuchte ich etwas vom täglichen Druck loszuwerden. Der Druck kam von unseren Erzieherinnen. Sie erschienen mir abgehetzt, kalt und unnahbar. Von Zuwendung war kaum etwas zu spüren. Für sie war ich einfach nur ein Kind, das man beaufsichtigen musste. Andererseits wollten die Tagesschüler gern mit uns Internatsschülern zusammenbleiben. Sie fühlten sich aus der Gemeinschaft ausgeschlossen, sobald sie am Nachmittag den Hort verließen. Wenn sie am nächsten Tag von unseren Erlebnissen hörten, waren sie begierig, mehr zu erfahren, wollten wenigstens indirekt am Geschehen teilhaben. Wenn wir unter uns im Klassenverband waren, fühlten wir uns stark gegenüber der feindlichen Welt „da draußen“. Wir fühlten uns dann nicht anders als hörende Menschen.

Es war auffällig, dass die Eltern der Tagesschüler oft in die Schule kamen, um nach dem Rechten zu sehen oder mit den Lehrern zu sprechen. Sie waren teilweise im Elternbeirat und aktiv am Schulgeschehen beteiligt. Für ihre eigenen Kinder war durch deren Eltern ein hohes Maß an Fürsorge zu erleben. Der eine oder andere Mitschüler fühlte sich bedrängt durch diese Fürsorge und war dadurch ängstlicher und nicht so selbstbewusst wie wir Internatsschüler. Wir wagten manche Regel zu brechen. Hörgeschädigt zu sein, bedeutete für uns auch, einige Tricks „auf Lager“ zu haben. Zum Beispiel lernten wir, bis in die Dunkelheit hinein von den Lippen abzulesen und damit die Schlafenszeit zu verkürzen. Es war uns möglich, durch Gebärden etwas auszudrücken, was ein hörender Erzieher nicht verstand, nicht verstehen sollte. Sie standen uns dann oft hilflos gegenüber. In meiner Freizeit ging ich gern in den Zoo und freute mich auf den Ausgang und auf Freistunden. Während der Sportstunden spielte ich Tischtennis.

Samstagmittag nach dem Unterricht fuhr ich zu meiner Mutter. Sie freute sich, dass ich kam, hatte aber wie immer nur sehr wenig Zeit. Die Samstage waren ihre Hausarbeitstage, an denen sie wusch, bügelte und die Wohnung reinigte. Trotzdem waren wir froh, uns zu sehen. Ich wünschte mir so sehr „Normalität" wie sie andere Kinder hatten. Meine Mutter packte mir oft Äpfel oder Bücher ein, aber es dauerte nicht lange, bis mein Stiefvater nachprüfte, was in meiner Tasche steckte. Es passte ihm nicht, dass ich etwas mitnahm, was ihm und seiner Familie gehörte und er nahm mir das Eingepackte wieder weg. Ich hasste ihn. Er war für mich kein Vater, kein Mann, den ich respektieren und achten konnte. Meine Mutter kam während der ganzen Schulzeit nur ein oder zwei Mal zu Elternversammlungen. Meine Großeltern wären gern gekommen, aber sie konnten nicht verstehen, worüber gesprochen wurde. So fand der Austausch mit ihnen schriftlich statt.

Langsam, ganz langsam verlagerte sich mein neues Leben in die Stadt. Dort bekam ich mehr Anregungen, ich traf mich mit Gleichgesinnten. Meine Familie verstand nicht richtig, was es bedeutete, mit einem Hörgerät hören zu können. Für meine Mutter gab es keinen Unterschied gegenüber dem Zustand vor der „Umschulung" und für meine Großeltern war das Ganze nur ein Stück „Theater". Sie sahen, dass ich ein Hörgerät trug, konnten aber nicht glauben, dass ich tatsächlich „hörte" und auch verstand, was gesagt wurde. Das war für sie nicht nachvollziehbar. Sie staunten, wenn ich am Abend nach Musiksendungen lechzte. Musik war ein Trost, wie ich ihn nie zuvor gekannt hatte, Trost für alles, was ich vermisste. Musik schaffte es, Lücken auszufüllen, Lücken in der Leere.

Und ich war so dankbar dafür...!

Pubertät

„Schlaf wohl, du kleiner Trompeter..."

Ernst Thälmann, was hatte er mit mir und einem kleinen Trompeter zu schaffen?

Ich sitze vor dem Computer, ein Glas Wein steht vor mir und ich denke, dass es ein hartes Stück „Arbeit" wird, über die Zeit der Pubertät zu schreiben. Alles, was man ihr nachsagt, also die Zeit der Orientierungslosigkeit, die Suche nach einer Identität, Stimmungsschwankungen, Reizbarkeit und Gruppenzusammenhalt, all das traf auf meine Zeit des Übergangs von der Kindheit zur Jugend auch zu. Es war eine schwere Phase in meinem Leben, die mich, wenn ich mich daran erinnere, jetzt noch aufstöhnen lässt und mir heute noch Schauer über die Haut jagt. Diese Zeit hat viel mit Bewusstwerdung zu tun. Kindliche Verhaltensmuster mussten durch neue, reifere ersetzt werden. Ja, was hat Ernst Thälmann mit mir und dem kleinen Trompeter zu tun? Erste rebellische Züge, Suche nach einer gerechten Gesellschaftsform, Kontakte mit der Musik und dem anderen Geschlecht, aber auch Erwachen und Umorientierung.

Sommerferien, Zeit für June, Wald und Wasser!

June hatte sich verändert, sie sah anders aus, weniger kindlich, reifer und sie sprach von Dingen, die neu für mich waren. So neu und ungewohnt, dass sie mich anfangs abstießen, weil sie zu unglaublich klangen, zu haarsträubend, um wahr sein zu können! Sie erzählte, dass Kinder auf die Welt kommen konnten, wenn ein Mann und eine Frau miteinander schlafen. Erschreckende Einzelheiten, die Fragen in mir aufwarfen, zu viel noch für meine kindliche Naivität und doch hatte sie eine Saite in mir berührt. Saiten, die nur sensibilisiert werden mussten, um klingen zu können. Meine June, sie trieb auf Neuland zu und ich hinkte hinterher. Dennoch, wir gingen wie immer an unseren See, tollten herum, sammelten Kräuter und Blumen am Wegesrand, waren albern und träumten von Prinzen auf Schimmeln. Ich kämmte ihre langen, brünetten Haare bis sie seidig glänzten. Ich liebte sie sehr, ihr Profil und ihre zarte Schönheit.

Eines Tages fuhren wir mal wieder zu meiner Mutter. In S. gab es ein modernes Badezimmer, welchem wir einen Besuch abstatten wollten und auf dem Rückweg sollten wir Fleisch und Wurst vom besten Fleischer der ganzen Gegend für meine Oma mitbringen. Das war ein Ritual. Meine Mutter feuerte so manches Mal den Ofen im Bad an, damit meine Brüder sauber wurden, wenn sie vom Fußballspiel heim kamen. Vorher stieg ich noch ins warme Wasser, eine Wohltat, die ich bei meinen Großeltern leider nicht haben konnte. Diesmal schaute meine Mutter mir zu, als ich mich abtrocknete und sie sagte: „Kind, bist du schön!" Ihre Blicke wanderten von meinem Gesicht, über meine Brust bis hinunter zu den Füßen. Dieser Blick war anders als sonst, so ernsthaft und besorgt. Ich konnte ihre Sorge nicht deuten und schüttelte das Unbehagen, welches mich befiel, mit aller Vehemenz ab und doch verfolgt mich dieser Blick bis heute. Meine Großeltern waren wie immer – sahen in mir nach wie vor das Kind, das ich ja auch noch war. Dieser Sommer ging voller Schwere vorüber, anders als die Sommer zuvor.

Die Schule begann mit einem Trompetereinstand. Wer konnte so gut trompeten? Ein Mitschüler aus einer höheren Klassenstufe. Er sah hübsch aus mit seinen blonden Locken und seiner schlanken Statur, zudem war er sich seiner selbst auch sehr sicher. Fast zu sehr. Ich war für ihn Luft, was mich irritierte, zumal ich bisher mit allen Jungs aus meiner Klasse mehr als gut klar gekommen war. Doch diesmal gab sich ein Junge mir gegenüber kühl und reserviert. Mein Herz pochte schneller, wenn ich ihn sah, oder wenn er mich ansprach. Ich errötete, was mir gar nicht gefiel. Diese neuen Gefühle störten mich gewaltig, brachten sie doch Unruhe in meinen gewohnten Alltag. Ich versuchte mich abzulenken mit Lernen und politischem Engagement. Und ich änderte mich, fühlte mich in meiner alten Haut nicht mehr wohl. Wenn ich in den Spiegel sah, sah ich einen sich wandelnden jungen Menschen. Meine Haare waren lang, braun wie Junes Haare, ich war schlank und blass, mit großen, fiebrig glänzenden Augen, vollen Lippen, die oft Anlass für Anspielungen waren.

Trompetenklänge reizten meine Sinne zur Rebellion, sie provozierten mit kraftvoller Stärke und füllten Räume mit klaren Tönen, die in der Ferne Nachhall fanden. Die Gespräche der Erwachsenen, die sich mitunter sehr oft um politische Themen rankten, waren unheimlich interessant. Ich wurde nicht müde, sie zu beobachten. Es ging um die Mauer, die Deutschland teilte, um Westdeutschland und Kapitalismus, um Krieg, der aus dieser Gesellschaftsordnung resultieren konnte. Vietnam und Angela Davis, Gandhi und Kuba kreisten in meinen Gedanken. Krieg war etwas, was ich nicht wollte, was ich in Verbindung zu Leid und Terror brachte.

In den Ferien arbeitete ich im Krankenhaus, um etwas Taschengeld zu verdienen. Walter Ulbricht starb in einem dieser Feriensommer. Honecker kam an die Macht, der Sozialismus zog Neubauten hoch, die Freie Deutsche Jugend (FDJ) ging auf die Straßen, darunter auch ich, in meiner blauen FDJ-Bluse, die nun weiblichere Formen umspannte. Fahnen flatterten, Arbeiterlieder wurden gesungen, Gemeinschaftsgefühl schwellte die Brust. Meine Stricktasche war mit dem PEACE-Zeichen verziert, ich liebte Cordhosen, schlichte, einfarbige T-Shirts und flache Schuhe und im Sommer Römersandalen. Diskussionen mit meinen Großeltern und Onkeln über Politik brachten oft großen Ärger von beiden Seiten, kopfschüttelnd gingen wir aus den Auseinandersetzungen heraus. Ich war im Glauben, dass ich Recht hätte, was die neue politische Zukunft anbetraf. Sozialismus, Frieden, Menschlichkeit kontra Kapitalismus, Mauerfall und Arbeitslosigkeit. Aber meine Familie sah nur mit Nachsicht auf meine Ansichten, die ich mit einer gewissen Sturheit vortrug.

Meine Hörschädigung nahm zu dieser Zeit keinen Raum mehr ein, sie existierte für mich so gut wie nicht mehr. Ich fühlte mich frei und gesund wie noch nie zuvor in meinem bisherigen jungen Leben. Gesundheit, herrliche Freiheit, ein Gefühl von Unbegrenztheit und unbändiger Kraft durchströmte mich. Es stimmte alles! Der erste Kuss von dem kleinen Trompeter, er war bittersüß. Nur ein Kuss, sanft wie ein Schmetterlingshauch, ich war glücklich! Wir sahen uns als Kinder, die wir im Herzen noch immer waren. Die Jugendweihe hinter uns lassend, verloren wir uns zwar nicht aus dem Sinn, aber immer öfter aus den Augen. Es gab zu viele andere Interessen, die uns in Atem hielten und verhinderten, dass wir uns näher kamen. Aber in den Ferien kam Post von ihm. Liebespost, die mich berührte. Meine Jugendweihe war unspektakulär, eine Feier, die das offizielle Ende der Kindheit einläutete, die mit Kuchen, Kaffee, einer Uhr, Büchern und einem reizenden, kornblumenblauen „Flatterhemd“ bereichert wurde. Die Zeremonie an sich gefiel mir ganz und gar nicht, schon allein deshalb nicht, weil ich ohne Eltern und Großeltern an ihr teilnahm. Ich war hinterher froh, alles heil überstanden zu haben. Die Aussicht, ins Sommerferienlager fahren zu können, war toll. Das erste Mal sollte ich mit meinen Klassenkameraden fahren und das noch an die Ostsee, einem privilegierten Ort zu DDR-Zeiten. Meine Klassenkameraden waren mir inzwischen vertrauter als meine eigenen Geschwister, es gab kaum noch Geheimnisse untereinander. Gina war mit vierzehn Jahren sehr weit entwickelt, bereits eine junge Frau, die ihre Wirkung auf Mitschüler nicht verfehlte. Mir machte diese Wirkung Angst, ich wollte noch nicht erwachsen sein, noch nicht so schnell und so vollständig.

Allmählich nahm ich an Gewicht ab, ich betrachtete dies mit einer gewissen Genugtuung. Dass ich wie ein Junge wirkte, war mir sehr Recht. Die Jungen verloren ihr Interesse an mir, wenn es darum ging, mich aus den Augen der Geschlechtlichkeit zu betrachten. Für diesen Bereich war nun Gina da. Gina mit ihrer vollen Brust und ihren weiblichen Formen, was mir nun abging. Ich widmete mich nun wieder verstärkt dem Lernen, den mehr kindlichen Aspekten, dem Tischtennis und profanen Dingen des Alltags, die mir eine gewisse Beruhigung verschafften. Die neuen und vor allem sehr aufregenden Sachen, die mit dem anderen Geschlecht zu tun hatten, rückten in weite Ferne. Ich verdrängte die Gedanken an Sexualität und an Weiblichkeit. Meine Mutter war mir kein willkommenes Vorbild im Hinblick auf das „Weib sein wollen“ und auf Sinnlichkeit. Im Gegenteil, ihr Leben wirkte abschreckender als je zuvor auf mich.

Was ist los mit mir?

Ich nahm immer mehr ab, das Essen schmeckte mir nicht mehr. Ich wollte nur noch meine Ruhe und Dinge tun, die nicht kompliziert waren. Meine Großeltern betrachteten diese Entwicklung mit Sorge und ließen mich zur Beobachtung ins Krankenhaus einweisen. Es war das gleiche Krankenhaus, in dem ich geboren wurde. Alle möglichen Untersuchungen wurden gemacht, man fand nichts.

Das Gute an dieser Zeit war, dass ich die Ruhe fand, die ich so vermisst hatte. Ich begann wieder zu essen und das Interesse am Wald erwachte wieder. Dies war ein sehr gutes Zeichen! Mein Opa war so erfreut über diese Entwicklung, dass er mich fragte: „Sabine, möchtest Du ein Fahrrad haben?" Ja, ich wollte, ich wünschte mir ein Fahrrad! Und ich bekam ein Fahrrad der Marke „Diamant", mit einem blauen Rahmen. Die Straßen waren vor mir nicht mehr sicher, ich fuhr viele Kilometer, fraß die Strecken ab wie Kühe das Gras. Von nun an brauchte ich nicht mehr mit dem Bus zu meiner Mutter fahren. Ich fuhr mit dem Rad und es war ein befreiendes Gefühl, den Wind, den Duft der Felder, des überreifen Obstes, der Sonnenblumen und der Hitze einzuatmen. Tief atmete ich dieses Stück Freiheit ein, unerklärlich, was ein Fahrrad für eine Wirkung auf mein Befinden ausüben konnte. Aber es war so. Die körperlichen Anstrengungen nutzte ich, um Unruhe und Aggressionen los zu werden. Die Hügel und leichten Anhöhen des Vorharzes waren nicht immer leicht zu bewältigen und ich betrachtete sie als Herausforderungen. Dafür konnte ich besser schlafen, fand mein inneres Gleichgewicht wieder und ich gesundete. Zurück in der Schule blühte ich auf, stand nun zu meiner Weiblichkeit, zu den neuen Formen, die zu ihr gehörten und lachte, wenn es etwas zu lachen gab.

Diese Wandlung beruhigte meine Großeltern sehr, aber auch meine Onkel und ihre Frauen. Ich hatte ein sehr gutes Verhältnis zu ihnen, insbesondere auch zu den Frauen. Sie waren mehr für mich da als meine Mutter, vor allem viel intensiver in den Zuwendungen. Sie waren selbst noch junge Frauen, die Kinder hatten oder noch Kinder bekamen und sie konnten sich gut in mich einfühlen. Sie taten das Richtige im richtigen Moment. Ich dankte es ihnen mit Nähe und Vertrauen. Aber auch meine Onkel vertrauten mir, war ich doch ein Kind ihrer Ursprungsfamilie.

Zunehmend betrachtete ich meine Großeltern mit Sorge, ich sah, dass sie nicht mehr so viel Kraft besaßen, dass sie älter wurden und dass sie auf Unterstützung der Familie angewiesen waren. Ich schlich oft in ihr Schlafzimmer, prüfte, ob alles in Ordnung war. So manches Mal schaute ich auf ihren Atem, ob sich die Brust hob und senkte. Ja, ich hatte große Angst, sie zu verlieren. Andererseits versuchte ich mich von ihnen abzulösen, tat Dinge, die sie nicht wissen durften. Obst auf Plantagen stehlen, die Nächte durchlesen, mit meiner Freundin über Sex reden, lästern und kurze Röcke anziehen, was meinen Opa zur Weißglut brachte. Kurze Röcke waren für ihn, den Ästheten, eine

Modesünde. Ich zog diese Röcke nur in der Schule oder in H. an. In B. war ich züchtig und brav gekleidet.

Inzwischen wohnte ich bereits seit einiger Zeit im größeren Internatskomplex, der sich in einem anderen Haus, eine Straße weiter entfernt befand. Es war ebenfalls eine Villa, die vor dem Krieg wohlhabenden Leuten gehört haben mochte. Die Wände waren mit dunklem Holz ausgekleidet, die Türen aus massivem, geschnitztem Holz, hohe und breite Fenster ließen Licht in die Räume hineinfluten, der Boden aus Holz und die Decken voller Stuck, das war das neue Heim während der nächsten Jahre. Die Schule befand sich etwa 30 Minuten Fußweg vom Internat entfernt und war ein hässlicher Steinbau, dunkel und muffig. In der Nähe befanden sich Neubauten, eine Kaufhalle und ein Sportplatz. Vorteilhaft war der Standort für mich dennoch, denn ich brauchte nicht mehr zum Bahnhof fahren, um den Bus nach B. zu erreichen und sparte Zeit. Der Bahnhof war ein interessanter Ort für mich, dort schaute ich, während ich auf den Bus oder Zug wartete, den Menschen zu, die kamen und gingen. Ihre Gesichter, ihre Mimik und Gestik erzählten unbekannte Geschichten, denen ich noch eigene Fantasien hinzufügte. Manchmal trafen wir in der „MITROPA", der Selbstbedienungsgaststätte, gehörlose Kinder und Jugendliche. Sie waren immer unter sich und wir achteten nach einiger Zeit nicht mehr auf sie, genauso wenig, wie sie auf uns achteten. Mit Staunen und Ungläubigkeit beobachtete ich, dass einige gehörlose Kinder eine gelbe Armbinde mit drei schwarzen Punkten am Arm trugen. Blinde Menschen trugen diese Armbinde ebenfalls. Mein Opa meinte dazu, dass es wohl dem Schutz der Kinder dienen sollte, war aber nicht begeistert davon.

Meine Zeugnisse wurden immer besser, die Schule machte mir nach wie vor Spaß. Das Lernen schenkte mir mehr Selbstsicherheit und Selbstbewusstsein. Besonders gut war ich in Sprachen und Fächern wie Zeichnen, Biologie und Sport. In Musik erhielt ich die Note: „sehr gut", doch wofür? Zwei bis drei Mal in der Woche trainierten Gina und ich im Tischtennisverein. Unser Trainer war ein feiner Mensch und nahm uns junge Menschen ernst. Wir fuhren oft zu Wettkämpfen, gewannen auch Medaillen. Einmal fuhren wir nach Budapest zum Wettkampf. Unsere Leistungen waren wirklich gut.

Die Jungen aus meiner Klasse spielten fast alle Fußball oder waren mit Sportarten wie Boxen und Leichtathletik ausgelastet. Selten zeigten sie ihr Interesse an uns Mädchen. Doch manchmal ärgerten wir uns gegenseitig. Tim jedoch, etwas jünger als ich, rotblonde Haare, sehr schlank und Sommersprossen auf der Nase, kam sogar einmal zu mir nach Hause, um mich zu besuchen. Wir verstanden uns sehr gut und wurden gute Freunde. Nur sein Gerede über Fußball war mir manchmal zu viel. Ich konnte nicht verstehen, dass ein Ball zu so himmelhoch jauchzender Freude, Wut oder Tränen animieren konnte. Ich fand es nervig. Lieber ging ich mit einem anderen Freund, der in seiner Freizeit Boxer war, zu seinen Wettkämpfen. Gina kam oft mit. Ich bewunderte Björn, der im Alltag sehr gelassen und ruhig blieb, jedoch beim Boxen seine Kraft und aggressive Seite zeigte. Er war etwa zwei Jahre älter als ich und ein „Schwiegermuttertyp“, dunkelblonde glatte Haare, braune Augen, ein hübsches Gesicht und eine sportliche Figur. Auch wir waren gute Freunde, konnten über viele Dinge reden. Er war verliebt in Anja, einer Schülerin aus seiner Klasse. Sie war sehr gepflegt. Fast schon eine Dame, sie verwandte viel Zeit auf ihr Make-up und ihren Körper. Die Jungen umschwärmten sie. Sie war auch mit mir befreundet, nur war unsere Beziehung nicht so frei, wie ich es mir damals gewünscht hätte, denn sie verlobte sich früh. Ich konnte nur wenig mit diesem Thema anfangen und hatte bis dahin noch keinerlei praktische Erfahrung in Bezug auf Sexualität. Sie schaute öfter auf mich Küken herab und ich fühlte mich ihr manchmal unterlegen, auch wenn ich nicht sein wollte wie sie.

Im Internat und im Verein für Schwerhörige in H. gab es manchmal Diskoabende, bei denen ich mit Björn tanzte. Auf einem Bild sind wir als Paar zu sehen, er etwas größer als ich und er führt mich. Ein schönes Bild, auch ein schönes Paar. Ich verstehe heute, warum meine Oma so gern wollte, dass wir auch als Paar zusammen kamen. Nachdem er die Schule abgeschlossen hatte, studierte er. Später, als es mir schlecht ging, besuchte er mich noch einmal in B., wir unterhielten uns lange und gingen davon aus, dass wir uns nicht mehr wieder sehen würden. Dennoch, er war ein lieber, treuer Freund. Ich hätte gern gewusst, was ihm an mir lag.

In regelmäßigen Abständen musste ich zu Untersuchungen in die Universitätsklinik in H., dort wurden Hörprüfungen vorgenommen. Es gab seit der Mandelentfernung keine gesundheitlichen Auffälligkeiten mehr. Das Hörvermögen blieb relativ stabil und ich gewöhnte mich mehr und mehr an die Sprache, an das Hören. Das Hören gehörte nun zu mir wie das Sehen, Fühlen, Schmecken und Riechen. Sinnlich zu sein bedeutete für mich, meine Sinne einsetzen zu können, wenn ich sie brauchte. Sie waren nichts Selbstverständliches für mich.

Meine Großeltern sprachen nach wie vor wenig mit mir über neue Erfahrungen, die mit dem Hören einhergingen. Es schien, als wäre es ein zu abstraktes Thema für sie. Auch meine Mutter fragte so gut wie nie nach. So verging die Zeit und als ich gefragt wurde, ob ich die Schule in der 8. Klasse wechseln wolle, um nach Berlin auf eine weiterführende Schule zu gehen, um dort das Abitur zu machen, sagte ich ab. Der Hauptgrund war die Angst, nicht mehr oft nach B. fahren zu können. Meine Großeltern waren nun schon über sechzig. Nicht mehr jung genug, um sorglos sein zu können. Hinzu kam, dass ich mich in H. eingelebt hatte und nicht noch einmal den Ort wechseln wollte. Ich machte mir wenig Gedanken um meine Zukunft, lebte doch sehr intensiv im Heute und im Augenblick. Mir waren meine Freunde und Klassenkameraden ans Herz gewachsen.

Ab der 8. Klasse mussten wir uns langsam Gedanken machen, für welchen Beruf wir uns entscheiden wollten. Es gab nur wenig Auswahl an Berufen, die überhaupt in Frage kamen, typische Berufe wie Schneiderin, Laborantin, Zahntechnikerin, Gärtnerin. An mehr erinnere ich mich nicht. Berufe für Jungen interessierten mich kaum, denn ich konnte mir nicht vorstellen, einen handwerklichen Beruf zu ergreifen. Schon zu dieser Zeit liebäugelte ich mit einem Helferberuf, ganz besonders im medizinischen Bereich. Doch es war ausgeschlossen, Krankenpflege zu erlernen. Dieser Ausbildungsberuf war für schwerhörige Schulabgängerinnen nicht verfügbar. Ich bekam erstmalig eine Ahnung von den Einschränkungen, die sich auf außerschulische Bereiche bezogen. Mein Großvater wünschte, dass ich das Schneiderhandwerk erlerne, um meine gestalterischen Fähigkeiten ausbauen zu können. Ihm lag sehr viel an einem Beruf, der mit Design zu tun hat. Nähen, nein, das war etwas, was ich mir nicht vorstellen konnte. Mit gekrümmtem Rücken, müden Augen über Stoff zu sitzen, viele Stunden allein mit seinen Gedanken zu sein, nein, das war nicht mein Ziel. Ich wünschte mir Kontakt mit Menschen, Austausch und Abwechslung. Meine Ablehnung stieß bei meinem Opa auf Unverständnis und auf Resignation. Dieses Thema war Grund dafür, dass wir uns öfters stritten. Er konnte mir aber nicht lange böse sein, denn ich war immer noch sein Enkelkind, das ihm sehr am Herzen lag.

Während Familienfeierlichkeiten war es immer häufiger der Fall, dass mein Opa zwischen Kaffeetrinken und Abendessen vor lauter Müdigkeit und Langeweile einnickte. Er konnte den Gesprächen hörender Gäste nicht mehr folgen. Ich beobachtete das mit Traurigkeit und hatte das ganz tiefe Bedürfnis, ihm alles zu erzählen, was ich verstand. Das war nicht alles, aber doch viel mehr, als ich ohne Hörgerät hätte verstehen können. Ich wusste, dass er sich mit dieser Situation abgefunden hatte und dass es der Preis dafür war, Vater hörender Kinder zu sein. Die Kinder nahmen sich viel Zeit für ihre Eltern. Wenn sie mit ihnen allein sprachen, gab es nach wie vor keine Kommunikationsprobleme. Da er dies so gewöhnt war, störte es ihn nicht, sich bei Feiern mal zu langweilen. Meine Oma hatte meist in der Küche zu tun, so verging für sie die Zeit schneller. Sie war immer noch eine sehr gute Köchin, kochte mit viel Leidenschaft und Liebe zum Detail.

Das vorletzte Schuljahr brachte Gina und mich ein Stück weiter, was die Selbstständigkeit und leise Rebellion gegen Normen und Regeln anbetraf. Wir gingen manchmal nicht zum Training, stattdessen ging es in die Stadt und wir bummelten durch die Straßen. Wir trugen uns in das Ausgangsbuch ein und so fiel es den Dienst habenden Erziehern nicht auf, dass wir nicht beim Training waren. Unser Trainer wusste ebenfalls nichts davon, da wir ihm sagten, dass wir lernen müssten oder keine Zeit hatten. Wir waren ja gut im Tischtennis, so dass unsere Eskapaden geheim blieben.

In unserer Klasse war ein Junge, der erst im achten oder neunten Schuljahr zu uns kam. Er war groß, besaß mehr Selbstbewusstsein als manchmal erträglich war, er war frech und gab oft an. Ich mochte ihn nicht, hasste ihn zeitweise sogar. Er war nur leicht schwerhörig, konnte gut sprechen und bildete sich darauf etwas ein. In seiner Freizeit ging er oft zum Ringen. Er wohnte nicht im Internat und fuhr täglich mit dem Zug heim. Seit er in unserer Klasse war, war auf jeden Fall mehr los. Es gab immer etwas Neues oder etwas, was uns den Alltag interessanter machte. Hübsche Mädchen waren vor ihm nicht sicher, zuletzt war er mit Anja befreundet und er prahlte mit der Beziehung zu ihr. Mich mochte er genauso wenig wie ich ihn. Und wenn wir konnten, gifteten wir uns an. Sein Spott war oft nahe an der Grenze des Erträglichen und ich wich ihm aus, wenn ich es konnte.

Es war Februar, Fasching, wir hatten unseren Spaß an der Kostümmaskerade und da passierte es, dass er mich küsste. Er küsste mich ganz anders, als ich es bis dahin kannte und ich war so erschrocken über diese Erfahrung, dass es mich sprachlos machte. Ihn aber auch, denn es war ihm anzumerken, dass er alles andere wollte, als eine „Feindin“ zu küssen. Verwirrt gingen wir unserer Wege. Die folgende Zeit war ein Katz-und-Maus-Spiel. Ich merkte jedoch, dass er zugänglicher wurde und sein neues Verhalten gefiel mir. Anstatt mich zu ärgern, begann er mich zu beschützen. Er war unter den Jungen der Klasse angesehen, stand im Mittelpunkt und hatte Neider. Unter seinem Schutz zu stehen bedeutete, dass andere Jungen, die zuvor seine „Frechheiten“ mitgetragen hatten, nun auch „höflicher“ wurden. Eines Tages fragte Ronny, so hieß er: „Hey, Sabine, hast du Lust, am Wochenende hier in H. in die Disko zu gehen?“ Ich fragte Gina, ob sie mit ihrem Freund mitkommen wolle. Sie sagte zu und wir fragten unseren Trainer, ob wir alle bei ihm übernachten dürften. Er war einverstanden und so stimmte ich zu. Meinen Großeltern sagte ich, dass wir in die Disko gehen würden und bei meinem Trainer gut aufgehoben wären. Sie versuchten mich umzustimmen, aber ich wollte einmal raus und das Abenteuer suchen.

Also zog ich meine Wrangler-Jeans an, ein Geschenk meiner Großtante aus dem Westen, ein T-Shirt und einen langen schwarzen Mantel, den ich aus einer Schatzkiste, in welcher mein Opa abgelegte Sachen aufbewahrte, entnommen hatte. Ich fand ihn wunderbar alt. Er ging mir bis an die Knöchel. Dazu zog ich noch schwarze Halbstiefel an und war mit meinem Aussehen zufrieden. Als ich die Wohnungstür meiner Großeltern hinter mir schloss, ahnte ich noch nicht, dass die Zeit meiner „Unberührtheit" am nächsten Tag vorbei sein würde. Ich freute mich auf die Disko, auf die Musik und auf schöne Abendstunden im Kreis von Freunden. Wir gingen direkt zum Tanzen. Der „Tanztempel" befand sich in der Nähe des Hauptbahnhofs von H. Die Musik war gigantisch, ein Lied von John Lennon, „Give Peace a Chance", welches ich bereits aus dem Film „Blutige Erdbeeren" kannte, heizte uns mächtig ein. Die Tanzenden klatschten beim Refrain und wir fühlten uns mit den Schwachen der Welt vereint. Che Guevaras´ Geist inspirierte uns und führte dazu, dass Ronny mir immer sympathischer wurde. Ich fühlte mich sehr wohl, das Tanzen brachte uns näher und näher. Seinen Küssen wich ich nicht mehr aus und auch Gina erging es nicht anders. Wir verliebten uns in die Sorglosigkeit und in das für uns so unbekannte Neue. Ja, in dieser Nacht verlor ich meine Unschuld und bedauerte es nicht. Am anderen Tag fuhr jeder für sich nach Hause. Ich hütete mein Geheimnis und blieb auffällig still. Den Blicken meiner Oma wich ich aus. Meinem Opa fiel mein verändertes Verhalten nicht auf, was mich beruhigte.

Verliebt – verlobt und ein Paar

Ich dachte nicht, dass Ronny an mir als Freundin festhalten würde. Kannte ich ihn doch als Jungen, der seine weiblichen Eroberungen nach einer gewissen Zeit austauschte. Doch er bekannte sich offen und mit einer auch für ihn selbst ungewohnten Klarheit zu mir, indem er mir nahe blieb. Er kümmerte sich um die Beziehung. Für mich war das eine ganz neue Erfahrung, aufregend, aber auch etwas einengend, zumal ich bisher frei hatte über meine Zeit verfügen können. Unsere Lehrer, Erzieher und Mitschüler bekamen schnell mit, dass wir keiner der sonst üblichen schwärmerischen Liebeleien erlegen waren. Sie hatten Respekt vor uns und unseren Gefühlen füreinander. Wir liebten uns wie Mann und Frau. Am Anfang war es ein berauschender Zustand, begehrt und geliebt zu werden. Wir nahmen uns Nähe und Zeit, wie wir konnten und ich ließ es zu, dass er mich seinen Eltern vorstellte.

Als ich das erste Mal seine Heimatstadt sah, blickte ich mich voller Unbehagen um und konnte mir nicht vorstellen, lange dort zu bleiben. Die Stadt war grau und mit einem schwarzen Kohleschleier bedeckt. Dieser Schleier überzog die Häuser, die Straßen, die Wäsche erschien grau und die Luft war stickig, eine Stadt, in der Braunkohle den Lebensunterhalt der Menschen sicherte. Die Menschen, die in der Stadt lebten, hatten sich an den Staub gewöhnt. Staub, der die Kehlen durstig machte und ein raues Klima schuf. Ronnys Eltern waren Mitte fünfzig, die Mutter eine typische Mama, nährend und mit großer Selbstverständlichkeit fürsorglich. Der Vater war kräftig, untersetzt und ein Mann, dem der Titel „Familienoberhaupt" ohne Zweifel zugestanden wurde. Sie nahmen mich mit Wärme und Herzlichkeit auf, so als wäre ich schon immer in ihrer Familie gewesen. Ronny ging öfter mal mit mir aus, zu seinen Kumpels und es ging um Themen, die mich langweilten. Doch es gelang Ronny immer wieder mich abzulenken, indem er mir zeigte, dass körperliche Liebe mehr war, als nur zu küssen. Er war auf diesem Gebiet ein unermüdlicher Lehrer. Seine Eltern ließen uns die Wochenenden bei sich sein. Ich fuhr nun nicht mehr so oft nach B. zu meinen Großeltern. Warnungen, dass es zu früh für solch eine feste Bindung sei, schlug ich in den Wind. Ich fühlte mich in der Schule nun nicht mehr so wohl, vor allem deshalb nicht, weil ich mir erwachsener und reifer vorkam, als ich es noch vor Wochen war, als uns Klassenkameraden noch nichts Trennendes, wie es eben solch eine intime Beziehung sein kann, im Wege stand.

Er kaufte uns Verlobungsringe, schenkte mir Kleidung, sprach von gemeinsamer Zukunft, Hochzeit und Kindern. Aber die Nächte bei und mit ihm wurden mir langsam zur Last, ich bekam Heimweh nach B. und meiner Familie. Seine Familie war eine wunderbare Arbeiterfamilie, sehr bodenständig und fest in ihren Prinzipien. Ich begriff, dass ich dem Mittelstand nicht entkommen konnte und zu sehr den geistigen Bedürfnissen zugetan war. Ich brauchte Bücher, eine bestimmte Esskultur, die reine Natur, Romantik, meine Freunde und viel Bewegung im Freien. Ich sehnte mich nach meinen Großeltern, dem Garten und wünschte mir, mit einem guten Buch von Flaubert oder Hemingway im Liegestuhl zu liegen und nur zu lesen. Der Sex verlor seinen Reiz für mich. Ich entfernte mich innerlich von Ronny. Eines Wochenendes konnte ich es nicht mehr aushalten, ich wollte unbedingt nach B. und packte meine Tasche. Ich wollte mit dem Bus heim. Doch Ronnys Vater zog seine Motorradkluft an, holte sein Motorrad aus der Garage und rief mir zu: „Hier hast du einen Helm, steig auf. Ich bring Dich heim!" Ich hätte ihn vor Freude umarmen können, er war mir für diesen Moment näher als sein Sohn. Zu Hause angekommen zwinkerte er mir zu und ich fühlte mich verstanden.

Meine Großeltern waren alles andere als begeistert, als sie den Ring an meiner linken Hand entdeckten, wobei mein Opa diesem Bekenntnis wenig Ernsthaftigkeit beimaß. Zu Hause ging ich wieder zu June und wir schwatzten über Gott und die Welt. Für June war der Alltag schwerer geworden, ihre Mutter war freiwillig aus dem Leben gegangen. Ich erinnerte mich an ein Bild, das ich als Kind im Schlafzimmer ihrer Mutter sah, ein Elfenreigen, so als würde ihre Mama in einer anderen Welt leben. Die Unbeschwertheit unserer Jugend war nicht mehr da.

Nun war ich fast siebzehn Jahre alt. Noch war ich mit Ronny zusammen, aber nicht mehr davon überzeugt, dass wir zusammenbleiben würden. Was immer das für Zeichen waren, die auf ein Ende der Beziehung hindeuteten, ich konnte sie noch nicht klar erkennen. Ich fühlte mich sehr erwachsen, hatte ich doch hinter das Geheimnis von Adam und Eva geblickt, war aus dem Paradies vertrieben worden. Der Ahnung, dass es noch mehr im Leben geben musste, konnte ich mich nicht entziehen. Noch ging ich in die Schule, lag oft noch lange wach, die geöffneten Augen ins Dunkel gerichtet. Die Melancholie griff nach mir. Ich entschied mich für eine Berufsausbildung als Wirtschaftskaufmann für Gesundheits- und Sozialwesen. Ein recht neuer Berufszweig, der meinen Fähigkeiten annähernd entsprach.

Die 9. Sinfonie von Ludwig van Beethoven

Eine Note „sehr gut" im Fach Musikunterricht, ich fragte: „Wofür?" Seit ich Sprache hören konnte, hatte Musik für mich an großer Bedeutung gewonnen. Ich konnte Musik fühlen und hören, ich war manchmal selbst voller Musik. Ihr gelang es, schlechte Erfahrungen und Erlebnisse auszugleichen. Wir hatten Glück, unsere Musiklehrer fühlten sich auch persönlich mit der Musik verbunden und das war gut für uns Kinder, denn sie hatten die Gabe, uns mit den verschiedensten Musikrichtungen vertraut zu machen und uns die Komponisten nahe zu bringen. Das Leben der Komponisten, deren Werke und Besonderheiten, die es zu erwähnen gab, interessierten mich sehr. Gern ging ich ins Kino oder ins Theater, aber nur wegen der begleitenden Musik. Heiterkeit und Traurigkeit, Wut, Zorn, Stille und Chaos, all das konnte ich aus Musik heraushören. Wenn ich traurig war, hörte ich mir ein trauriges Stück an.

In der Zeit brauchte sich die Nachtwache nicht mehr zu ärgern, dass ich zu lange wach blieb und schwatzte. Nun hatte ich ein kleines Radio mit Kopfhörer und konnte vor dem Einschlafen noch Musik hören. Es gab auch eine Schülerin im Internat, die sehr gut singen konnte, es war schön, ihr zuzuhören. Ich wunderte mich, dass ich so lange ohne Musik ausgekommen war, dass meine Mutter mir nicht mehr darüber erzählt und sie mir nahe gebracht hatte. Auch sie konnte singen, sie sang den kleinen Kindern oft etwas vor.

Eines Tages hatten wir Musikunterricht und unser Musiklehrer ging auf Ludwig van Beethovens Leben ein. Beethovens Lebensumstände waren unter anderem geprägt von Krankheit, zunehmender Taubheit, gesellschaftlicher Isolation und Fürsorge für seinen Neffen, dem Sohn seines Bruders, dessen Vater früh verstarb. Er spielte uns die 9. Sinfonie vor, die im Sommer 1826 gedruckt worden war. Gewaltige Töne, die von einem Plattenspieler abgespielt wurden, eine anfangs leise und immer lauter und schneller werdende Klangabfolge. Ich fühlte mich so, als wäre ich mit meinen Gedanken woanders, lauschte und vergaß alles um mich herum. Besonders beschäftigte mich, dass Beethoven, als er die Sinfonie schrieb, fast taub war! Was für ein Genie! Ich versuchte mir Ludwig van Beethoven vorzustellen, was er, der sich mit jeder Faser seines Seins zu einem Leben mit und für Musik berufen fühlte, getan haben mochte, als er sich der Taubheit stellen musste, was mag in ihm vorgegangen sein? Trotz aller Aufmerksamkeit und Freude an dieser Unterrichtsstunde blieb ein beklemmender Druck auf meiner Seele, den ich in der folgenden Zeit jedoch abschütteln konnte.

Der Unterricht wurde nun straffer, denn die Schulzeit ging dem Ende zu, die ersten Zwischenprüfungen wurden geschrieben und wir mussten uns langsam auf die Abschlussprüfungen vorbereiten. Noch war es nicht soweit, wir Schüler hatten andere Sachen im Kopf, es ging natürlich auch um ganz aktuelle Themen wie Politik, Liebe und Sport. Meine Lehrer schüttelten mit dem Kopf, wenn sie mich mit Ronny sahen. Sie wussten, dass wir bereits eine Beziehung hatten. „Schade", dieses Wort hörte ich oft. Es war schade, weil es zu früh und zu schnell passierte. Ronny und ich konnten nicht unterschiedlicher sein, was Werte, Träume, Ziele und andere Vorstellungen vom Leben betraf. Dies war zunehmend ein Grund für mich, mich nur noch selten mit ihm zu treffen und ihn zu besuchen. Ich hatte ihn nie meinen Großeltern und meiner Mutter vorgestellt. Ich wusste, dass ich berechtigten Ärger bekommen hätte.

So war ich wieder öfter zu Hause. An den Wochenenden fuhr ich auch wie früher zu meiner Mutter. Die Zeit schien stehen geblieben zu sein, die Hektik und der Stress hörten nicht auf. Meine Mutter war nun Leiterin eines Kindergartens am Ort. Öfter half ich in den Ferien dort aus, ich putzte oder half im Sanatorium für silikosekranke Menschen, meine Arbeit bestand aus dem Reinigen der Töpfe. Um meinem Stiefvater auszuweichen, schlief ich nicht bei ihr, fuhr lieber mit dem Fahrrad täglich 20 km und fühlte mich trotz der Müdigkeit wohl. Meine Brüder waren fast nur draußen, spielten Fußball oder machten mit ihren Freunden die Gegend unsicher. Oft bekam ich sie nur ganz kurz zu Gesicht.

Für meinen Stiefvater war immer Alkohol da. Er trank nach wie vor viel und brauste schnell auf, wenn ihm etwas nicht passte. Meine Mutter tat so, als wäre alles in Ordnung und als gäbe es nichts Ungewöhnliches in ihrer Familie. Ihre Selbstbeherrschung und das Aufrechterhalten einer Fassade machten den Zugang zu ihrem eigentlichen Wesen sehr schwer. Sie freute sich aber, wenn ich kam, das war mir wichtig!

Noch einmal mussten wir gemeinsam eine Reise machen, nach B.-B., es ging um das Ablegen eines Eignungstestes für meine geplante Ausbildung als Wirtschaftskaufmann für Gesundheits- und Sozialwesen. Wir fuhren los, kurz vor H. sagte meine Mutter, dass sie sich große Sorgen um ihre Söhne mache. Sie könnte mich nicht begleiten, müsse umkehren. Das tat sie dann auch, ich fuhr mit Unruhe und schweren Gedanken allein weiter. Ich kannte diesen Landstrich Deutschlands noch nicht. Er war faszinierend, wusste ich doch, dass Goethe und Schiller viele ihrer Werke dort schufen. Wie gern wäre ich mit meiner Mutter durch diese berühmte Stadt gebummelt, hätte mit ihr vor Ort auf den Spuren der großen Dichter wandeln können. Doch die Ankunft in der Klinik war alles andere als romantisch. Wieder wurde ich mit meiner Vergangenheit konfrontiert und der Tatsache, dass ich keine richtigen Eltern hatte, die für mich da waren, wenn ich sie brauchte. Alle anderen Bewerberinnen hatten ihre Eltern oder wenigstens ein Elternteil dabei, das ihnen vor den Prüfungen Mut zusprach oder einfach nur da war. Ich schluckte die Bitterkeit, die wie Galle schmeckte, hinunter und redete mir ein: „Sei stark, es ist zu schaffen. Mutter kann nicht. Die Jungen sind noch klein und brauchen sie!“ In solchen Momenten ließ sich die Verlorenheit nicht leugnen, ich musste mich ihr stellen.

Ich durchlief alle Eignungsprüfungen und bestand sie auch. Mit dieser Gewissheit fuhr ich heim und war erleichtert, diese Hürde genommen zu haben. Von dem Erlebnis mit Mutter erzählte ich meinen Großeltern nichts. Sie sollten nicht erfahren, was ihnen hätte Kummer machen können. Besonders mein Opa liebte seine einzige Tochter sehr und war nur ganz vage über die wahren Hintergründe ihres Leben informiert.

Es muss Herbst gewesen sein, ein Samstag, Heimreisetag, und in

Erwartung auf einen schönen, gemeinsamen Tag mit meinen Großeltern klingelte ich voller Vorfreude an der Tür. Die Blitzlampe meldete Besuch. Die kleine Lampe war mit der Klingel verbunden. Sie verhalf meinen Großeltern dazu, akustische Klingeltöne optisch wahrzunehmen. Ich musste länger als sonst warten. Statt der erhofften lieben Begrüßung erwartete mich eine bitterlich weinende Oma. Es war noch eine Person da, vielleicht eine der Schwiegertöchter? Mein Herz fing zu rasen an, ich zitterte am ganzen Körper und dachte wirklich an das Schlimmste – den Tod meines Opas. Er lebte, aber er war im Krankenhaus und hatte einen schweren Herzinfarkt erlitten. Ich wusste bereits ein wenig Bescheid über Krankheiten, hatte ich doch bei meiner Arbeit in den Kliniken Patienten gesehen und mit ihnen gesprochen. 1975 war die Diagnose „Herzinfarkt" noch eine weit schwerwiegendere als heute. Dass er noch lebte, daran klammerte ich mich.

Ich versuchte mich zusammenzureißen und an meine Oma allen Optimismus, den ich mir selber einredete, weiterzugeben. Tatsächlich hörte meine Oma mit dem Weinen auf und versuchte, meine Zuversicht anzunehmen. Ich muss eine sehr gute schauspielerische Leistung vollbracht haben, als ich nach außen hin so tat, es gäbe keinen Grund, sich auf zu regen. Ich war voller Angst, in Panik und hatte Mühe zu schlafen und zu essen. Nachts wachte ich vor Sorge um meine Oma öfter auf, schaute nach ihr und hielt ihre Hand.

Wenn ich Zeit hatte, ging ich gemeinsam mit meiner Oma in die Klinik. Mein Opa sah nicht viel anders aus als zuvor, er war nur stiller. Er sagte, dass er sein Leben umstellen müsse. Nicht mehr rauchen, abnehmen, Bewegung in den Alltag einbauen und vor allem müsse er Aufregung vermeiden. Aufregung, die so manche persönliche und familiäre Geschichte seiner Kinder mit sich bringen würde. Zwei seiner Söhne trugen sich mit Scheidungsgedanken, das wollte er überhaupt nicht tolerieren. In dieser Hinsicht hatte er eine richtig konservative Einstellung, die fast ans Reaktionäre grenzte. Wie froh war ich, dass ich ihm nicht alles von Ronny und mir und weiteren Geheimnissen erzählt hatte. Von nun an wusste ich, dass ich noch mehr auf mich allein gestellt sein würde, wenn ich meine Großeltern noch eine lange Zeit um mich haben wollte. Ich mochte meinen Opa nicht wie ein rohes Ei behandeln, aber es war eine Alternative, die besser war als sein Tod. Er fuhr zur Kur und als er wiederkam, begann er seine Vorhaben in die Praxis umzusetzen. Arbeitete verkürzt, hörte mit dem Rauchen auf, verzichtete auf Fett und viel Zucker und blockierte kritische Themen. Für niemanden in der Familie war es leicht, sich umzustellen.

Noch Wochen und Monate nach diesem Ereignis zitterte ich innerlich vor Angst, wenn ich an das Endgültige dachte, was sich nicht vermeiden lassen würde. Die erste Konfrontation mit Sterben und Tod war noch einmal glimpflich ausgegangen.

Stille

Gibt es Ereignisse, die das eigene Vorstellungsvermögen übersteigen, die einem den Atem nehmen können, die den Glauben an die Ordnung, welche die Welt zusammenhält, vermissen lassen?

Ja, die gibt es.

1975, wieder zog ein Winter vorüber. Es war der letzte Winter vor Schulabschluss. Weihnachten und Sylvester verliefen unspektakulär, wie immer fast unmerklich. Bei meinen Großeltern gab es gutes Essen, bei meiner Mutter auch. Dann war ich viel mit mir allein, schrieb, lernte und hörte Musik. Mir fehlte June. Sie hatte nun weniger Zeit.

Das Frühjahr zog mit Macht ins Land, ich freute mich über die Schneeglöckchen, die keck ihre Blütenglocken in den Himmel reckten, „... into the sky“ – dachte ich so vor mir hin, übte ich doch für die Englischprüfung. Meinem Opa ging es besser, er suchte sich ein neues Betätigungsfeld, den Garten, und begann einen Steingarten anzulegen. Ich freute mich auf den Tag, auf die Sonne und auf die Stunden, die ich wieder am See verbringen wollte. Im Internat ging man mit uns „Großen“ lockerer um, wir durften nun auch zwischen den Konsultationen, den Vorbereitungen auf die Prüfungen mit Lehrern, heimreisen. Abends, im Speisesaal, saßen wir am Esstisch beisammen. Wir „Großen“ holten uns Nachschlag, so hungrig machte Jugend und Übermut, der nun langsam in Abschiedsstimmung umschlug. Die Abschlussfeier wurde vorbereitet.

Es wurde Mai, die Sonne ging früher auf, die Luft wurde wärmer und eine leise Heiterkeit machte sich breit. Der 5. Mai 1976 war ein ganz gewöhnlicher Werktag mitten in der Woche, doch ich hatte „Schneekönigfreude“, weil ich nach Hause fahren konnte und erst am nächsten Tage zur Russischkonsultation zurück sein musste. Zu Hause angekommen, schwatzte ich während des Essens lange mit meiner Oma und schäkerte mit meinem Opa. Müde warf ich mich ins Bett und der Schlaf kam schnell. Sehr früh am Morgen, der Tag kündigte sich gerade an, wachte ich auf. Etwas war anders als sonst! Doch was? Ich quälte mich aus dem Bett, ging auf Toilette und zog die Spülung. Ich hörte nur noch die Spülung oder war sie das gar nicht? Verwirrung machte sich breit und ich dachte, dass ich entweder zu müde sei oder sich Fieber ankündigte. Fieber zu haben, war das Letzte, was ich in dem Moment gebrauchen konnte. Es konnte einfach nicht sein, so kurz vor den Prüfungen. Ein gewohnter Griff nach meinen Hörgeräten und ich schaltete sie ein. Noch immer diese Klospülung, dieses verfluchte Rauschen in meinem Kopf wollte nicht vergehen. Meine Oma kam aus dem Schlafzimmer und fragte, wieso Licht an sei? Es wäre doch noch Zeit bis zur Abreise. Ihre Mimik zeigte mir, dass mein Starren auf ihren Mund sie irritierte und sie fragte dann auch, was los sei. Nun fing ich an zu husten, so laut ich konnte und meine Ahnung bestätigte sich. Ich konnte mich selber nicht mehr hören, auch nicht mit Hörgeräten. Im Gegenteil, sie verschlimmerten nur noch die Geräusche, die sich in meinem Kopf ausbreiteten. Alle möglichen Geräusche von Pfeifen, Summen, Dröhnen bis hin zu schrillen, nervtötenden Pieptönen ergriffen Besitz von mir. Ich konnte nicht mehr klar denken. In der Hoffnung, dass der noch ausstehende Schlaf mir Linderung verschaffen könnte, dass der neue Tag sich noch zum Guten wenden würde, legte ich mich noch einmal hin und versuchte zu schlafen. Doch die Geräusche störten den Schlaf. Völlig erschöpft stand ich auf, es war Zeit, mich fertig zu machen, um zum Bus zu gehen und nach H. zu fahren. Zusätzlich zu den Geräuschen überkam mich ein vages Schwindelgefühl. Der Boden schwankte leicht. Ich versuchte meinen Zustand vor meiner Oma abzuschwächen, indem ich von Müdigkeit und Stress sprach. Die ganze Zeit über achtete ich auf meine Stimme, die nun lautlos war und versprach ihr, dass ich in H. zum Arzt gehen würde.

Zunächst ging ich in die Schule, um dort an der Konsultation teilzunehmen. Meinen Mitschülern und dem Klassenlehrer sagte ich noch nichts über meine Befindlichkeit, ich wollte erst einmal abwarten, was die Internatsschwester veranlassen würde. Noch war ich zuversichtlich, dass es sich um eine behebbare Unpässlichkeit handeln würde und blieb geduldig, wenn es darum ging, auf die Lippen meiner Gesprächspartner zu schauen und auf dem Laufenden zu bleiben. Die Krankenschwester der Krankenstube sagte nicht viel, telefonierte nur mit Ärzten der Universitätsklinik, damit ich einen Termin erhielt. Den bekam ich. Die Vorstellung bei der mich bisher behandelnden Oberärztin war kurz, aber präzise. Sie sagte, dass sie mich stationär einweisen lassen müsse, jedoch sei zurzeit kein Bett frei. In drei Tagen könne ich in die Klinik kommen. Die drei Tage verliefen, abgesehen von meiner Mitteilung zum aktuellen Hörstatus, aus der Sicht meines Umfelds wie immer. Meinen Klassenkameraden fiel auf, dass ich sehr bemüht war, visuell alles mitzubekommen und dass ich meine Fröhlichkeit verloren hatte. Doch sie waren alle auch mit sich selbst beschäftigt, hatten zu lernen und andere Dinge im Kopf. Außerdem sah man an mir kein Blut, keine dramatische Veränderung am Körper und auch nichts, was auf einen

Schock hätte hinweisen können. So ähnlich müssen dies wohl auch meine Lehrer, Erzieher und die Familie empfunden haben.

Viel sprach ich nicht über mich, war ich doch selbst noch verunsichert und hoffte auf Besserung durch die Behandlung in der Klinik. Ich ging allein in die Klinik und sollte 10 Tage dort verbleiben. Mein Kopf wurde durchleuchtet, ich sah das Röntgenbild mit gemischten Gefühlen. Injektionen in die Halsschlagader sollten Infusionen mit einer die Durchblutung fördernden Substanz in den Körper schleusen. Weitere Untersuchungen wurden vorgenommen, wie Untersuchungen des Innenohres und nervenärztliche Konsultation. Beim Augenarzt und zur Hirnstrommessung, wie ursprünglich vorgesehen, war ich schon nicht mehr. Ich hatte aufgegeben, als nach fünf Infusionen keine spürbare Besserung eintrat. Während des Klinikaufenthaltes lag ich in einem Krankenzimmer ohne weitere Mitpatienten. Drei Betten neben mir waren leer. Wieder war ich mit meinen Gedanken, nun auch meiner Angst vor endgültiger Taubheit allein. Wie sehr hoffte ich auf den Besuch von Schulkameraden und ich erinnere mich nur ganz schwach, dass ein oder zwei von ihnen tatsächlich kamen. Doch der, auf den ich am meisten wartete, kam nicht.

Ronny ließ sich nicht blicken und ich spürte, dass alle eventuell noch vorhandenen liebevollen Gefühle für ihn leise erstarben. Meine Familie kam auch nicht, ich war das ja schon von meiner Mutter gewöhnt und meinen Großeltern wollte ich diesen Besuch nicht zumuten und war heilfroh, dass sie dort blieben, wo sie gut aufgehoben waren. Gedanken, wie ich ohne zu hören weiterleben sollte, ergriffen Besitz von mir. Sehr früh und rein intuitiv wusste ich, dass die Taubheit endgültig sein würde, noch bevor ich es von den Ärzten erfuhr.

Der Tag der Entlassung rückte näher, das Abschlussgespräch mit der mich behandelnden Ärztin stand bevor. Sie rief mich zu sich in ihr Behandlungszimmer, es waren Kabinen, in denen Untersuchungen am Ohr vorgenommen wurden. Die Ärzte trugen eine Art Ring um ihren Kopf, an dem eine Scheibe mit einem kleinen Loch befestigt war. Während der Untersuchung wurde diese Scheibe heruntergeklappt, um ein Auge zu bedecken und besser ins Innere des Ohres blicken zu können. Sie untersuchte beide Ohren noch einmal und blickte mich sehr ernst an. Ihre Ausführungen waren sehr, sehr knapp und doch so inhaltsschwer. Sie sagte, dass ich mein Leben lang taub bleiben würde. Die Haarzellen im Innenohr seinen irreparabel zerstört und man könne keine genaue Ursache für dieses Geschehen angeben. Es kämen viele Möglichkeiten in Betracht und alle zusammen genommen, könnten sie den Hörsturz auf beiden Ohren ausgelöst haben. Sie überreichte mir einen Schwerstbeschädigtenausweis und Medikamente, die ich noch nehmen sollte. Betreffender Ausweis war zu DDR-Zeiten ein Dokument, welches eine Schwerstbehinderung nachwies. Mir war elend zumute, aber ich hatte keine Tränen. Ich sollte am 31. Mai 1976 noch einmal in die Poliklinik zur Nachuntersuchung kommen. Danach verabschiedeten wir uns mit einem Händedruck.

Ich fuhr allein mit dem Bus nach Hause zu meinen Großeltern und versuchte, alle schwierigen Themen zu umgehen. Ich sagte nur, dass ich taub wäre und taub bleiben würde. Sie nahmen es gelassen auf. Ihre Erinnerung an die Zeit ohne Hörgeräte war keine schlechte, daher gingen sie sicher davon aus, dass ich mich schon an die neue Situation gewöhnen werde. Meine Mutter machte ebenfalls keine großartigen Bemerkungen zu dieser neuen Situation, zumal sie deren Tragweite gar nicht abschätzen konnte. Doch ich fühlte mich zunehmend wie ein Kind, dem man erst ein Geschenk machte und dem man es nun wieder weggenommen hatte. Große Probleme bereiteten mir die andauernden Schwindelgefühle und die Ohrgeräusche, die nicht leiser werden wollten. Ruhe suchend ging ich wie auf schwankendem Boden, wie auf hoher See auf einem Schiff, mir vertraute und geliebte Waldwege entlang. Der Weg führte zum See, ich lauschte in mich hinein und hing meinen Gedanken nach. Plötzlich merkte ich wie links und rechts zwei Männer mit Pullovern über dem Kopf aus dem Gebüsch auf mich zukamen. In dem Moment, als sie mich erreichten, tauchten am anderen Ende des Waldweges Fußgänger auf. Noch bevor ich registrieren konnte, was überhaupt passierte, rannten die beiden Männer ins Gebüsch zurück. Mir blieb der Schrei im Hals stecken, mein Kopf fühlte sich leer an und dumpfe Stille machte sich in mir breit. „Was war das jetzt?“ „Warum?“ Ich stöhnte auf und kehrte um, einen letzten Blick auf die Fußgänger werfend. Natürlich sagte ich niemandem etwas davon.

Mir machte meine eigene Hilflosigkeit zu schaffen, mir, die ich sonst so sportlich und fit war. Ich hasste diesen Zustand. Es wurde nicht besser, aber ich musste zurück nach H. und an den Prüfungen teilnehmen. Mit einem Blick auf die Medikamente entschloss ich mich, diese nicht mehr zu nehmen und zu versuchen, ohne sie auszukommen. Der Schwindel ließ langsam nach, ein kleiner Erfolg, der mich wieder aufbaute. Zurück im Kreise meiner Mitschüler ließ ich mir nicht viel anmerken, sagte aber, dass ich nun taub wäre. Für immer. Erste Reaktionen zeigten sich in Unglauben und Mitleid. Der Übergang in den Alltag tat mir gut. Viele vergaßen auch, dass ich tatsächlich nichts mehr hörte und dass es einen Unterschied zur Schwerhörigkeit gab. Das Einzige was auffiel war, dass ich kein Hörgerät mehr trug. Ich konzentrierte mich auf das Mundbild meiner Mitmenschen, auf

Mimik, Gestik und Körpersprache. Alles Fertigkeiten, die mir nicht unbekannt und neu waren. Sie wurden nur nicht mehr von akustischen Sinneswahrnehmungen flankiert. Schwierigkeiten machten mir die Sprachprüfungen, aber meine Erinnerung ließ mich nicht im Stich. Dabei dachte ich an Beethoven und verglich mich mit ihm. Er, der seine Musik und die Noten im Kopf trug, und ich, die versuchte, Sprache, die ich nicht mehr hören konnte, wiederzugeben.

Es gelang alles sehr gut, alle Prüfungen verliefen erfolgreich. Und doch war ich tieftraurig. Das Hören hatte mich nun über fünf Jahre begeleitet, meine Gefühle intensiviert und so die Basis für noch mehr Vielfalt und Kreativität geschaffen. Auch fühlte ich, dass sich ein Graben auftat zwischen meinem Umfeld und mir. Sie waren nun anders als ich. Ich war meinen Mitschülern nun nicht mehr ebenbürtig. Gehörte ich nun zu den Menschen, die eine gelbe Armbinde mit drei Punkten tragen mussten? Ich wehrte diese schweren Gedanken ab und wandte mich aktuellen Problemen zu. Was wurde aus Ronny und mir? Was wurde aus meiner Lehrstelle?

Ronny kam im Internat freudestrahlend auf mich zu und erzählte von einer Band, irgendeine mit Anfangsbuchstaben „S“, wie toll deren Musik doch wäre. Und schenkte mir ein Kofferradio. Ich spürte einen Druck im Magen und einen Kloß im Hals und Gedanken rasten und ich schrie: „Was weißt du von mir eigentlich? Was willst du von mir?“ Er war enttäuscht, sehr sogar, verstand meinen Ärger nicht, versuchte aber, die Beziehung zu halten, doch er sprach nur noch von sich.

Eines Tages gingen wir mit zwei Schulfreunden durch den Bahnhofstunnel. Ich wollte nach B. und sie begleiteten mich, da sie auch zu ihren Zügen mussten. Irgendein Thema leitete eine Auseinandersetzung zwischen Ronny und mir ein, in deren Folge ich den Ring vom linken Finger nahm und ihn in einen der vielen Abfallkörbe warf, die im Tunnel standen. Ohne Blick zurück ging ich zur Bushaltestelle. Später erzählten mir unsere zwei Begleiter, dass Ronny den Ring aus dem Papierkorb herausgefischt habe. Er war sehr wütend, wünschte seine Geschenke zurück, die er postwendend per Paket bekam. Ich hatte das Ende der Beziehung eingeleitet.

An der Abschlussparty der Klasse nahm ich nicht teil, ich sagte ab. Das Abschlusszeugnis bescheinigte mir einen guten Abschluss der zehnklassigen allgemein bildenden polytechnischen Oberschule für Schwerhörige. Ein sehr wichtiger Abschluss, wie sich noch zeigen sollte. Einige Wochen später kam es zu einem Gespräch mit einem Lehrer der Schwerhörigenschule, der insbesondere für den weiterführenden Weg der Schüler verantwortlich war. Ich mochte meinen Klassenleiter und Lehrer wegen seiner besonders mitfühlenden und kompetenten zwischenmenschlichen Art sehr. Er sagte, die Ausbildungsstätte müsste darüber informiert werden, dass ich zwischenzeitlich ertaubt wäre. Diese forderte ein Attest der Klinik an und teilte mit, dass ich nun nicht mehr für eine Ausbildung in ihrer Einrichtung vorgesehen werden könne. Der Vertrag wurde aufgehoben. Nun standen mein Beratungslehrer, meine Mutter und ich vor der Frage, was ich nun tun sollte. Es war Sommer, im Herbst sollte die Ausbildung beginnen. Ich wusste nicht, für welchen Beruf ich mich entscheiden sollte. Es gab für nicht hörende Menschen noch weniger Auswahl an Ausbildungsberufen als für schwerhörige und für mich, die keine besonderen Fähigkeiten im handwerklichen Bereich aufweisen konnte keine geeignete Alternative. So entschied ich mich für den Beruf des Gärtners. Meine Klassenfreundin Cora würde diesen Beruf auch erlernen. Die Ausbildungsstätte war weit oben im Norden Deutschlands, in L. Was war aus meinen Träumen geworden? Aus war der Traum, Krankenschwester werden zu wollen, geplatzt wie eine Seifenblase. Der Lehrvertrag wurde von meiner Mutter unterzeichnet.

Äpfel, Pilze und Moos

Auch diesen Sommer besuchte ich June. Sie lernte Krankenschwester und befand sich bereits am Ende ihres ersten Lehrjahres. Ihren Berichten über Lehrinhalte folgte ich mit großer Aufmerksamkeit, aber auch mit Wehmut. Tief in mir ruhte die Gewissheit, dass wir den gleichen Beruf hätten ergreifen können, wenn ich hörend gewesen wäre. Ich freute mich aber für sie, für den Halt, den ihr die Arbeit mit kranken Menschen gab. Ihre Gabe, Menschen so zu nehmen, wie sie waren, machte sie für mich zu einem besonderen Menschen. Meine Behinderung löste sich in Luft auf, wenn wir zusammen saßen und wie in alten Zeiten Geheimnisse austauschten.

Langsam wurde mir klar, dass nicht die Taubheit als solches das größte Problem sein würde, sondern das Leben mit ihr und den Umgang damit durch meine Mitmenschen. June konnte keine Gebärdensprache, sie sprach schon immer deutlich, klar akzentuiert und besaß die Fähigkeit, ihre Körpersprache einzusetzen. Sie wusste, dass wir uns ab September kaum noch sehen würden, da ich nur alle paar Wochen nach Hause fahren konnte. Es war einfach zu weit für die kurzen Stunden am Wochenende.

Freude auf meine Ausbildung wollte sich nicht einstellen. Mir war die Ausbildung eigentlich egal, wie so vieles in den letzten Wochen, die dem Hörsturz folgten. Selbst der Sommer mit seinen Reizen schaffte es diesmal nicht, mich aufzuheitern. Die Sache mit dem Beinah-Überfall hakte ich für mich ab, indem ich mir sagte, dass dies nicht annähernd so schlimm sei, wie das Leben, welches ich nun real würde führen müssen. Das Absetzen der Medikamente brachte viel, mein Körper kam zur Ruhe, der Schwindel verschwand vollständig und die Ohrgeräusche traten nur noch sporadisch auf. An Stelle dieser Beschwerden trat eine bis dahin noch unbekannte Stille, eine Stille, die kaum zu beschreiben ist. Nichts konnte ich mehr hören, gar nichts. Nicht mal das Tuckern eines Traktors oder das Dröhnen eines Jagdfliegers ließen mich mehr aufmerken.

Eine neue Erfahrung stellte sich ein. Mir fiel auf, dass ich mein Denken und Fühlen mehr nach innen richtete, mehr auf innere Geräusche „hörte" oder auf das, was ich bereits kannte und wusste. Ich fühlte, wie sich Glaswände um mich herum errichteten, deren Überwindung mich überforderte. Musiksendungen mied ich. Dafür fuhr ich stundenlang mit meinem Rad durch den Harz, durch Städte und Dörfer, klaute unterwegs Obst von Plantagen, Erdbeeren und pralle Herzkirschen, so hatte meine Oma genug zum Einkochen oder für die Nachspeisen. Ein Glück, dass sie mich gewähren ließ. Körperlich war ich Ende August wieder fit wie ein Turnschuh, so dass alle dachten, mir ginge es wieder gut. Meine Großeltern zeigten nun ihrerseits Anzeichen körperlicher Beeinträchtigungen aufgrund ihres Alters. Meine Oma sah nicht mehr so gut, so half ich ihr beim Putzen und ging oft einkaufen. Nach wie vor konnten wir uns geistig gut austauschen, sie waren beide wach und sehr an Neuem interessiert. Mit meiner Oma konnte ich mehr Zeit verbringen und wir hatten immer ein Gesprächsthema. Oft auch politische Themen, ich war aber über ihre Ansichten sehr erstaunt. Für die damaligen Verhältnisse waren diese gefährlich, ja sogar strafbar und ich dachte nur: „Welch ein Glück, dass Omi die Welt draußen nicht richtig kennt und auch nicht mehr auf sie zugeht!" Nur über meine Geheimnisse sprachen wir nicht. Einmal, als ich zu einem Freund wollte und eine Feinstrumpfhose anzog, schaute sie zornig auf diese und rief: „Der wird sie Dir runterreißen!" Ich hielt die Luft an und fragte mich: „Holla, was ist jetzt los? Was für Fantasien hat Omi?" Intuitiv ging ich davon aus, dass es nicht gut war, ihr zu demonstrieren, dass ich nicht mehr Jungfrau war. Die plötzliche Klarheit bewahrte mich davor, ungute Erinnerungen bei meiner Oma wachzurufen.

Anfang September fuhren Cora und ich nach L. Die Ausbildungsstätte für Schwerhörige hatte eine kleine Gärtnerei mit Haupthäuschen, ein paar Gewächshäusern und Beeten. Das Internat war modern, ein heller und sauberer Steinbau mit großen Schlafräumen. Mit etwa acht anderen Mädchen teilte ich den Raum. Die Stadt L. war, ähnlich wie meine Heimatstadt, eine Kleinstadt mit viel Grün. Anfangs wurden wir in die Besonderheiten des Berufes eingeführt, ab und zu gruben wir Beete um oder gingen ins Gewächshaus. Wir sollten Namen von Pflanzen und Blumen lernen.

Die Heimreise war lang, anstrengend und es fiel mir schwer, wieder zurück nach L. zu fahren.

Meine Mitschüler, außer Cora, die mit mir in eine Klasse ging, waren alle nett, aber in der Erinnerung farblos. Der Oktober begann mit Moossammeln. Das Moos wurde zum Abdecken von Flächen und für die Herstellung von Gestecken zum Totensonntag gebraucht. Wir wurden von der Gärtnerei mit dem Bus abgeholt und in den Wald gefahren. Dort stachen wir Moos aus dem Waldboden und packten ihn in Körbe. So lange die Sonne noch schien, die Tage noch warm waren, vergingen die Stunden recht schnell. Wir fanden Äpfel und Pilze. Doch Ende Oktober wurde es neblig und kalt. Meine Hände waren klamm, ich fror stark. Ich bewegte mich viel, um warm zu werden. Nun wurden die Tage mühsam. Die Kälte und die Stille nagten an meinem Gemüt. Die Melancholie rüttelte an allen Fronten, die ich gegen sie errichtete und sie gewann Oberhand. Ich konnte mir nicht mehr vorstellen, mich für immer im Dreieck Beet, Gewächshaus und Wald aufzuhalten. Abends las ich Bücher, zog mich zurück in meine innere Welt und wurde schweigsam. Selbst zum Essen hatte ich keine Lust mehr. Nun arbeiteten wir im Haus, polsterten Gestecke aus. Gestecke zum Andenken für verstorbene Menschen. Der Geruch nach modrigem Moos, Erde und die Feuchtigkeit verstärkte das bereits vorhandene Stimmungstief noch um einiges mehr. Ende November sagte ich zum Lehrmeister, dass ich aufhören wolle und mich nichts davon abbringen würde. Ich ließ mich zu Hause vom Arzt krankschreiben und teilte meiner Mutter mit, dass ich auf keinen Fall wieder nach L. fahren würde. Cora hatte Bedenken, auch Sorge, dass ich den Anschluss an ein geregeltes Berufsleben verpassen würde. Ihre Sorge war zwar berechtigt, aber ich konnte nicht anders handeln. Es war das erste Mal in meinem Leben, dass ich die Richtung meines Lebensweges bewusst steuerte. Ich sagte: „Ich will diesen Weg nicht weiter gehen!“, hatte aber keine Ahnung, was nun werden sollte.

Meine Mutter reagierte mit Unverständnis, war „sauer“, und meine Großeltern waren voller Besorgnis, aber auch Verständnis. Alle anderen Verwandten tauschten sich untereinander aus und konnten sich keine gute Lösung des Dilemmas vorstellen. Mein Opa versuchte, mich in seiner Firma unterzubringen. Aber ich lehnte ab, weil ich wusste, dass der Schneiderberuf keine Alternative für mich war. Er war enttäuscht, aber ich blieb bei meinem „Nein“. Von Trotz keine Spur, es ging um den

Wunsch, einmal etwas Eigenes zu finden, was sich gut anfühlte. Eine neue Lehrstelle konnte erst im September 1977 angetreten werden, noch war offen, was ich lernen würde. Ich selbst hatte wenig Hoffnung im Hinblick auf eine für mich passende Ausbildung.

Um Geld zu verdienen, fragte ich Verwandte und Bekannte nach Gelegenheitsjobs. Den ersten Job hatte ich am Theater in Q. Ich übernahm in einer Requisitenwerkstatt alle möglichen Aufgaben, die in einer Werkstatt anfielen. Die Stadt Q. ist berühmt, ihre mittelalterlichen Bauten gehören heute zum Weltkulturerbe. Die Werkstatt war so ein Ort, an dem es durchaus vorkam, dass ich mich in eine andere Zeit versetzt fühlte. Die Atmosphäre dort gefiel mir, ich war, wenn mich die Erinnerung nicht trügt, die einzige junge Frau in diesem Arbeitsbereich. Als ungelernte Hilfskraft war es nicht möglich, dass ich Aufgaben in Eigenregie ausführen konnte. Mir fehlten die Fachkenntnisse, die man braucht, um Theaterrequisiten herstellen zu können. Ich träumte oft vor mich hin, meine Blicke folgten dem Dampf aus den Essen, den Schneeflocken, die vor den Butzenscheiben besonders romantisch aussahen. Requisiten, Schnee, Wärme, Holz, Leim, Geruch nach Brot und Äpfeln, die Märchenkulisse schien perfekt zu sein. Doch, wenn ich gegen 17.00 Uhr mit dem Bus nach Hause fuhr, war mir kalt, Freunde fehlten und ich wurde wieder traurig. Im Frühjahr fuhr ich mit dem Fahrrad zur Arbeit, es war recht weit, täglich über 20 Kilometer, doch ich mochte den Wind, der mich durchpustete. An Wochenenden fuhr ich ebenfalls sehr weite Strecken, manchmal bis zu 140 Kilometer. Meine Oma hatte große Angst um mich, ließ mich aber fahren. Mein Opa wusste oftmals nichts davon. Er dachte, dass ich nur mal zu Freunden fahre, was ich auch tat, nur fuhr ich nach H. zu meinen ehemaligen Schulfreunden.

Der Sommer kam und die Werkstatt hatte nun nicht mehr viel für mich zu tun. So blieb ich zu Hause und ging wieder öfter an den See. Davon konnte mich die angstbesetzte Erfahrung, die ich im Frühjahr 1976 gemacht hatte, nicht abhalten. Ich war vorsichtiger und ging einen Weg, den viele Spaziergänger benutzten. Einmal fuhr ich nach Q. und ging dort in eine Disko und wollte sehen, was ich mir die Musik noch geben konnte. Ich saß nicht lange, ein junger Mann sprach mich an und wir tanzten den ganzen Abend lang. Er hatte einen betörenden Duft an sich, dem ich noch heute rieche. Ein Duft, der so sinnlich war, dass ich die Nähe zu diesem fremden Mann als etwas ganz Natürliches empfand. Nichts passierte zwischen uns, er brachte mich nur zu Fuß von Q. nach B., das waren 10 km Wegstrecke. In B. stieg er in einen Frühzug und fuhr zurück. Da ich ihm keine Adresse gab, wusste er nicht, wie er mich erreichen konnte. So blieb das Erlebnis etwas Einmaliges, ein Abenteuer: Ich gewann neuen Mut und Selbstvertrauen. Meiner Mutter erzählte ich davon. Sie reagierte betroffen und äußerte das erste Mal ihre noch lange Jahre anhaltende Meinung, dass ich in meinem Leben immer etwas mit einem Mann zu tun haben würde. Ich winkte ab und meinte, dass das Unsinn sei.

Inzwischen regelten sich die Geschicke im Hinblick auf eine neue Lehrstelle. Als ich erfuhr, dass ich nach L. sollte, um dort im Maschinenbauzeichnen ausgebildet zu werden, war ich sofort voller Skepsis. Der Ort gefiel mir, war eine „Gehörlosenhochburg“, gab es doch dort eine „Jahrhundertschule“ für gehörlose Kinder und Jugendliche. Berufsausbildungen wurden in konzentrierter Form angeboten, also alles an einem Ort. Und es war endlich wieder eine Großstadt. L. ist nicht weit von H. entfernt, ich würde jedes Wochenende nach Hause fahren können. Das gab den Ausschlag, es zu versuchen, obwohl ich mir nicht vorstellen konnte, dass ich in der Lage sein würde, Maschinen zeichnen zu können. Ich hatte kein Gespür für Technik und Metall, schon gar nicht für Maschinen. Wieder bezog ich ein Internatszimmer. Wie sah es aus? Ich weiß es nicht mehr! Die Ausbildung selbst erfolgte zusammen mit anderen gehörlosen Auszubildenden. Ich ging davon aus, dass sie so sein würden wie meine Großeltern. Doch sie waren anders, sprachen und gebärdeten ganz anders. Ich stand dabei und fühlte mich ausgeschlossen aus ihrem Kreis. Schlimmer als es in einer Schule für hörende Kinder gewesen wäre.

Meine Unsicherheit im Umgang mit der Gebärdensprache, welche mehr an der Lautsprache orientiert war, führte dazu, dass sie sich von mir abwandten. Wahrscheinlich war ich für sie eine „Tussi“, die alles besser wusste, obwohl ich das nicht wollte. Ich war so erzogen worden und hatte das wiedergegeben, was ich in der Schwerhörigenschule gewohnt war. Hinzu kam noch mein Defizit im Lernen. Das Zeichnen an sich fiel mir leicht, dafür konnte ich mir technische Zusammenhänge beim besten Willen nicht erklären.

Dieser Frust nagte stark an mir. Mit Widerwillen ging ich in den Unterricht, hasste meine Unfähigkeit und Nutzlosigkeit. Für die gehörlosen Lehrlinge war das nur noch ein Grund mehr, mich zu meiden. So stand ich dann oft allein auf dem Schulhof, fühlte mich sehr einsam und wusste nicht, wie ich das ändern könnte.

Ich wurde krank, hatte unerklärliche Bauchschmerzen. Man brachte mich in ein kirchliches Krankenhaus, dort bekam ich ein Bett in einem großen Krankensaal. Ich war die Jüngste und die Bauchschmerzen ließen nach. Sie kamen jedoch wieder, sobald ich an die Ausbildung dachte. Ich ging oft zu den Mitpatienten und half ihnen bei Handreichungen oder erzählte einfach Geschichten. Sie freuten sich und ich fühlte mich wohl. Trotzdem musste ich operiert werden, der Blinddarm wurde entfernt. Danach kümmerten sich die Mitpatienten um mich. Ich las sehr viel, darunter „Ditte Menschenskind“, „Madame Bovary“ und „Der Trinker“ von Hans Fallada. Man behielt mich länger als nötig in der Klinik.

Eine Stationsärztin setzte sich stark dafür ein, ich bekam mehr Zuwendung und sie nahm mich öfter mal mit zu sich nach Hause, um mit mir über meine Zukunft zu sprechen. Sie wusste, dass ich ein Identitäts- und Orientierungsproblem hatte. Ich fühlte mich als Mensch zwischen den Stühlen, war nun weder hörend noch von Geburt an gehörlos, nicht mehr schwerhörig, sondern ertaubt, eine neue Form von Hörschädigung, für deren Bewältigung ich keine Verhaltensmuster kannte. Ich traf auf ungünstige Bedingungen während der Rehabilitation, die meine negativen Erfahrungen aus meiner Kindheit noch verstärkten. Zum ersten Mal in meinem Leben fühlte ich mich zutiefst verstanden, von dieser Ärztin. Sie hatte mir sehr viel gegeben, es tat ihr Leid, mich nun wieder meinen Weg ins Ungewisse gehen zu lassen, doch es musste sein. Ich musste noch mehr Erfahrungen sammeln und sie konnte nur hoffen, dass ich stark genug sein würde, die Hürden zu meistern.

Der Ausbildungsvertrag wurde am 04.04.1978 in Form eines Aufhebungsvertrages gelöst. Eine große Last fiel von mir ab. Viele empfanden diesen Schritt als feige, als Flucht vor einer gewissen Kontinuität oder als Mangel an Ausdauer. Nun waren meine Großeltern „böse“ mit mir, warfen mir Faulheit vor. Dasselbe dachten meine Mutter und andere Familienangehörige, auch wenn sie mir das so nicht sagten. Über Freunde erfuhr ich, dass mein Schritt von ehemaligen Mitschülern als unbedacht angesehen, ja sogar als leichtfertige Entscheidung betrachtet wurde. Das wusste ich alles und konnte ihre Sichtweise auch verstehen, ich hätte wohl selbst nicht anders gedacht, wenn einer meiner Mitschüler so gehandelt hätte.

Die Rückkehr nach Hause wurde mir nun schwer gemacht, ich bekam zu fühlen, dass ich als eine Last empfunden wurde. Nicht mit Worten, aber es reichte, sich die Gesichter und das Verhalten anzusehen. Mein Stiefvater hatte nun „Recht“ gehabt. Er wies wieder mal darauf hin, dass von einem „Bastard“ nicht viel zu erwarten sei und zeigte mir seine Verachtung ohne Skrupel. Ich begann, mich schuldig zu fühlen, schämte mich für meine Schwäche und für mein Unvermögen, neue und schwierige Aufgaben zu bewältigen. Mir unüberwindbar scheinende Minderwertigkeitsgefühle bauten sich auf. Das waren neue Gefühle, hatte ich doch in der Schule einen sehr guten Stand gehabt, konnte dort gute Leistung erbringen und auch zeigen, dass ich Fähigkeiten besaß. Nur waren das andere Fähigkeiten, als sie von mir jetzt erwartet wurden. Nun begann eine sehr schwere Zeit für mich. Ich verlor die Zuversicht und den Glauben an meinen Selbstwert. Alles, was mir vorher noch Freude gemacht hat, verlor Inhalt und Sinn. Ich tat zwar alles, was getan werden musste, aber ich funktionierte nur noch. Das Essen wurde mir zu viel. Ich fing an, das Essen zu verweigern, warf es weg, spuckte es aus oder übergab mich. Dann wieder riss ich mich zusammen und aß. Ich fühlte aber, dass das Essen alles nur noch sinnloser machte. Wozu essen, wenn das Leben so sinnlos war? Ich fuhr weiter Fahrrad, viele Stunden, und ich war mir sicher, dass mein Opa zu dem Zeitpunkt den Kauf des Fahrrads verfluchte.

Der Gesundheitszustand meines Opas verlor für mich an Priorität. Ich dachte nun, dass er mich ohnehin bald los sein würde und seine Ruhe vor mir hätte. Nach einigen Monaten wog ich nur noch 47 kg bei einer Größe von 1,63 m. Von der schönen, jungen Frau, die ich mal gewesen war, war nur noch wenig übrig geblieben. Mir war es egal, ich wollte nicht mehr leben. Mich wollte niemand mehr haben, ich war sowieso „wertlos" und zu nichts mehr nütze. Hässlich zu sein hatte auch sein Gutes, ich brauchte nicht mehr darum zu kämpfen, den Alltag meistern zu müssen. Einen Alltag, der nicht für mich geeignet schien. Welchen Kummer machte ich meinen Großeltern und meiner Mutter? Sie bekam es mir der Angst zu tun und konnte nun nicht mehr alles ihren Eltern überlassen, immer noch war sie meine Mutter, die Verantwortung für mich trug. Außerdem hatte sie damit zu rechnen, dass man ihre berufliche Rolle als Erzieherin anzweifeln hätte können. Nun kam sie öfter nach B. oder bat mich, dass ich sie besuchte. Das tat ich auch.

Meine Brüder waren nun nicht mehr so klein, der ältere bereits 14 Jahre alt und wir konnten gut miteinander sprechen. Sie nahmen mich von allen Familienangehörigen, mit Ausnahme der Frau meines Lieblingsonkels, mit der größten Selbstverständlichkeit und Vorurteilslosigkeit an. Meine Tante war lieb, einfach nur lieb. Ich tat ihr Leid, weil ich nicht mehr die Kraft aufbrachte, mich auch nur zum Essen aufzuraffen. Ich konnte nicht mehr. Die Mangelernährung führte zu schweren Depressionen, die mich an Selbstmord denken ließen. Immer öfter, und ich plante, es zu tun.

Lebensmüdigkeit

Ja, meine Tante war einfach nur lieb. Sie holte mich zu sich, damit ich nicht immer nur mich sah und andere jüngere Menschen erlebte. Ihre älteste Tochter war etwas jünger als ich und ihre Anwesenheit heiterte mich etwas auf. Die körperliche Schwäche bewirkte nach wie vor auch eine seelische Beeinträchtigung, die über ein normales Maß an Schwermut hinausging. Mit Frischluft, Bewegung, Obst und Gemüse, der Einnahme von frei verkäuflichen Beruhigungs- und Schlaftabletten versuchte ich mich aus dem seelischen Dunkel zu befreien, was mir aber alleine nicht gelingen wollte. An manchen Tagen nahm ich mehr Schlaftabletten, als nötig war, um die Nacht durchzuschlafen. Sie bewirkten, dass ich bis in den frühen Nachmittag hinein schlief: Von erholsamen Schlaf konnte aber keine Rede sein, eher von Betäubung, und das Erwachen aus dieser wurde von mal zu mal schlimmer. Das wahre Leben ließ sich nun mal nicht so leicht betäuben. Irgendwann in den Nachmittagsstunden stand ich auf, quälte mich ans Waschbecken und wusch mich. Versuchte, etwas zu essen, was jedoch kaum möglich war, denn mir war übel von den vielen Tabletten.

Meine arme Oma: Sie war diejenige, die all das unmittelbar erlebte, meinem Opa verschwieg sie das meiste, um ihm die Aufregung zu ersparen. Ich weiß bis heute nicht, woher sie die Kraft nahm, sich dieses Drama auf Dauer anzusehen. War der Glaube an Besserung der Motor für ihre Kraft? Die Einnahme von Beruhigungs- und Schlaftabletten brachte nicht die erwünschte Besserung, obwohl deren Wirksamkeit auf Beipackzetteln so hoch angepriesen wurde. Mein Magen revoltierte furchtbar und die Übelkeit wurde so unerträglich, dass ich von nun an die scheußlichen Tabletten mied. Mir wurde schon schlecht, wenn ich sie nur sah. Ein Onkel von mir lebte nun mit seiner zweiten Frau und Sohn in der Nachbarwohnung. Sie arbeitete als Lehrerin an der Hauptschule in B. und fand meine „Eskapaden“ alles andere als lustig. Ab und zu sagte sie mir das auch sehr deutlich. Mit ihren Worten, zeitweise auch ihrer Weigerung, überhaupt mit mir zu sprechen, versuchte sie mir zu zeigen, dass meine Resignation einfach nur eine schwache Leistung war. Manchmal, wenn ich sie sah, sehr gepflegt, sehr auf sich bedacht, attraktiv und sonnengebräunt, fragte ich mich: „Wozu?“ Ich wusste nicht, wie es nun weitergehen sollte, der Tag begann dunkel und endete im Dunkel. Mein Denken war mehr als klar, dafür wurde mir meine Lage umso schmerzhafter bewusst. Das Schlimmste an der Situation war, dass es vermeintlich niemanden wirklich interessierte, was mich bewegte und was ich brauchte, um Lösungen für mich zu finden. Vorwürfe und Schuldzuweisungen brachten mich auch nicht weiter.

Meine Lieblingstante kümmerte sich ganz intensiv darum, dass ich ein eigenes Zimmer in ihrem Haus bekam. Es war schmal, am Ende des Zimmers ein Fenster, man konnte direkt zum Wald hinausblicken. Die Wohnung meiner Tante befand sich nur drei Häuser von der Wohnung meiner Großeltern entfernt. So konnte ich jederzeit zu ihnen gehen. Das Sozialamt zahlte einen Zuschuss für Möbel.

Der Ansatz, die Abnabelung von der Familie zu vollziehen war richtig, doch zuerst musste ich die Depression überwinden, was mir allein nicht mehr gelang. Mir fehlten verständnisvolle Worte und die Motivation, um mir selbst glaubhaft zu machen, dass es Hoffnung gäbe. Alle um mich herum hatten eine sinnvolle Aufgabe und ein Ziel, aber worin bestanden meine Aufgabe und mein Ziel? Als junger Mensch hatte man doch noch das ganze Leben vor sich, es könnte voller Träume sein! Träume hatte ich, aber keine Träume, die in die Zukunft führten! Selbst Liebesbriefe, die ich noch bekam, konnten mir höchstens ein müdes Lächeln verursachen. Zunehmend wurde ich mir meiner Rolle als Sündenbock der Familie bewusst, was mich mehr schockierte als alle Erfahrungen, die ich bis dahin gesammelt hatte. Ich fühlte mich „satt" und „voll". Noch mehr an Negativem konnte ich nicht aufnehmen und ertragen.

Die Tage verliefen gleichförmig, meine Brüder hatten Ferien und es war an der Zeit, mal wieder meine Mutter zu besuchen. Meine Mutter musste arbeiten, meine Brüder und ich blieben zu Hause. Ein Blick aus dem Fenster zeigte Grau, kahle Äste, schwarze Raben. Es war Winter, aber der Schnee ließ auf sich warten. Ich saß in der Ofenecke, um die Wärme zu fühlen.

Ich ließ meinen Blick durch die Küche schweifen, um beim Anblick des Schränkchens vor dem Spiegel innezuhalten. Einer spontanen Eingebung folgend ging ich nachschauen, ob der Arzneikasten noch da war. Meine Mutter bewahrte in ihm ihre Medizin auf. Ja, er war da und besonders das, was ich suchte – Tabletten! Eins von den Tablettenröhrchen versprach starke Wirkungen, es waren Herztabletten. Kurz entschlossen nahm ich alle auf einmal ein, und noch dazu den Rest anderer Tabletten. Spülte Wasser hinterher und setzte mich wieder in meine Ofenecke.

In einem Krankenwagen fand ich mich wieder, man pumpte mir den Magen aus. Meine Mutter saß neben mir, ihre Blicke waren eine Mischung aus Angst, Wut, Stress, Vorwurf und Sorge. Ich nickte wieder ein, schlief viele Stunden oder waren es sogar Tage? Licht und Helligkeit brachten mich dem Leben wieder näher. Ich schaute mich um und fand mich allein im Zimmer in einem frisch bezogenen Bett liegen. Ein Monitor stand am Bett und zeigte meinen Herzschlag an. Meine Mutter besuchte mich und sagte, dass mein Herz etwas aus dem Takt geraten sei, aber ich hätte Glück gehabt. Sie fragte mich, was ich mir dabei gedacht hätte, sie so zu schockieren? Ich wollte sie nicht schockieren, ich wollte doch nur meine Ruhe. Sie hatte immer noch nichts verstanden. Danach sagte sie mir, dass ich bald entlassen werde und über diesen Vorfall reden müsse. Die Ruhe tat mir gut, es ging mir langsam besser. Vielleicht gab es noch Hoffnung auf eine positive Änderung?

Die Entlassung rückte näher, leise Freude kam auf. Zufällig kam ich an einem angrenzenden Zimmer vorbei und sah meinen rot, grün, gelb und schwarz karierten Koffer und eine Reisetasche in einer Ecke stehen. Schlagartig war die Freude weg, ich wollte wissen, was der Koffer zu bedeuten hatte. Am Nachmittag kam meine Mutter und sagte, dass ich nicht nach Hause könne, sondern noch in einer anderen Klinik nahe M. behandelt werden müsse. Das sei recht weit und ein Krankenwagen werde uns dorthin bringen. Der Grund dafür sei mein Versuch, aus dem Leben auszusteigen. Ich wollte nicht dorthin, aber nach einigen Überlegungen sah ich ein, dass es vielleicht doch besser sei, ich ginge von zu Hause und diesem Umfeld weg.

Der Tag der Entlassung begann mit der Fahrt in die andere Klinik. Ich dachte natürlich an ein Krankenhaus, wie ich es bis dahin gewohnt war. Doch beim Anblick des Riesenkomplexes, der aus rotem Backstein gebaut war, beschlich mich große Angst. Die Aufnahme durch die Ärztin war kühl und vorrangig darauf ausgerichtet, alle scharfen und spitzen Gegenstände aus meiner Umgebung zu entfernen. Ich wurde belehrt, dass ich sechs Wochen keinen Besuch empfangen, keine Post bekommen dürfe und vor allem keinen Ausgang habe. Meine Mutter ging schnell wieder. Man führte mich in einen großen Saal, der an einen weiteren angrenzte. Es standen mehr als dreißig Betten darin, in denen schwer kranke Frauen lagen. War ich auch schwer krank? Nachdem ich im Bett lag, bekam ich eine Spritze und ich schlief sofort ein. Wenn ich mal aufwachte, konnte ich weder Arme noch Beine bewegen. Inzwischen wurden mir zusätzliche Infusionen über die Armvene gegeben. Endlos lange lag ich sehr schwach und bewegungslos in diesem Bett. Nur mit größter Mühe gelang es mir, den Kopf zu heben und zu trinken. Meist verfiel ich wieder in traumlosen Tiefschlaf. In den Wachphasen war ich wie benommen und dankbar für die Ruhe, die ich jetzt hatte. So lange hatte ich auf sie gewartet. Langsam wurde ich wacher, meine Gedanken klarer und nun konnte ich auch meine Körperteile wieder mehr bewegen. Noch immer bekam ich Spritzen. Sie bewirkten, dass ich kurzzeitig bewusstlos wurde. In der Aufwachphase bekam ich mein Essen, das mir eine Schwester in den Mund schob. So aß ich und nahm wieder zu. Mit zunehmendem Körpergewicht, wurde ich kräftiger.

Aufstehen war nun möglich und ich begann, mich zu beschäftigen, ich malte und las. Post und Besuch bekam ich nicht. Sechs Wochen vergingen, bis meine Großeltern und meine Tante kommen konnten.

Wir sahen uns traurig an, wussten wir doch, was für eine harte Zeit hinter uns lag. Meine Mutter kam nun nicht mehr.

Zeitweise half ich in der Wäscherei aus, bis ich eines Tages eine Krankenschwester kennen lernte, die mich öfter zu Spaziergängen mitnahm. Keck, hübsch und sehr aufgeschlossen mir gegenüber, nahm sie mich an die Hand, führte mich hinaus, Waldwege entlang und fragte, fragte, fragte. All diese Fragen bewirkten, dass ich mir Antworten überlegen musste, nachdachte und wieder fühlte, was ganz besonders wichtig war. Die Ärztin fragte nicht, schon allein deshalb nicht, weil ich sie nicht mehr zu Gesicht bekam. Die kleine kecke Krankenschwester bekam es irgendwie hin, dass sie mich in andere Abteilungen des Krankenhauses mitnehmen konnte.

Eines Tages betraten wir eine Abteilung, in der es seltsam nach Urin und anderen Absonderungen stank. Sie sagte mir zu: „Hier ist es furchtbar laut, die Kinder schreien!" Ich wurde neugierig und folgte ihr. Als wir in ein Zimmer kamen, sah ich hohe Gitterbettchen für kleine und größere Kinder. Sie standen im Bett und stanken ganz furchtbar. Ihr Aussehen war anders als das gesunder Kinder, und mir fiel auf, dass es Kinder waren, die eine geistige und körperliche Behinderung hatten. Mein Herz war voller Mitleid, was mir nicht gefiel, denn Mitleid half diesen Kindern sicher nicht weiter. An der Wand hingen Zwangsjacken, Jacken, die überlange Ärmel hatten, und wenn ein Kind „tobte", wurde ihm eine solche Jacke angezogen. Das Weinen dieser Kinder machte mir klar, dass mein Leben doch gar nicht so schlimm ist und ich half der Krankenschwester, die Kinder zu waschen, zu füttern, die Betten zu richten, Tag für Tag half ich nun und war dankbar für diese wertvolle Aufgabe!

Ich hatte mein Normalgewicht wieder, schrieb Briefe nach Hause und wollte neu anfangen. Ich hatte wieder ein Ziel vor Augen, ich wollte „Arbeit", Arbeit im Krankenhaus. Die Aufgabe in der Klinik hatte mich so befriedigt und gesunden lassen. Sie hatte mir neue Zuversicht dahin gegeben, dass ich meinen Traum, einen Beruf mit Menschen auszuüben, wieder in Angriff nehmen wollte. Die Krankenschwester bestärkte mich in meinem Wunsch und half mir, an mich zu glauben, vor allem auch an das Leben. Sie zeigte mir, dass es wichtig war zu essen, um stark für das Kämpfen zu bleiben, und ich aß, um zu leben. Madame Melancholia verabschiedete sich.

Marschrichtungen

Das Bild der Kinder in Zwangsjacken wollte mir nicht aus dem Kopf gehen und ich fragte mich, wie ein Land, in dem ich lebte – die Deutsche Demokratische Republik -, es zulassen konnte, dass mehrfach behinderte Kinder so leben, besser gesagt, dahinvegetieren mussten? Wie mochte es den Eltern dieser Kinder damit gehen? Was dachten sie und wie fühlten sie sich? Ich erinnerte mich an die Berichte meiner Oma, die von Zwangssterilisationen und Euthanasie an „erbkranken" und jüdischen gehörlosen Menschen während des Naziregimes gehandelt hatten. Dass diese Kinder mit dem Weinen aufhörten, wenn man mit ihnen sprach oder sich mit ihnen beschäftigte, war für mich ein Zeichen, dass es andere Möglichkeiten geben musste, einen Zugang zu ihnen zu finden und ihre Augen zum Strahlen zu bringen.

Wertvolle Erkenntnisse waren das, war ich doch ebenfalls behindert, sinnesbehindert. Unrechtsbewusstsein machte sich bei mir bemerkbar, ich erhielt Impulse, mein eigenes Leben mehr zu achten. Es war nicht so schlecht und so aussichtslos, wie ich bis vor Kurzem noch angenommen hatte. Der Vergleich mit hörenden Menschen war ein unrealistischer Vergleich, ich würde nie richtig hören können! Als ich das verstand, setzte sich die Trauer über den vollständigen Verlust des Hörens etwas zur Ruhe. Mir wurde klar, dass ich mich auf der Suche nach noch vorhandenen Fähigkeiten und Fertigkeiten befand. Ich musste mich ausprobieren, bevor ich eine neue Richtung einschlagen konnte.

Die Entlassung aus der Klinik war lange ersehnt worden. Es war Frühling, ein besonders schöner Frühling. Ich verließ das Areal ohne Bedauern, mit neuer Kraft und vor allem mit Ideen, die ich zu Hause umsetzen wollte. Meine Großeltern, meine Mutter und alle übrigen Familienangehörigen erwarteten meine Rückkehr aus der Klinik mit gemischten Gefühlen. Misstrauen mir gegenüber war vorhanden, stark und unmittelbar spürbar, aber auch verständlich. Es störte mich, trotz allem vertraute ich auf meine neuen Ideen.

Im Mai 1978 betrat ich das Kreiskrankenhaus Q., um meine neue Arbeit als Stationshilfe der chirurgischen Station anzutreten. Es gab eine vage Hoffnung, einen Ausbildungsplatz im medizinischen Bereich zu erhalten. Die Tage waren ausgefüllt mit Essen austeilen, Reinigungsarbeiten, Abwaschen, Patienten füttern und Betten beziehen. Nebenbei brachten mir die Schwestern viele wertvolle Kenntnisse im Umgang mit kranken und frisch operierten Patienten bei. All das nährte meinen Wunsch, mehr zu lernen, um selbstständig arbeiten zu können. Dennoch konnte man mir keinen Ausbildungsplatz geben und begründete dies mit den gesetzlichen Vorgaben, die keine Ausbildung im medizinischen Bereich für hörgeschädigte Menschen vorsah. Ich fügte mich dem und dachte mir, dass der Ort Q. und deren Klinikstrukturen zu starr wären, um unbürokratische Entscheidungen zulassen zu können.

Mein nächstes Ziel war die Stadt H. Dort gab es, so wusste ich noch aus meiner Schulzeit, einen Gehörlosen- und Schwerhörigenverband der DDR und ein so genanntes Sekretariat. Deren Mitarbeiter wollte ich fragen, was ich tun müsse, um in der Stadt ein Obdach zu finden. Zufällig suchte eine schwerhörige alte Dame einen Untermieter. Ihre Wohnung, die sich in der Nähe des Hauptbahnhofs befand, war sehr groß. Sie lebte allein und war sicher einsam. So kam sie auf die Idee, den Verband zu fragen, ob jemand ein Zimmer suche. Ich suchte eins.

Nun suchte ich das Arbeitsamt auf. Ja, auch zu DDR-Zeiten gab es schon Abteilungen für Angelegenheiten, die mit Arbeit zu tun hatten. Dort fragte ich nach, ob sie in Kliniken vermitteln könnten. Konnten sie nicht, weil ich nicht hören konnte. Staatliche Kliniken fielen nun durch mein Raster und ich besuchte den Rektor eines christlichen Krankenhauses, mit der Bitte um Unterstützung. Auch er konnte nichts tun, um mir weiterzuhelfen. Ich beschloss, es zunächst mit einem anderen Job zu versuchen, um überhaupt in H. verbleiben zu können. Es bot sich eine Stelle in einem volkseigenen Betrieb an, der Waggons baute. Ich könnte eine bis zum September 1978 befristete Stelle als Alu-Schleiferin antreten. Ja, das wollte ich tun. Großstadt, alte Schulfreunde, finanzielle und räumliche Unabhängigkeit waren Motivation genug, um diesen Schritt zu wagen.

Der Mietvertrag und der Arbeitsvertrag wurden unterzeichnet. Meine Möbel wurden auf einen Laster, den mein Stiefvater organisierte, verladen. Er half beim Umzug. Diese Geste der Hilfsbereitschaft kannte ich in der Form von ihm noch nicht. Von mir erhielt er dafür einen Sympathiebonus, den er insgeheim mehr schätzte, als er zugeben konnte. Meine Familie ließ mich ziehen, wenn auch mit Spannung und Unsicherheit im Hinblick auf das Weitere, was noch folgen würde. Ich sagte immer wieder, dass ich ihr Vertrauen und Zeit bräuchte, um meinen richtigen Weg finden zu können.

Einfach war es für alle Beteiligten in dieser Zeit wirklich nicht.

Die alte Dame, meine Vermieterin, war nett, aber sehr konservativ und hatte ihren Alltag straff, entsprechend ihren Bedürfnissen organisiert. Er ließ kaum Abweichungen zu, schon gar nicht für andere Menschen. Mein Zimmer war etwa fünf Meter breit und acht Meter lang. Die Fensterfront befand sich gegenüber der Tür. Zwei Fenster sorgten für genügend Helligkeit, was besonders wichtig für mich war. Die Wände waren weiß gestrichen, der Boden bestand aus Holzdielen und links von der Tür stand ein kleiner runder Bollerofen aus Eisen. Auf der rechten Seite stand ein Antikschrank, unterhalb des Fensters eine grüne Doppelbettcouch und ein Regal für Zeitschriften. Auf der rechten Seite befanden sich ein alter, zierlicher Tisch, den ich zum Schreiben benutzte und ein so genanntes Vertiko, ein Schränkchen aus edlem Holz. Es war ein Zimmer wie geschaffen für einen Neuanfang und mein Herz hüpfte vor Stolz und Freude.

Der Job war sehr hart. Mein Arbeitsort war ein separater Raum inmitten einer Riesenhalle, in dem Waggons für Züge zusammengebaut wurden. Ich saß, bekleidet mit einer alten Hose, langärmeligem Shirt und einer langen Schürze aus Leder auf einem Schemel und hatte eine Aluschiene zwischen Hand und Knien. Meine Aufgabe bestand darin, diese Schiene blank zu polieren. Der Krach, der zweifellos vorhanden war, machte mir nichts aus, dafür jedoch der Metallstaub, der sich in jede Pore meines Gesichtes und den Händen einzunisten schien. Nach acht Stunden Arbeit klebte metallic-grauer Staub auf meiner Haut, die Hände schmerzten und ich war erschöpfter, als wäre ich 140 Kilometer mit dem Rad gefahren. Dennoch biss ich die Zähne zusammen, ich wollte es bis zum Ende der im Arbeitsvertrag vereinbarten Zeit durchhalten. Ich wollte mir zeigen, dass ich etwas aushalten konnte, auch wenn ich zu kämpfen hatte.

Eines Samstags im Juni fragte mich meine Mutter, ob ich Lust hätte, mit dem Sohn des Apothekers und seiner Freundin in Urlaub zu fahren. Es ging dabei um eine Fahrradtour rund um den Balatonsee in Ungarn. Sie empfahl mir, mal mit beiden zu sprechen, was ich dann auch tat. Mir gefiel die Idee, das Vorhaben, auf spontane und unkomplizierte Weise Ungarn zu erkunden. Urlaub – ich fühlte mich reif dafür. Die Reise sollte Mitte Juli losgehen und bis dahin blieb noch genügend Zeit, Urlaubstage zu beantragen, die auch gewährt wurden. Ich freute mich wirklich auf diese größere Reise.

Bis es soweit war, arbeitete ich weiter. In meiner freien Zeit nach Feierabend traf ich mich mit ehemaligen Schulfreunden. Die Kommunikation mit ihnen klappte immer noch gut. Ich traf auch Cora und diesen schmalen, rötlich blonden Schulkameraden wieder, mit dem mich damals außer der Freude am Fußball und gemeinsamen Schwimmbadbesuchen nicht viel verband. Wir verstanden uns nun besser, hatten andere Gesprächsthemen und gemeinsame Interessen, wie Bücher oder Stadtbummel. Manchmal besuchte ich ihn zu Hause, er wohnte noch bei seinen Eltern. Sie waren gebildet, angenehm, aber hatten, genau wie meine Mutter, meist viel zu tun. Wir waren richtige Freunde, die über alles reden konnten. Ich war so froh darüber, sie kannten meine Geschichte und ich musste mich nicht neu erfinden. Sie wussten, wie ich war, was ich wollte und was Schwerhörigkeit mit sich brachte. Sicher, ich war nun ertaubt, aber das änderte nichts an meiner Person.

Eines Abends holte mich meine Vermieterin in ihre gute Stube, in einen sehr großen, ebenfalls lichten Raum und bat mich, mich zu ihr an den runden, feudalen Tisch zu setzen. Sie fragte mich aus, nach meinem bisherigen Leben und ob ich einen Freund im Sinne eines Geliebten hätte. Bereitwillig erzählte ich ihr einige Episoden aus meinem bisherigen Leben, ließ jedoch problematische Phasen, die missverstanden werden konnten, bewusst weg. Es ging sie nichts an. Ein feines Gefühl warnte mich davor, ihr gegenüber allzu offenherzig zu sein. Nach diesem Gespräch dachte ich mir: „Recht hat sie, was den „Geliebten" angeht! Warum nicht?" In der Hitze lauer Sommernächte reifte der Gedanke, eine Anzeige aufzugeben: „Junge Frau, frei, stolz und neugierig auf den Einen! Wer hat Mut, sie kennen zu lernen?" Es gab damals noch dieses Jugendmagazin „Neues Leben", wie passend war doch dieser Titel, um ein weiteres Kapitel in meinem neuen Leben aufzuschlagen. Die Anzeige erschien in der Zeitung unter der Rubrik: Kontaktanzeigen.

Der Abreisetag nach Ungarn rückte näher. Ich fuhr nach Hause, um alle Vorbereitungen zu treffen und meine Sachen zu packen. Viel konnten wir nicht mitnehmen, wollten wir doch täglich mit dem Rad von Ort zu Ort radeln und in Zelten übernachten. Natürlich war ich auch aufgeregt, aber die Vorfreude überwog. Wir fuhren nachts mit dem Zug in Richtung Budapest und kamen nach vielen Stunden erschöpft dort an. Steffen, Ines und ich haben zuerst die Hauptstadt erkundet, suchten uns dann eine Privatpension und erholten uns, bevor wir uns auf den Weg zum Balaton machten. Steffen und Ines waren ein schönes Paar in meinem Alter, verlobt, aber noch „rein", sie wollten keusch in die Ehe gehen. Ines schlief mit mir in einem Zelt, Steffen allein in einem anderen. Er war der kluge, ruhige und zuverlässige Führer der kleinen Truppe. Was er vorschlug, wurde gemacht. Er hatte die meiste Erfahrung und wir konnten ihm, was sich noch zeigen sollte, vertrauen. Thermalbäder hatten es uns angetan. Wunderschöne architektonische Bauten, die mich an meinen Vater denken ließen. Ich stellte mir vor, wie er große Gebäude gestaltete.

Der Weg zum Balaton zehrte an den Kräften von uns jungen Frauen. Es ging die meiste Zeit bergauf. Hitze, Trockenheit und Reifenpannen zwangen uns, unterwegs öfter Pausen einzulegen und auch mal private

Vermieter um Quartier zu bitten. Die Ungarn waren äußerst unkomplizierte und gastfreundliche Menschen. Wenn ich auf meinem Rad saß, Ines hinter und Steffen vor mir, überkam mich ein leises Glücksgefühl. Trotz aller Anstrengung spürte ich meine Kräfte wachsen, der Wind und die Sonne zauberten mir Farbe ins Gesicht und auf den Körper. Ja, so mochte Freiheit sich anfühlen. Steffen und Ines hatten kein Problem mit meiner Taubheit, sie sprachen nicht mal davon, sondern lebten einfach mit mir die Tage, die wir gemeinsam hatten. Sie wussten sicher nicht, wie wertvoll unsere gemeinsamen Tage und sie als Menschen für mich waren.

Am Balaton angekommen, konnten wir endlich Wasser genießen. Mit dem Rad fahren, schwimmen, essen, schlafen und an den Abenden den Sonnenuntergang genießen. Wir hatten Bücher mit, Lieder wurden gesungen und ich saß dabei und mein Herz wurde weit. Das Essen war sehr bescheiden, meist aßen wir Weißbrot, Käse und Räucherfisch. Obst fanden wir unterwegs, wenn wir an Plantagen vorbeikamen, riesige Pfirsiche, saftig und voller Süße, auch Melonen gab es immer.

Das Ende der dritten Woche nahte, wir fuhren wieder nach Budapest. Der Zug wartete auf uns. Mit Wehmut nahmen wir Abschied vom Sommerabenteuer Ungarn und fuhren braun gebrannt in Richtung Heimat. Erschöpft, aber glücklich und zufrieden nahmen wir voneinander Abschied. Ich musste wieder nach H. zurück, die Arbeit rief. Meine Großeltern und meine Mutter meinten, noch nie sei ich so fröhlich und guten Mutes gewesen, wie während dieser Zeit.

Augenblicke

Ich sehe dem Schneetreiben zu, der kalendarische Frühling hat längst begonnen, doch der Winter will nicht weichen. Die Schneedecke hält sich nun schon fast drei Monate. Gedanken ziehen vorüber und ich frage mich gerade: „Was bleibt, wenn alles geht?“ Solche Fragen sind wohl nicht ganz sinnlos, wenn Erinnerungen ins Spiel kommen, regen sie doch dazu an, weiterzufragen und nachzudenken über die Zeit, die Menschen, die mir begegnet sind und ihre Verbindung zu mir. Sie mag kurz gewesen sein, aber sie war da. Erinnerungen zeigen mir, wie stark die Verbundenheit war. Die Erinnerungen können mich warnen, Hoffnung und Zuversicht vermitteln oder aus Fehlern lernen lassen.

Zurück zum Jahr 1978:

Der Urlaub war vorbei, die Arbeit ging weiter, doch noch war Sommer. An Wochenenden fuhr ich nach Hause, um mir dort mein Rad zu schnappen und an den geliebten See zu fahren. Ich versuchte, die Urlaubsatmosphäre zu halten, was mir auch sehr gut gelang. Kräftemäßig war ich fit genug, um lange Stunden in Bewegung zu sein und diese zu genießen. Manchmal traf ich andere junge Menschen, die sich an Wanderungen oder Radtouren beteiligten. Manchmal fuhren wir auch per Anhalter durch den Harz. Die Taubheit war in diesen Momenten nicht wichtig, brauchte man doch beim Fahren nicht viel zu sprechen oder gar zu hören.

Meiner Mutter ging es nicht gut, sie musste nach E. und sich einer Operation unterziehen, ich besuchte sie am Wochenende. Sie sagte mir, dass sie sich mit dem Gedanken trüge, sich von meinem Stiefvater scheiden zu lassen. Noch wäre sie aber nicht soweit. Sie wolle abwarten, bis die Jungs größer seien. Sie tat mir sehr Leid, der innere Konflikt war ihr anzusehen und ich konnte ihr nicht helfen. Das Verhältnis zu meinem Stiefvater besserte sich. Er begann, mich ernst zu nehmen und versuchte Gespräche mit mir zu führen, denen ich leider nicht gut folgen konnte. Sein Mundbild war zu undeutlich, es fiel mir schwer, bei ihm Worte von den Lippen abzulesen. Oft schrie er, wenn er mit mir sprach. Dann bat ich ihn, doch in gewohnter Lautstärke zu sprechen, da es für eine Verständigung mit mir egal sei, ob er laut oder leise spräche, doch beim normalen Sprechen das Mundbild besser sei. Noch oft musste ich diese Worte wiederholen, immer wieder wurde seine Stimme laut. Ich konnte sehen, wie seine Adern am Hals anschwollen, wie es ihn anstrengte und schüttelte innerlich mit dem Kopf über dieses Unverständnis. Ich ließ ihn dann so sprechen, wie er wollte. Hoffte, es werde meiner Mutter nützen, weil der Streitpunkt „Sabine“ verschwände.

Meine langen Haare fielen der Schere zum Opfer, nun waren sie nur noch kinnlang. Leichte Naturwellen umrahmten mein tief gebräuntes Gesicht. Mit Jeans oder Cordhose, einem sauberen T-Shirt oder bunt karierter Baumwollhemdbluse und Flip-Flops aus hellem Leder bekleidet, fühlte ich mich sehr wohl. Die Dürre war einer schlanken Silhouette gewichen. Man sah mir meine Kraft nicht an. In H. ging ich manchmal ins Schwimmbad, traf mich mit meinem Schulfreund oder ging an das Ufer des Flusses, der durch die Stadt floss. Dort saßen viele Künstler auf dem Boden oder auf Klapphockern und malten Bilder. In H. gab es eine Kunstakademie. Kunst war ein Bereich, der mich faszinierte. Sehr gern besah ich mir Fotos und Bilder, Skulpturen oder andere Kunst, um herauszufinden, was die Kunstgegenstände mir sagen wollten.

Eines frühen Nachmittags, als ich mal wieder an diesem Ufer saß, kam ein Fotograf auf mich zu und fragte mich, ob ich bereit wäre, mich fotografieren zu lassen. Klar, mit Hose und Hemdbluse, eine Blüte im Mundwinkel, kein Problem für mich. Er fotografierte eine ganze Serie von Fotos und versprach, mir Abzüge zu schicken, die ich tatsächlich bekam. Ich hatte Spaß an der Sache, der Qualität der Fotos hat dies gut getan. Mir war klar, dass er sie für sein Studium benutzte, doch das war in Ordnung so. Inzwischen bekam ich viel Post auf mein Inserat, welches ich aufgegeben hatte, um eventuell einen Mann kennen lernen zu können. Es war eine sehr spontane Entscheidung und mir war schon etwas mulmig zu Mute, wenn ich daran dachte, dass ich auf die Briefe von so vielen Männern antworten und sie vielleicht auch würde treffen müssen. Ich las alle Briefe mit Spannung, sortierte die Briefe aus, die Gemeinsamkeiten ausschlossen und sagte höflich ab. Mit den Übrigen schrieb ich weiter, sie schickten Fotos, der Kreis der mir angenehmen Briefpartner reduzierte sich weiter. Mit den Verbliebenen wollte ich mich persönlich treffen.

Die ersten Treffs mit Briefpartnern erfolgten an einem neutralen Ort wie dem Bahnhof oder auf großen Plätzen. Oft empfand ich diese Begegnungen als anstrengend, weil von Anfang an klar war, dass nicht mehr daraus werden würde. Mir tat es meist Leid, absagen zu müssen, aber es ging nicht anders. Ich wollte keine falschen Hoffnungen wecken. Die Männer wussten, dass ich taub war, es schien sie irgendwie nicht davon abzuhalten, mir weiter zu schreiben. Ich antwortete noch ein paar Mal und ließ die Verbindung langsam einschlafen. Ein oder zwei Mal ging meine Freundin für mich hin und ich schaute aus einer anderen Ecke zu. Meine Freundin war auch Single. Nach diesen Aufregungen waren wir froh, solo zu sein und ließen diese Sache auf sich beruhen.

Das Interesse an einer Partnerschaft war rapide gesunken, dafür freute ich mich über meine Freunde und über die Tage, die wir gemeinsam verbrachten. Wochen vergingen.

Spätsommertag, Sonne, warmer Lufthauch, mein Schulfreund und ich gingen in mein Zimmer. Die Vermieterin war unterwegs, sie kam meist erst gegen Abend heim. Wir schwatzten und lachten übermütig.

Es klingelte. Ich konnte die Klingel nicht hören, mein Schulfreund ging an die Tür und öffnete. Ich dachte, es wäre Besuch für meine Vermieterin. Doch er kam an die Tür und sagte: „Sabine, komm mal mit, draußen steht jemand, der dich sprechen will!“ Ich sah ihn fragend an und entgegnete: „Wer sollte mich denn sprechen wollen?“ und stand auf. Auf dem Weg zur weit geöffneten Eingangstür fiel mein Blick zuerst auf die stahlblauen Augen eines Mannes, die mich mit einer Intensität festhielten, dass es mir unmöglich war, diesem Blick auszuweichen. Röte überzog meine Wangen. Ich errötete vor einem mir völlig unbekannten Menschen. In Zeitlupe wurde mir bewusst, dass es noch ein anderes Augenpaar gab, welches diesem Schauspiel folgte. Langsam ließ ich meinem Blick weiter wandern, über die Militäruniform, dann wieder zu seinem Gesicht, den markanten Zügen, Grübchen im Kinn, wohlgeformte Lippen, sehr maskulin. Er war über 1,70 Meter groß, hatte eine athletische Figur und das, was an Haarfarbe unter der Uniformmütze zu sehen war, schien dunkelblond zu sein. Meinem fragenden Blick begegnete er mit einem strahlenden Lächeln und der Feststellung: „Sie sind doch die Sabine?“ Krampfhaft versuchte ich mich zu erinnern. Er half mir dabei, indem er mir erzählte, dass ich seinen letzten Brief nicht mehr beantwortet hätte und er endlich Zeit gefunden habe, um sich ein persönliches Bild von mir zu machen.

Ich war sprachlos, wandte mich um und überlegte, was ich nun tun könne. Mein Schulfreund schnappte sich seine Jacke und ging mit der Bemerkung, dass wir uns ja bald wieder sehen würden. In was für eine Lage war ich da geraten?

Amors Pfeil

Wie clever hatte sich doch mein Schulfreund verhalten! Er ging und ich musste selbst zusehen, wie ich mit dem Ergebnis meiner wahnwitzigen Inserataktion zu Rande kam. Ich dachte „Oh mein Gott, so ein Mist, was sagst du jetzt?“ und im selben Moment war mir alles egal; ich forderte mich auf: „Hey, du hast es so gewollt und nun sieh gefälligst zu, dass du das zu Ende bringst. Verlieren kannst du nur das, was du gehabt hast!“

Mein langes Schweigen und krampfhaftes Überlegen zauberte ein breites Grinsen auf die Lippen dieses Uniformmenschen, er schmunzelte und fragte: „Wollten Sie mir nicht die Stadt zeigen?“ Mein Gehirn registrierte, dass er ein tolles Mundbild hatte, jedes Wort war zu verstehen. Was für ein Glück, aber auch welch eine Hürde, die ich zu nehmen hatte. Wie sollte ich ihm beibringen, dass ich stocktaub war? Der Vorschlag, einem Mann, der mir die Röte ins Gesicht trieb, die Stadt zeigen zu müssen, versetzte mich in Panik. Ich zeigte auf die Küche und das Waschbecken, stotterte, dass ich mich mal frisch machen müsse, bevor wir gehen könnten. Im Nachhinein fiel mir auf, dass ich sehr unhöflich war, ich ließ ihn die ganze Zeit vor der Tür warten. Dass ich so unhöflich war, war ihm zu diesem Zeitpunkt aber sicher auch nicht so bewusst. Endlich war ich soweit, dass wir uns auf den Weg machen konnten.

Wir gingen in die Stadt, schweigend, ich fühlte mich wie unter Hypnose. Einerseits hatte ich Angst vor meinem intensiven Gefühl, andererseits wollte ich sehen, wie es weiterging. Wir begannen, uns über sein Interesse an mir zu unterhalten, das er durch den Briefwechsel gewonnen hatte, über seine Aufgaben als Unteroffizier der Nationalen Volksarmee der DDR und über die Kaserne, in der er seinen Dienst versah. Mir war es nur zu Recht, dass er viel über sich selbst erzählte, umso mehr Zeit hatte ich, ihn zu beobachten und abzuschätzen, ob es sich lohnte, mich ihm zu offenbaren. Noch konnte ich mich zurückziehen und sagen, dass ich keine zweite Begegnung wünschte. Je mehr Zeit verging, umso vertrauter wurde er mir. Es dämmerte langsam.

Plötzlich eine Frage, die mich aufschreckte: „Bist du Ausländerin?“ Ach ja, auf diese Idee wäre ich selbst nie gekommen – dass ungarische Bräune und der Sprachfehler, der auf Schwerhörigkeit und Taubheit beruhte, in mir einen südländischen Typ vermuten ließen! Es wäre einfach gewesen, zu sagen, dass ich aus dem Ausland komme und der deutschen Sprache nur unvollkommen mächtig sei. War doch mein Vater, auch wenn ich ihn nicht persönlich gekannt hatte, ein Neu-Australier.

Wir saßen nun auf einem Mauersims, umgeben von Menschen, die die Einkaufspassage entlang schlenderten oder eilig nach Hause hasteten.

Ich sah ihn an und entgegnete: „Nein, ich bin nur taub!“ Seine Pupillen wurden dunkel, sein Lächeln erstarb und wich schweigendem Ernst. Endlos lange Sekunden brauchte er für eine Antwort: „Darf ich dich umarmen?“ Verlegenheit ist wahrlich kein erhebendes Gefühl, ich nickte aber. Er umfasste mit einer Hand meinen Hinterkopf und zog ihn an seine rechte Schulter. Dieser Augenblick war voller Ungewissheit, Staunen über Zufälle und mein Herz pochte dumpf. Ich schämte mich, ich fühlte, dass es nicht in Ordnung war, ein Inserat aufzugeben, ohne die Taubheit zu erwähnen. Welcher Teufel mochte mich da geritten haben? Seine Jacke roch nach Schuhcreme, Seife und leicht nach Schweiß, erotisierend. Ich hoffte, dass dieser Duft keinen allzu großen Einfluss auf meine weiteren Entscheidungen nehmen würde. Ich zog meinen Kopf zurück und setzte mich gerade hin und senkte den Blick.

Doch so einfach machte er es mir nicht, er hob das Kinn an und fragte: „Was bedeutet das für uns?“ Ich entgegnete leise: „Es war nur ein Spiel für mich! Ein Spiel mit dem Feuer!“, blickte ihn dann offen an und sagte, dass ich ihn verstehen könne, wenn er von mir enttäuscht sei. Er stellte die gleiche Frage wie zuvor: „Was bedeutet das für uns?“

Als ich keine Antwort gab, fragte er, ob wir zu mir gehen könnten.

Die Dämmerung machte mir langsam das Absehen von den Lippen zu einem Ratespiel und ich wollte von ihm wissen, wie er nach H. gekommen sei, worauf er entgegnete: „Mit dem Motorrad!“ Seinen Helm hätte er in einen Schließfach deponiert und er hätte bis zum nächsten Morgen Ausgang, also Zeit, über die er frei verfügen könne. Langsam ging ich voraus und blieb unter einer Laterne stehen: „Du kannst mit zu mir kommen, aber wir sind kein Liebespaar!“ Er nickte, wir gingen langsam in Gedanken versunken durch die Dunkelheit der beginnenden Nacht, stiegen die Treppen zur Wohnung hinauf und ich öffnete die reich mit Schnitzereien verzierte Wohnungstür. Ich betete, dass die Vermieterin schon schlafen möge. Doch sie war in der Küche, aber sie hörte uns nicht. Innerlich bat ich sie um Verzeihung, dass ich froh über ihre Schwerhörigkeit war.

Im Schutze meines Zimmers begann ich mich freier zu fühlen und fing an zu erzählen, dass ich noch gar nicht so lange taub wäre, dass ich vorher schon einen festen Freund gehabt, doch die Beziehung beendet hätte, weil wir keine gemeinsame Ebene mehr hatten finden können. Später öffnete ich das Fenster, ließ die kühle, reine Nachtluft in den Raum. Er fragte, wie ich ihn verstehen könne, wenn ich taub wäre und ich erklärte, dass ich das Absehen vom Mund bei bestimmten Menschen mit einer an Perfektion grenzenden Sicherheit beherrsche. Ich betonte jedoch, dass dies Ausnahmen seien. Meist sei es mir nur bis zu einem gewissen Maß möglich, alles zu verstehen. Der Rest ergäbe sich durch andere Wahrnehmungen, wie Gesichtsausdruck, Körpersprache, Gestik und Erfassen einer bestimmten Thematik oder Situation. Das viele Lesen von Büchern und meine bisherige Lebenserfahrung hätten ebenfalls einen großen Anteil daran, dass ich schnell erkennen könne, wovon ein Gespräch handle. Er hörte staunend zu.

Es wurde Mitternacht und langsam wurden wir müde, meine Vermieterin schien ins Bett gegangen zu sein, denn in der Küche war Stille eingekehrt. Ich holte mein Bettzeug, noch eine Decke und Kopfkissen. Er half mir die Doppelbettcouch herzurichten und zog seine Uniform bis auf die weiße Unterwäsche aus. Persilweiße, gerippte Unterwäsche auf diesem athletischen Körper und ich dachte mir: „Was für Mann ist dir da über den Weg gelaufen?“ Und ich ließ ebenfalls meine Unterwäsche an.

Wir legten uns nebeneinander hin und lachten. Damit war das Eis gebrochen, die Peinlichkeit der Stunde überwunden und ich sagte zu ihm: „Wenn du morgen aufwachst, bin ich schon weg zur Arbeit. Meldest du dich nicht, habe ich verstanden und bin dir nicht böse. Ich kann nicht von dir verlangen, dass du mit mir etwas beginnst, was du nicht wirklich willst.“ Er verstand und meinte, wir sollten lieber schlafen, als an Dinge denken, die noch unklar seien. Der Schlaf wollte sich nicht einstellen. Es war verrückt, neben mir lag ein schöner Mann, wie vom Himmel gefallen. Wir gaben in dieser Nacht wahrhaft gute Schauspieler ab, jeder ließ den anderen im Glauben, dass es ihn äußerst kalt ließe, dass neben ihm ein Objekt der Begierde lag. Ein Regisseur hätte seine wahre Freude an uns gehabt. Ich wachte immer wieder kurz auf, blinzelte und fragte mich, ob ich träumte oder tatsächlich wach war.

Anthony war vierundzwanzig Jahre alt.

Am anderen Morgen ging ich zur Arbeit und war das erste Mal glücklich, allein in einer Ecke zu sitzen und einer eintönigen Arbeit nachzugehen, bei der man nicht aufpassen musste, etwas falsch zu machen. Ich brauchte nur zu polieren, das Metall wurde an diesem Tag mit Sicherheit glänzender als jemals zuvor. Der Zug, dem diese Aluschienen zugedacht waren, führte die Geschichte einer beginnenden Liebe mit sich. Bei der Arbeit träumte ich von diesem Zufall und fragte mich, ob wir uns wieder sehen würden. Ein Wiedersehen wäre zwar schön, aber auch gefährlich, konnte ich mir doch nicht vorstellen, diesen Mann an meiner Seite zu haben. Er war hörend und lebte an einem für mich fernen Gestade. So schwankten meine Gefühle zwischen Hoffen und Abwehr hin und her.

Drei Tage vergingen, kein Lebenszeichen von ihm, doch er hatte mir schon genug geschenkt: diese eine Nacht mit ihm, einem unbekannten, schönen Fremden. Es wurde Donnerstag, ich lag müde auf der Couch, plötzlich sprang ich auf, rannte die Treppe runter auf den Hof, öffnete den uralten Briefkasten und heraus fiel ein Telegramm! „Ich komme morgen. Hast du Zeit?“, es war von Anthony. Mit klopfendem Herzen drückte ich das Telegramm an mich und schob mich an der zeternden Vermieterin vorbei. Sie regte sich über die offene Tür auf. Ich sah sie und sah sie auch nicht, ich blickte durch sie hindurch und lächelte. Die gute Frau verstand gar nichts mehr, hatte sie doch noch nicht mitbekommen, dass in ihrer Wohnung ein männliches Wesen sein „Unheil“ getrieben hatte.

Ich zitterte, als Anthony am nächsten Tag auf mich zukam. Sein Lächeln, seine Freude und seine Anwesenheit ließen Worte überflüssig werden. Wir gingen an diesem Tag zu einer Modenschau und betrachteten wunderschöne Models. Danach aßen wir und gingen langsam durch die Stadt. Dabei kamen wir von einem Thema zum anderen. Diese Liebe begann voller verbaler Leidenschaft!

Purpur, goldgelb und azurblau

Telegramme, lange und schöne Briefe, spontane Besuche, Irrfahrten – Sehnsucht trieb uns dazu! Er hatte öfter Ausgang, aber es war jeweils ungewiss, wann er ihm gewährt würde. So stand er manchmal vor dem Haus, in dem ich wohnte oder klingelte bei der Vermieterin und wartete in meinem Zimmer auf mich. Die alte Dame hatte sich von ihm beeindruckt gezeigt, insbesondere die Uniform verschaffte einen gewissen Respekt, so dass sie sich nicht über seine Besuche beschwerte. Ich wollte ihr allerdings nichts über Anthony erzählen, er war kein Gesprächsthema zwischen uns.

Zu schön war unsere gemeinsame Zeit, die Farben der realen Welt wurden kräftiger, mein Herz weit vor Liebe, ich hätte alle Menschen umarmen können! Wenn ich den Himmel sah, erschien er mir als azurblaues Zelt, sah ich Kornfelder, winkten die Ähren aus goldenem gelb und Sonnenuntergänge wurden von purpur begleitet. Bittere Süße, Nähe und Distanz, Freude und Sehnsucht, ein stetes Auf und Ab! Mein Wesen änderte sich, ich wurde gelassener, ruhiger und hatte dieses wissende Feuer in den Augen. Meine Familie wagte es nicht, in mich zu dringen. Nur kurz erzählte ich von dem Einen. Sie dachten, dass es ein Strohfeuer wäre, es würde verlöschen wie andere Strohfeuer vorher auch. Doch statt weniger wurde es immer mehr, es war kein Strohfeuer mehr, sondern ein Feuer, das verzehrend loderte.

Wir gingen tanzen und er staunte, dass ich ohne die Musik zu hören tanzen konnte. Wieder einmal erklärte ich: „Das Gefühl für Musik liegt in meiner Erinnerung, in meinem Blut und in meiner Leidenschaft für dich!“ Vibrationen vermittelten mir den Rhythmus, andererseits passte ich mich den Bewegungen der übrigen Tanzpaare oder meines Tanzpartners an. Tanzen war etwas, was ich sehr gut konnte und auch brauchte, um nicht gesprochenen Worten eine bildhafte Sprache zu geben. Oft lagen wir auf den Wiesen in den Parks und erzählten aus unseren Leben, es wurde zu einer schönen Gewohnheit, dem Menschen, dem man so nahe stand, alles zu erzählen, was einen selbst bewegte.

Der Herbst neigte sich dem Ende zu, es wurde kälter. Wir konnten nicht mehr auf den Wiesen liegen, noch aber fuhr er mit dem Motorrad und ich wärmte seine eisigen Hände. Mein Arbeitsverhältnis endete fristgerecht Ende Oktober. Ich hatte nun wieder Zeit und er bat mich, ihn auch in der Kaserne zu besuchen. So fuhr ich oft nach L., damit wir uns zwischendurch öfter sehen konnten. Es war immer wieder erstaunlich für mich, dass dieser Mann mich liebte. Er zeigte es auch, indem er kam, wann er konnte, mich in meiner Heimat in B. besuchte und bat, dass ich mal mit zu seinen Eltern führe.

Das erste Mal, als er mit meinen Großeltern sprach, schaute er mich fragend an, denn er konnte sie nicht verstehen. Meine Großeltern sprachen anders als ich, sie sprachen wie Gehörlose, die ihr Gehör vor dem Spracherwerb verloren hatten. Für mich war das so selbstverständlich, dass ich keinen Gedanken daran verschwendete, dass sie von Fremden nicht verstanden werden könnten. Ich übersetzte ihm die Gespräche und mit der Zeit gewöhnte auch er sich an die für ihn ungewohnten Stimmen und die Aussprache. Er mochte meine Großeltern sehr, wurde aber nachdenklich, wenn er über unsere Zukunft sinnierte. Sein von mir so geliebtes Gesicht bekam dann einen entrückten Ausdruck, er erschien mir in solchen Momenten nicht mehr greifbar, er war wieder in seiner Welt, am fernen Ufer. Schmerz wallte in mir auf und ich zog mich auch zurück. Doch schnell war sein Blick wieder auf mich gerichtet, so vertraut und warm. Nur kurz waren diese Augenblicke, aber doch intensiv genug, um den Schatten über unserer Liebe zu fühlen. In den Nächten waren wir uns nah wie Kinder, ohne Einfluss von außen und es gab keine Vergleiche. Normal war, was wir lebten und wie wir fühlten.

Die Auswirkungen des kalten Krieges, der Ende der siebziger Jahre in die letzte Phase rückte, waren ein wesentlicher Bestandteil unserer nächtlichen Gespräche. Er erzählte mir, dass die Hochrüstung der Supermächte UdSSR und USA die Deutsche Demokratische Republik zwinge, der UdSSR beizustehen, in dem sie sich dieser Hochrüstung anpasste. Das westliche Verteidigungsbündnis NATO beschloss ein neues Verteidigungsprogramm, welches einen Nachrüstungsbeschluss beinhaltete. Anthony in seiner Funktion als Unteroffizier musste an großen Militärübungen teilnehmen und seine Gefreiten auch militärpolitisch anleiten. Die Liebe und der Krieg – zwei gegensätzliche Pole.

Manchmal schaute er mich voller Sorge an und meinte: „Wenn alle Menschen so eine Liebe leben könnten, wie sie uns vergönnt ist, würde es keinen Krieg mehr geben. Wozu auch?“ Die Angst vor dem Krieg war sehr real – er kannte die Szenarien, wozu auch der Atomwaffeneinsatz gehörte und ich ahnte die Eiseskälte, die von dieser Angst herrührte. Momente wie diese ließen uns dankbar sein, dass wir uns hatten, dass wir uns in die Seele blicken konnten. Wir hielten uns fest und fühlten, als wären wir eins. Der Tod – ein Thema, dem wir uns damit stellten.

Weihnachten 1978 kündigte er seinen Besuch bei meiner Mutter an. Ich stand am Bahnhof und wartete auf seine Ankunft. Der Zug kam, er stieg aus und strahlte mich an. In seiner linken Hand hielt er ein größeres, flaches Paket und rechts sein Gepäck, stellte beides ab und wir umarmten uns voller Freude. Meine Mutter und ihr Mann waren aufgeschlossen genug, um meinem Besuch die nötige Aufmerksamkeit zu schenken. Besonders meine Mutter fragte viel, wobei ich mir nicht sicher war, ob seine Antworten sie tatsächlich interessierten – sie konnte gut so tun, als wäre dem so. Ich glaubte, dass sie unserer Liebe keine Zukunft gab. Mein Stiefvater hielt sich sehr zurück, fast schüchtern kam er daher und ich vermutete, dass der geringe Alkoholpegel diese Demut bewirkte. Mir sollte dies nur recht sein. Es gab gutes Essen, kleine Geschenke und alles wirkte sehr friedlich. Dennoch waren wir froh, als wir allein im Jugendzimmer meiner Brüder, in meinem großen weißen Bett lagen und endlich wieder einander nah sein konnten. An diesem Abend wurde gerade die Hochzeit des britischen Kronprinzen Charles mit Lady Diana Spencer im Fernsehen übertragen, wir sprachen über diese Zeremonie.

Ich dankte ihm für sein Geschenk, ein selbst gemaltes Bild: ocker – orangefarbener Hintergrund, schwarze Gebirgssilhouette, davor ein Meer – mitten im Meer ein breiter Weg, schwarz. Im Vordergrund die Andeutung eines Ufers, von dem aus der Weg ins Meer führte. Auf dem Weg, bereits im Meer, standen rechts ein Mann und links eine Frau – beide hielten sich umarmt und gingen den Weg ins Ungewisse, wobei der Weg jedoch im Meer endete. Wie gut, dass ich nicht hellsichtig war! Hätte ich die Zukunft blicken können, hätten schwarze Raben unsere Häupter umkreist.

Selbstverwirklichung

Das Jahr 1979 begann mit Eiseskälte. Ich wusste nicht mehr, womit ich heizen sollte. Die wenigen Briketts, die meine Vermieterin mir zuteilte, reichten nicht, um die Wärme im Raum zu halten. Der Bollerofen wurde schnell heiß, aber auch schnell wieder kalt, wenn ich nicht ständig nachlegte. Trotz dicker Pullover, Strickjacken und warmer Hosen kroch mir die Kälte in alle Glieder. Wenn Anthony kam, konnte er mir Wärme abgeben, doch auch ihm war kalt. Wir legten uns an solchen Tagen auf die breite Bettcouch, breiteten mehrere Decken über uns aus und wärmten uns gegenseitig. Selbst der Atem kondensierte und Eisblumen zierten die Fensterscheiben. Anthony bat die Vermieterin, mir doch etwas mehr Kohlenbriketts abzugeben. Anscheinend war es ihr aber nicht möglich. Sie hatte die Brikettstapel in einer Abstellkammer so aufgeschichtet, dass sie prüfen konnte, ob welche fehlten. Ihre Reaktion führte dazu, dass sie mir zunehmend unsympathischer wurde. Da ich in H. keiner Arbeit mehr nachging, überlegte ich, vorübergehend das Angebot meiner Tante anzunehmen, in B. bei der städtischen Schul-

speisung als Hilfsköchin anzufangen. Ich brauchte eine Aufgabe und Geld. Noch zögerte ich.
Anthony erzählte mir, dass er die Chance hätte, studieren zu können und überlegen würde, diese zu nutzen. Toll war diese Chance, nicht jedes Arbeiterkind konnte studieren! Ich bestärkte ihn, diese Chance unbedingt zu ergreifen.

Nach wie vor fuhr ich ab und zu nach L., besuchte ihn in der Kaserne oder wir gingen aus und übernachteten in einem Hotel. Es wurde zunehmend schwieriger, echte Gemeinsamkeit zu leben und einen Ort zu finden, wo wir unsere Ruhe hatten. Er wohnte ja bei seinen Eltern weit weg von B., und es würde Probleme geben, unsere Begegnungen fortzuführen. Die Kälte wurde langsam unerträglich. Die meiste Zeit der Woche verbrachte ich allein in diesem Zimmer, malte, schrieb oder las. Der Rückzug tat meiner Seele nicht gut, es wurde Zeit, mich auf mich selbst zu besinnen, darauf zu achten, dass ich nicht wieder in eine Depression rutschte. Meine Schulfreunde befanden sich an ihren Ausbildungsorten, waren leider auch nicht erreichbar. Anthony schenkte mir ein Foto, aufgenommen im Jahr 1977, er in Winteruniform, zügig nach vorn schreitend, den Blick klar und selbstsicher auf das Objektiv gerichtet. Die Widmung rührte mich sehr: „Meiner geliebten, „kleinen" Biene von ihrem Anthony" und ich schöpfte wieder Hoffnung. Erneut trafen wir uns in seiner Kaserne, im Besucherraum war es eng und stickig. Wir setzten uns in eine Ecke, um Ruhe zu haben. Er nahm meine Hand und sagte, dass er das Gefühl habe, wir würden uns verlieren und er war nahe daran, los zu weinen. Tieftraurig fuhr ich nach B., kam spätabends an und legte mich sofort schlafen.

An den darauf folgenden Tagen traf ich die Entscheidung, das Arbeitsangebot in B. anzunehmen, mich aber gleichzeitig für eine Lehrstelle zu bewerben.

Ein neuer Brief von Anthony kam – er schrieb, dass er, nach reiflicher Überlegung, sich für ein Studium in K.-M. beworben habe und wir wohl getrennte Wege gehen müssten, weil unsere Lebensinhalte zu stark auseinanderklaffen würden. Er schrieb über meine Hörschädigung, die aus seiner Sicht verhindere, dass ich auf Dauer mit ihm glücklich würde. Das erste Mal schrieb er davon, dass er in einem Chor singe und es ihm weh täte zu erleben, wie ich auf so vieles verzichten müsse. Er wünschte sich, dass ich einen Mann fände, der besser zu mir passe als er und mit dem ich eine Familie gründen könne. Meine Hände zitterten, ich begann zu weinen, Stunden, Tage lang, und das Weinen ging über in Trauer.

Die Antwort an Anthony fiel kurz aus. Viel konnte ich ihm nicht entgegnen, nur dass ich ihn gehen ließe, seine Argumente verstünde und ihn immer noch liebte. Meine Großeltern und meine Mutter ließen mich in Ruhe, sie fanden, dass es doch auch noch andere Männer gäbe. Nicht nur den Einen. Anthony wäre eine Nummer zu groß für mich, weil hörend, studierend, klug, er könne jede andere haben. Mich ärgerte diese Einstellung, zeigte sie mir doch, wie man mich einschätzte. Der Blick in diesen Spiegel sollte wiederum bewirken, dass ich mich zurückzog und darauf besann, wer ich wirklich war, ein junges, hübsches „Nichts". Insgeheim schwor ich mir: „Ich werde es schaffen, mich selbst zu finden!"

Heilfroh war ich, dass ich Arbeit hatte und war meiner Tante, der Frau meines Lieblingsonkels, dafür sehr dankbar. Sie half mir, mich abzulenken. Noch immer schmerzte die Trennung von Anthony furchtbar; ich verstand nicht, warum er nicht mit mir sprechen konnte und stattdessen einen lapidaren Brief schrieb. Die Arbeit in der Küche machte mir jedoch Spaß, ich übernahm alle anfallenden Aufgaben einer Küchenhilfe, angefangen von Kartoffeln schälen, Gemüse putzen, Essen ausgeben, Geschirr spülen bis hin zu Handreichungen und kam auf die Idee, Köchin werden zu wollen. Es wäre ein Beruf, den auch hörgeschädigte Menschen ausüben durften. Kurz entschlossen schrieb ich an das Hauptsekretariat des Gehörlosen- und Schwerhörigenverbandes der DDR und fragte an, ob es Ausbildungseinrichtungen für hörgeschädigte Menschen im Bereich Gastronomie gäbe.

Die Antwort lautete: Ja, in der Stadt K.-M. böte ein Hotel eine derartige Ausbildung an und man würde sich für mich einsetzen, damit ich im September 1979 dort eine Lehre beginnen könne. Unglaublich, dass es solche Zufälle gab. Anthony wohnte doch in K.-M.! Doch wollte ich ihm nichts davon schreiben, hatte er mir doch in einem weiteren Brief mitgeteilt, dass er in K.-M. eine Frau gefunden habe, mit der er eine gemeinsame Zukunft plane. Ich kündigte wieder mal einen Vertrag, diesmal den zwischen meiner Vermieterin und mir; meine Möbel wurden ausgeräumt und nach B. gebracht.

June arbeitete nun im Städtischen Krankenhaus als ausgebildete Krankenschwester, sie war schwanger und ich besuchte sie öfter. Ihren Freund wollte ich nicht kennen lernen, weil ich selbst noch zu viele schmerzhafte Erinnerungen zu verarbeiten hatte, June verstand. Sie freute sich sehr auf ihr erstes Kind und sah so glücklich aus, dass ich es vermied, von meinem Kummer zu sprechen.

Die Tage verliefen gleichförmig, nur ein dumpfer Schmerz erinnerte mich fast täglich an Anthony, noch immer konnte ich nicht glauben, dass es vorbei war. Zu sehr hatte ich an seinem Innenleben teilgehabt. Ich lächelte nur noch selten und ich wusste nicht, wie und wo ich die Freude wieder finden konnte. Aber ich behielt die Kontrolle über meine Gefühle.

Eines Tages kam ein Telegramm von Anthony, mit der Bitte, ihn in die Tschechoslowakei zu begleiten, um dort zwei Wochen gemeinsame zu verbringen. Im ersten Moment fühlte ich großen Zorn auf ihn, aber auch auf mich, dass wir uns in eine so schwer auszuhaltende emotionale Situation begeben sollten. Doch allmählich wich der Zorn und ich fragte mich: „Was kann ich gegen dieses übermächtige Gefühl wie diese Liebe tun? Kann ich sie einfach leben, auch mit ihren Schattenseiten?“ Schwer fiel mir die Entscheidung, sollte ich der Einladung folgen oder nicht? Die Sehnsucht war größer als die Vernunft! Ich sandte ihm ein Antworttelegramm mit der Zusage. Die Tage vor der Abreise verliefen in Unruhe. Meine Oma sah mich zweifelnd an, unsicher, ob ich einen zweiten Abschied würde verkraften können. Dass es so kommen würde, war mir klar und doch, ich wollte zwei Wochen zu einem Augenblick zusammenfassen und richtig Abschied nehmen. Dass es noch schmerzhafter werden sollte, als es bisher bereits war, war bereits spürbar.

Zuerst musste ich nach K.-M. reisen, um eine Nacht bei Anthony zu übernachten, bevor wir gemeinsam mit dem Motorrad die Grenzen zwischen der Deutschen Demokratischen Republik und der Tschechoslowakei überschritten. Der Geist des Prager Frühlings steckte auch in uns, obwohl wir ihn für uns behielten. Anthony wollte in die Hohe Tatra und mir die Berge zeigen. Ich freute mich sehr, hatte ich doch noch nie ein „echtes“ Hochgebirge gesehen. Als der Zug in K.-M. einfuhr, wurde mir vor Aufregung schlecht. Fast wäre ich umgekehrt, um uns die Chance des Vergessens zu geben. Aber es war mir unmöglich, über ein so starkes Gefühl zu dominieren. Es brachte nichts, sich dagegen aufzulehnen, nun ließ ich die Anspannung los und alles auf mich zukommen.

Er holte mich vom Zug ab, schmal war er geworden, fast zu schmal im Gesicht, sein Blick war ernst, als er sagte: „Willkommen in meiner Heimatstadt, gehen wir nach Hause!“

Seine Eltern bewohnten eine kleine, gemütliche Dreizimmerwohnung in der Nähe des Bahnhofs. Nur vage erinnere ich mich an die Einrichtung. Sie war sehr gepflegt, solide und bürgerlich. Ich kannte sie bereits, wollte sie begrüßen, doch sie waren an diesem Tag selbst verreist. Anthony fiel es schwer, dort anzuknüpfen, wo wir aufgehört hatten. Mir auch. Er bestrich die von mir gewünschten Schnitten mit Leberwurst, ließ mich auf ein Sofa hinsetzen und essen. Zwischendurch packte er, nebenbei schaute er immer mal wieder nach, wie es mir ging. Wir fühlten beide heftigen Groll aufeinander. Er, weil ich kühler wirkte als sonst und ich, weil ich nur Schmerz pur fühlte. Wir konnten noch nicht die richtigen Worte finden und versuchten früh zu schlafen, was aber auch misslang.

Am nächsten Morgen standen wir früh auf und fuhren los, in Richtung der Berge. Lange Stunden auf dem Motorrad und mein Rücken tat weh. Kurz vor dem Ziel streikte der Motor des Motorrads und wir mussten es in das nächstgelegene Dorf schieben. Ich war müde und erschöpft. Anthony brachte es in die dortige Werkstatt und sagte als er zurückkam, dass es drei Tage dauere, bis wir weiterfahren könnten.

„Komm Sabine, ich habe eine Adresse erhalten, wo wir übernachten können!“ Wir gingen zu einem kleinen, alten Haus und klingelten. Heraus kam ein etwa 50-jähriger, grauhaariger, kräftiger Mann und fragte freundlich nach unserem Wunsch. Natürlich hätte er eine Übernachtungsmöglichkeit und empfing uns gleich mit Pflaumenschnaps. Dieser war stark und bewirkte eine allgemeine Auflockerung der Stimmung. Wir bekamen ein frisch bezogenes Bett in einem sauberen größeren Zimmer, in dem wir uns sofort wohl fühlten.

Endlich konnte Anthony reden, er sprach über seine Zweifel, ob wir es schaffen würden, die unterschiedlichen Lebensentwürfe unter einen Hut zu bekommen. Ich hätte bisher keinen klaren Lebensplan, er hingegen schon. Anthony begann zu weinen, seltsam berührend und schmerzhaft, einen Mann weinen zu sehen, und sprach weiter: „Es geht nicht ohne Dich, aber auch nicht so, wie es bei anderen Paaren ist. Ich will heiraten, Kinder und Familie haben und überlege, ob es mit uns gut gehen kann!“ Nun fing auch ich an zu weinen. Nichts konnte ich ihm darauf entgegnen, hatte ich doch nur mich und eine leise Hoffnung, eine Ausbildung in K.-M. machen zu können. Seine Zweifel waren berechtigt und ich war trotz all des Schmerzes froh, dass ich nun wusste, was in seinem Kopf vorging. Seine Verunsicherung im Zusammenhang mit der Kinderfrage war deutlich erkennbar und ich fragte mich, ob er davor Angst habe, dass an gemeinsame Kinder ebenfalls ein Hörschaden vererbt werden könnte? Ich war mir selbst nicht ganz sicher, ob es nicht doch eine genetische Veranlagung in meiner Familie gab. Aber ich vermied es, auf dieses Thema einzugehen. Wir beschlossen, die kommenden zwei Wochen nicht mehr darüber zu sprechen, sondern die Liebe zu leben - jeden Augenblick.

Der tschechische Wirt lud uns ein, an einer Familienfeier teilzunehmen und wir wurden mit großer Gastfreundschaft bewirtet; man stieß auf unsere Liebe an, auf unsere vermeintliche Verlobung, die bereits hinter uns läge. Oh Gott, welch eine Ironie, gemeinsam an einer festlich geschmückten Tafel zu sitzen, einer Tafel, die sich vor Essen fast bog, als Fremde gefeiert zu werden, für ein Ereignis, welches es nie gegeben hatte. In diesem Moment fühlten wir uns unheimlich stark verbunden.

Anthony sah mich mit einem Blick voller Leidenschaft, Innigkeit und Vertrautheit an, dass es fast zu schmerzhaft wurde. Wir fühlten uns wie ein Paar, das zusammengehörte, trotz aller äußeren Widerstände. Am dritten Tag, bevor Anthony das Motorrad holte, damit wir zur Pension weiterreisen konnten, knipste ein Spaziergänger ein Abschiedsfoto von uns. Ein sehr schönes Foto, ganz rechts der nette tschechische Gastgeber, der seine Hände in den Hosentaschen ließ und gut gelaunt in die Kamera blickte, in der Mitte Anthony, der seinen Kopf schräg in meine Richtung hielt und mit der rechten Hand meine linke Hand bedeckte, die ich auf seinen Arm gelegt hatte. Enge Vertrautheit, ein leises melancholisches Lächeln auf unser beider Gesichter. Noch lagen elf gemeinsame Tage vor uns. Die Pension war schlicht, aber gemütlich und sauber, genau richtig für uns. Was mag Anthony wirklich gedacht haben, als er diesen Urlaub für uns buchte? Viele Stunden, nur wir beide unter Ausschluss des Alltags? Ach, diese Zweifel, dieser Versuch, ihm noch näher zu sein!

Wir gingen wandern, stiegen auf die Berge, badeten, fuhren Boot, besahen uns Ausstellungen und begehrten einander, gingen auch mal eigene Wege, um uns nachts wieder zu finden. Wie oft konnte man einem Mann die Augen küssen, ihm sagen, dass alles an ihm wie für einen selbst geschaffen war? Wie oft konnte man voll Staunen auf den anderen schauen, dass es einen Menschen gab, dem man so vertrauen konnte? Wie war es möglich, sich so geborgen zu fühlen?

In der vorletzten Nacht sagte er, dass er sich innerlich zerrissen fühle, er wisse nicht, was er tun solle: mir aus dem Weg gehen oder mich heiraten? Die Abreise verlief schweigend. Der Kummer war so groß, dass ich die Trennung herbeisehnte. Mir saß ein Kloß im Hals, Tränen wollten sich Bahn brechen und ich drängte sie mit aller Macht zurück. Nein, er sollte sie nicht sehen. Ich wollte es uns nicht noch schwerer machen, als es eh´ schon war. Das Abteil für uns allein und ein letzter Abschied, bevor wir uns ohne Gruß und Kuss voneinander lösten. Eine ungewisse Zukunft lag vor uns. Ich fuhr nach B. zurück und kam wieder erst spätabends bei meinen Großeltern an. Mein Opa schlief bereits. Meiner Oma sah ich ihre große Erleichterung an, sie wagte nicht, mich mit Fragen zu bedrängen und ging dann auch ins Bett. Trotz meiner Ankunft war ihre Nacht sicher alles andere als ruhig. Sie kannte mich gut. Endlich allein, ließ ich meinen Tränen freien Lauf.

Herausforderungen

Wieder zu Hause tat ich, als wäre nichts weiter passiert. Ich war aber sehr bedrückt und tieftraurig. Jedoch nicht so, dass die Hoffnungslosigkeit überwog und mich mit neuer Dunkelheit umhüllte. Ich wusste, dass ich liebte, dass ich geliebt wurde, nur war ein gemeinsamer Weg nicht denkbar. Zu groß waren die Unterschiede, die eine Gefährdung für die noch vorhandenen Gefühle darstellten. Die Scheu, auch diese noch zu zerstören, war riesengroß. Die Entscheidung, an einem fernen Ort und unter Ausschluss uns bekannter Menschen Abschied von Illusionen zu nehmen, war ein aus heutiger Sicht unvorstellbarer Kraftakt und doch half er mir, nach vorn zu schauen. Ich wollte, dass Anthony stolz auf mich sein konnte.

Wir schrieben uns vorerst nicht mehr. Dafür erhielt ich Post vom Gehörlosen- und Schwerhörigenverband der DDR, dass meine Lehre am 1. September in einem Hotel namens „C." in K.-M. beginnen solle und ich hierüber noch konkrete Informationen erhielte. Diese Perspektive hielt mich aufrecht, stimmte mich weiterhin zuversichtlich und stellte ein Ziel dar. Anfang September 1979 hatte ich immer noch keinen endgültigen Bescheid, wann die Lehre beginnen sollte. Ich begann nervös zu werden und täglich die Post „abzufangen", doch nichts kam. Ich schickte ein Telegramm an diesen Verband, der zurück schrieb, dass aus dem Ausbildungsplatz auf Grund organisatorischer Probleme nichts werden könne, man schob die Verantwortung der Hotelleitung zu.

Als bis zum 12. September keine Nachricht kam, handelte ich kurz entschlossen. Ich sandte an den Direktor des Hotels ein Telegramm mit folgender Nachricht: „Bitte erwarten Sie mich ca. 16.30 Uhr, es geht wegen der Zugverbindung nicht anders. Dank Sabine K." Aus den Schreiben des Verbandes konnte man entnehmen, dass es im Vorfeld schon Gespräche gegeben haben musste und ich für den Direktor keine unbekannte Person sein durfte. Nach langem Wühlen im Kleiderschrank zog ich mir einen knielangen blauen Rock mit weißen Pünktchen, ein weißes Top und eine rote Strickjacke mit dazu passenden Schuhen an. Zugegeben, ohne meine geliebten Jeans sah ich plötzlich viel weicher und weiblicher aus, was sehr ungewohnt für mich war.

Meine Oma zeterte und versuchte mich bis zuletzt davon abzuhalten, einfach so nach H. zu fahren, um dem Direktor eines Hotels einen Besuch abzustatten. Ich umarmte sie fest und sprach ihr gut zu, sagte, dass ich sie sehr lieb hätte, sie solle mir einfach vertrauen, auch wenn ihr dies schwer fallen möge. Sie konnte sehr hartnäckig sein, wenn sie von etwas nicht überzeugt war. Meine Nerven waren bis zum Zerreißen angespannt. Ich biss die Zähne zusammen und hoffte, bald die Wohnung verlassen zu können. Mein Gefühl sagte mir, wenn ich nicht führe, würde ich so schnell nicht wieder den Mut haben, so intensiv um ein Ziel zu kämpfen. Leicht fiel mir die Entscheidung bei Weitem nicht, aber wenn ich handelte, bewegte ich mich vorwärts und der von mir so gefürchtete Stillstand wurde vermieden. Irgendwann saß ich im Bus, der in Richtung H. fuhr und ich versuchte abzuschalten: Ich blickte den vorbeihuschenden Gestalten, Bäumen, Häusern und Feldern nach.

In H. angekommen, brauchte ich zu Fuß nur fünf Minuten vom Busbahnhof bis zum Hotel zu gehen, um dort zu sein, wohin ich wollte: zum Sekretariat des zuständigen Direktors des Hotels und der Gaststättenorganisation der Stadt K.-M. Ich kannte den Weg zur Wohnung von Anthonys Eltern, nur ein Katzensprung von dort aus. Wie gern hätte ich ihn gesehen, hätte mich an ihn gelehnt und Kraft aufgesaugt. Um mich zu beruhigen, dachte ich an sein Lächeln, seine Augen und die Hand, die er auf meine legte.

Ich holte tief Luft und ging auf die Rezeption zu, fragte den Portier nach dem Weg zum Sekretariat und „verriet" ihm, dass ich angeblich einen Termin mit dem Direktor hätte. Dies genügte, um ihn zu überzeugen und mich höflich zum betreffenden Raum zu geleiten. Dort erwartete mich die Sekretärin, bereits im Mantel und die Tasche in der Hand, fertig für den Feierabend und fragte, was ich jetzt noch wolle. Ich entgegnete ihr, dass ich ein Telegramm geschickt hätte und nun, wie angekündigt, angekommen sei. Sie wurde ungehalten und ließ einen geballten Redeschwall los, dem ich kaum folgen konnte, und dem ich entnahm, dass ich nicht einfach so, um diese Zeit hereinschneien könne. Im selben Moment kam der Direktor aus seinem Büro, sicher irritierte ihn der laute Wortschwall seiner Sekretärin. Er war ein großer, stattlicher, imposanter Mann mit graumeliertem Haar an den Schläfen. Seine Augen blickten gütig und auch interessiert. Die Sekretärin erklärte sofort, dass ich so unverschämt gewesen sei, ohne Terminvereinbarung, noch dazu um diese Zeit hier aufzutauchen, und dass sie mich nicht loswerden könne. Er winkte freundlich ab, wies dann mit einem Blick auf die Tür in Richtung Büro und bat mich herzlich, doch einzutreten. Innerlich betete ich alle Götter des Himmels an, dass sie mir beistehen möchten, diesem Mann gegenüber die passenden Worte zu finden. Um meiner Angst etwas entgegensetzen zu können, zwang ich mich, ihn als ganz normalen Menschen wie alle anderen auch anzusehen und stellte mir vor, wie er eine Frau liebte, mit seinen Kindern spielte und wie er - die Erinnerung an das Weinen meines Opas kam auf - auch weinen konnte.

Sein Arbeitszimmer war erstaunlich groß: mit wertvollen Holztäfelungen ausgekleidet, Stuckdecke, antiker Stil, von länglichem Format, rechts mit einer breiten Fensterfront, der Schreibtisch ausladend und überleitend in einen langen Konferenztisch. Er setzte sich in seinen Chefsessel und bat mich, am anderen Ende des Konferenztisches Platz zu nehmen. Der Abstand zwischen uns betrug sicher mehr als drei Meter. Eine einschüchternde Sitzposition, fand ich, und schluckte insgeheim. Wartend blickte er mich an, eine stille Aufforderung zum Reden. Ich gab mir einen Ruck und erzählte alles, was ich im Zusammenhang mit der Taubheit und Ausbildungen erlebt hatte, auch, dass ich für technische Tätigkeiten kein gutes Gespür zu haben schien. Er räusperte sich und griff zum Telefon, sprach mit verschiedenen Personen. Nebenbei holte er sich eine Zigarre aus einem Kästchen, das griffbereit auf dem Schreibtisch stand. Hielt sie in der Hand und wartete, bis er mit den Telefonaten fertig war, um sie dann anzuzünden und den ersten Zug zu tun. Er schwieg, aber das Schweigen war wohltuend, ich fühlte mich innerlich befreit. Alles, was ich tun konnte, hatte ich getan. Es lag nun an ihm, wie er meine von Herzen kommende Rede bewertete. Nun musste ich nur noch warten.

Plötzlich öffnete sich die schwere holzgetäfelte Eichentür; herein kam ein Kellner in weißem Hemd und schwarzer Weste, mit Serviertuch über dem Arm und stellte zwei Teller mit je einem halbem Broiler, Brotscheiben und Cola vor dem Direktor und mir ab. Mit einen devoten Lächeln entfernte er sich. „Guten Appetit, junge Frau!“, der Direktor sprach diesen Wunsch mit einem väterlichen Unterton aus, ich konnte ihn seiner Mimik entnehmen. Wieder erinnerte er mich an meinen Opa, wie er mich zum Essen aufforderte. Ich würgte an dem Broilerfleisch, brachte nicht viel hinunter, dafür trank ich den Inhalt der ganzen Vita-Colaflasche aus. Gleich darauf bereute ich es und hoffte, kein „Bäuerchen“ zu machen. Das wäre mir mehr als peinlich gewesen! Als er den Teller beiseite geschoben, sich die Hände an der Serviette abgewischt hatte, wandte er alle Aufmerksamkeit mir zu. Ernsthaft begann er auf das Essen zu zeigen und zu fragen: „Mädchen, keinen Hunger?!“ Als ich verneinte, fuhr er fort: „Na, dann wollen wir mal über andere wichtige Dinge sprechen.

Sie schlafen heute im Wohnheim, weil Sie sich morgen in der Hotelküche beim Küchenleiter vorstellen werden. Er wird Ihnen einen Vertrag vorlegen, den sie beide unterschreiben müssen. Der Vertrag legt fest, dass Sie ab kommenden Montag als Küchenhilfe in diesem Haus zu arbeiten beginnen. Heute in einem Jahr bekommen Sie einen Ausbildungsplatz, damit Sie den Facharbeiterbrief für den Beruf als Köchin abschließen können. Da Sie noch keine eigene Wohnung haben, können Sie ein Zimmer im betriebseigenen Wohnheim beziehen. Sie können so lange dort wohnen bleiben, wie Sie es für nötig halten. Auch dort müssen Sie einen Vertrag, den Mietvertrag unterzeichnen."

Er machte eine kurze Pause und fragte: „Wie gefällt Ihnen mein Vorschlag?" Mir stiegen die Tränen in die Augen und brachte nur ein gepresstes: „Ich danke ihnen sehr!" heraus. Er stand auf und kam auf mich zu, reichte mir die rechte Hand, um sich von mir zu verabschieden: „Schlafen Sie gut, der Portier des Wohnheims weiß Bescheid, dass Sie kommen. Wir bleiben in Kontakt! Für Montag einen guten Arbeitsbeginn!" Ich nickte, lächelte ihn aus tränenblinden Augen an und ergriff seine große, warme Hand, um sie zu drücken.

Berufliche Stabilität

Das Personalwohnheim der Hotel- und Gaststättenorganisation in K.-M. stand direkt gegenüber des Hintereinganges des Hauptbahnhofs, ein hochgezogenes Gebäude, das Anfang des 19. Jahrhunderts errichtete worden ist. Mich erinnerten die Zimmer und langen Gänge an ein Minihotel. Es gab einen Portier, der aufzeichnete, wann Menschen kamen und gingen, einzelne Zimmer, Gemeinschaftszimmer, Gemeinschaftsküchen und Gemeinschaftstoiletten. In der zweiten oder dritten Etage befanden sich Büros, unter anderem auch das Sekretariat der „Freien Deutschen Jugend"-Organisation. Der Pförtner überreichte mir einen Schlüssel, begleitete mich noch bis zum Zimmer und wünschte: „Ihnen eine gute Nacht!" Ich bat ihn zuvor, mich morgens zu wecken, da ich keinen Lichtwecker bei mir hatte. Endlich im Bett, todmüde und doch hellwach, dachte ich über den hinter mir liegenden Tag nach. Doch ich war zu müde, um noch auf das Morgen zu schauen und schloss meine Augen.

Der neue Tag begann mit einem freundlichen Weckruf. Ich wusch mich, zog mich an und machte mich auf den Weg zum Hotel. Dort meldete ich mich wieder an der Rezeption. Eine Frau führte mich zu einem Verschlag. In diesem Verschlag befand sich eine Wendeltreppe vom Keller bis zum Dachboden, und wir gingen die Treppe zum Keller hinab, um zur Hauptküche zu gelangen. Diese Küche war riesig im Vergleich zu dem, was ich bis dahin kannte. Überall Glasfenster, auch an den Türen, chromblitzende Kessel, Pfannen, Küchengeräte, Kühlschränke und lange Arbeitsplatten. Versteckte Winkel beherbergten Kühlhäuser, eine kleine Fleischerei, Patisserie, ein Fischbassin, Topfküche und Lagerräume für Mehl, Zucker, und Salz. Ich war beeindruckt!

Der Küchenleiter kam aus mit einer verschiebbaren Glasfront besetzten, kleinen Kabine, die sein Büro zu sein schien. Er war von mittelgroßer Statur, untersetzt und trug einen fülligen Bauch vor sich her. So stellte ich mir einen Koch vor, der Menüs zubereiten konnte, aber auch fähig war, Autorität zu vermitteln. Nach einem herzlichen Willkommensgruß, den ich gut von den Lippen ablesen konnte, führte er mich durch die Küche, durch die Etage, in der es noch Duschräume, andere Lagerräume, Toiletten, den Heizraum, weitere Kühlräume und eine Broilergaststätte gab und stellte mich den anwesenden Kollegen und Kolleginnen vor. Er bat mich in sein Büro und ließ mich einen Arbeitsvertrag unterzeichnen, von dem ich ein gesondertes Exemplar behielt. Hinzu kam noch eine Auflistung der Aufgaben, die mich erwarteten. Die Arbeitszeiten waren Neuland für mich, ich musste im Schichtdienst arbeiten. Früh- und Abenddienste, auch an Sonn- und Feiertagen war Anwesenheit Pflicht.

Der kommende Montag begänne nun auch mit mir, einer neuen, gehörlosen Kollegin. Wir verabschiedeten uns und ich fuhr nach B., um mit meinen Großeltern über die aktuellen Ereignisse zu sprechen. Sie staunten nicht schlecht, als sie den Arbeitsvertrag sahen. Noch immer sah ich Skepsis in ihren Augen, mit Worten war dagegen nicht anzukämpfen. Sie erwarteten, dass ich einen Weg fände, der eine gewisse Stabilität versprach und ich wusste selbst noch nicht, ob es ein solcher werden würde. Wieder einmal hieß es, Taschen zu packen und abzureisen. Positiv war, ich konnte von unkomplizierten Heimreisen ausgehen, denn der Bahnhof befand sich in unmittelbarer Nähe des Arbeitsplatzes. Mit einem guten Gefühl verabschiedete ich mich von meinen lieben Großeltern, die ihrerseits meine Mutter informieren würden. Die Fahrt verlief ruhig und ich kam gegen Abend an. Meinen Zimmerschlüssel hatte ich noch. Andere Heimbewohner bekam ich an diesem Anreisesonntag noch nicht zu Gesicht, etwas seltsam war dies schon. Jedoch war ich immer noch zu müde, um lange zu rätseln. Bevor ich die Augen schloss, dachte ich an den Direktor. Er hatte mir Vertrauen geschenkt!

Altweibersommer, der 17. September begann sich anzukündigen. Ein Tag, der nicht ganz einfach für mich werden würde, denn es gab nur wenige Dinge, die mir in K.-M. vertraut vorkamen. Vor allem die Menschen waren mir fremd, doch ich war zu erschöpft, um mir Zweifel einzureden. Dank dieser Erschöpfung nahm ich das Neue gelassener auf, als es vielleicht sonst der Fall gewesen wäre. Mir wurden noch einmal die Kollegen und Kolleginnen der anderen Schicht vorgestellt, die Arbeitsmittel überreicht, und ich bekam meine Arbeitskleidung ausgehändigt, die aus einer weißen Kochjacke, Karohose, Stecktücher und Kopftuch bestand. Sie stand mir richtig gut.

Es gab einen so genannten „warmen“ und einen „kalten“ Küchenbereich, ich wurde für die nächsten Monate dem „kalten“ Bereich zugeordnet. Zwei Abteilungsleiterinnen waren meine unmittelbaren Ansprechpartnerinnen und gleichzeitig meine Lehrmeisterinnen. Sie brachten mir bei, wie Salate, kalte Buffets und Aufschnittplatten angerichtet wurden, zeigten mir alle wichtigen Kochrezepte und Kalkulationen. Gleichzeitig waren zusätzliche Aufgaben zu erfüllen, wie das Reinigen von großen, schmutzigen Töpfen, die bereits ein oder zwei Tage zuvor eingeweicht worden waren. In der Topfküche stank es oft und es war eine ziemlich eklige Angelegenheit, alte Speisereste aus Töpfen zu entfernen. Es war sicher ein Test, ob Küchenkräfte auch wirklich geeignet und es wert waren, in diese Gemeinschaft aufgenommen zu werden. Mir machte diese Arbeit nicht viel aus, denn ich war das Reinigen von Geschirr und Töpfen bereits aus meinen vorhergehenden Jobs gewöhnt. Die Verständigung mit den Frauen und Männern in der Küche, aber auch den anderen Hotelmitarbeitern verlief fast immer positiv, wahrscheinlich auch deshalb, weil es im Küchen- und Servicebereich sehr laut gewesen sein muss. Die Kollegen hatten einen derben Umgangston, der an der Körpersprache und Mimik zu sehen war.

Trotzdem kam es vor, dass ich den Küchenchef, der von cholerischem Gemüt war, manchmal falsch verstand, was die Menge von Zutaten und andere wichtige Angaben anbetraf. Bemerkte er Fehler, lief er rot an, brüllte seinen Frust durch die ganze Küche, brüllte mich an und verlangte lauthals nach Korrekturen. Es war nicht leicht, diese verbalen Attacken zu ertragen. Ich konnte es wohl nur, weil ich einsah, dass er berechtigt verärgert war. Hinzu kam, dass ich beobachtete, dass der Küchenchef nicht nur mir gegenüber in dieser Weise reagierte, sondern diese Reaktion seinem Naturell entsprach. Wenn alles gut lief, war er sehr entspannt und konnte auch richtig lustig sein. Mir gefiel seine robuste und ehrliche Art, die ohne Falsch bei mir ankam. Ich merkte mir, was er zu beanstanden hatte, schnell und ich gewöhnte mich an bestimmte Abläufe.

Die Wohnheimmitbewohner entpuppten sich als eine multikulturelle Gesellschaft. Hier wohnten Rumänen, Polen, Russen, Ungarn, dazu noch Menschen mit unterschiedlicher soziale und politische Weltanschauung, und welchen, die eine gleichgeschlechtliche Ausrichtung hatten, nicht zuletzt junge Menschen, die einfach von zu Hause fort wollten. Mir fiel auf, dass es ein ständiges Kommen und Gehen war, manche Bewohner wohnten schon über Jahre in diesem Haus, andere wiederum nur so lange, wie die Saison andauerte.

Eine junge Frau und ein homosexueller junger Mann kamen bereits am zweiten Tag ganz direkt auf mich zu und fragten, wie das sei, gehörlos zu sein und hatten keinerlei Berührungsängste. Sie luden mich zu sich auf ihre Zimmer ein, nahmen mich fast überall mit hin. Ich fühlte mich wohl bei ihnen. Ich staunte über Parks, einen schön angelegten Schlossteich, über prachtvolle Hortensienbüsche und Trauerweiden, die ihre Zweige in den Teich hängen ließen. Staunte über Tanzpaläste, die fast immer brechend voll waren und über die Offenherzigkeit dieser Menschen, die, so wie ich, selbst auch bestimmten Randgruppen der Gesellschaft angehörten. Ganz besonders sensibel nahm ich wahr, wie politische Strömungen sich breit machten, die massive Kritik an der bestehenden Gesellschaftsordnung übten. Man flüsterte jedoch nur in bestimmten Kreisen über derartige Themen und gab mir dies durch Hände, die zu einem Gittermuster übereinander und vor das Gesicht gehalten wurden, zu verstehen.

Wir kochten gemeinsam, aßen meist zu zweit oder zu dritt, manchmal auch allein, je nachdem, wie wir Schicht hatten. Wir arbeiteten in jeweils anderen Hotels und Gaststätten und oft auch an den Wochenenden, was mir ganz gut gefiel, da ich die Sonntage nicht mochte. All diese für mich positiven Erlebnisse führten zu einer schnellen Anpassung und das Einleben in dieser Stadt gelang schneller, als ich zuvor vermutet hatte. In meiner Freizeit ging ich oft ins Hallenbad oder unternahm etwas mit den Mitbewohnern.

Eines Tages stand Anthony vor der Wohnheimtür! Weiß Gott woher er wusste, dass ich in K.-M. polizeilich gemeldet war und nun auch einen Platz dort hatte. Er fragte, wie es mir ginge und ob ich ihn mal zu Hause besuchen würde? Ich freute mich. Die Besuche bei ihm waren rein freundschaftlicher Natur, denn ich wusste, dass er inzwischen eine feste Freundin hatte und studierte. Manchmal saß ich bei seiner Mutter in der Küche und sah ihr beim Bügeln zu. Die Heimreisen nach B. und S. erfolgten spontan und wenn ich zwei Tage hintereinander frei nehmen konnte. Ich freute mich über meine Großeltern, es ging ihnen gut und sie fühlten sich miteinander wohl, seit mein Opa weniger Zeit in der Modefirma verbrachte, dafür umso mehr im Garten an der Entwicklung seines Steingartens und Anbau von Nutzpflanzen, aber auch Blumen interessiert war. Er war schlank geworden und hatte von der Sommersonne einen gesunden, gebräunten Teint.

Meine Mutter war nun Mitglied eines Elternaktivs, zur Vertrauensfrau gewählt worden, Mitglied des Freien Deutschen Gewerkschaftsbundes, des Deutschen Frauenbundes und noch anderer liberaler Verbände und Vereine. Sie erhielt die Pestalozzimedaille für „treue Dienste“ als Mitglied des Kollektivs der sozialistischen Arbeit in Bronze, Silber und

Gold. Neben ihrer Arbeit besuchte sie noch Weiterbildungskurse und etliche Fortbildungsveranstaltungen, die ihre Karriere förderten. Nun war sie Leiterin des Kindergartens von S. und die Eltern der Kinder mochten sie. Sie war im Ort anerkannt.

Ich war nun 21 Jahre alt und meine Geschwister 6 und 10 Jahre jünger. Wir sahen uns immer noch zu selten. Sie waren Jungs, die ihr Umfeld mit Streichen unsicher machten, was ihren Eltern nicht gerade gefiel. Aufregungen waren an der Tagesordnung. Meine Mutter war gestresst und trotzdem kam ich nicht umhin, über manche von ihr erzählte Begebenheit zu schmunzeln.

Anthony kam nun öfter ins Wohnheim, ohne vorherige Anmeldung. Das Thema Zukunft und Gemeinsamkeit mieden wir wie der Teufel das Weihwasser. Manchmal schweiften meine Gedanken ab und ich wünschte mir, ihn vergessen zu können. Wir gingen lange Stunden spazieren, erzählten viel, was wir erlebten. Am 24. Dezember 1979 gingen wir in die schönste Kirche, die er kannte, saßen schweigend nebeneinander, hielten unsere Hände und folgten der Predigt, jeder auf seine Weise. Es ging nicht um den Inhalt der Predigt, sondern um das Unerklärliche, was uns verband. Wollten wir hier eine Antwort auf unsere Fragen finden? Nach der Predigt gingen wir noch ein Stück des Weges, bevor wir uns umarmten und er zu mir sagte: „Verzeih mir!" Was sollte ich verzeihen? Dass er an seinen Gefühlen zweifelte, dass er weder dies noch das richtig wollte? Ich weiß es bis heute nicht! Die weiteren Treffen waren von immer schmerzhafteren Abschieden begleitet, so dass wir beschlossen, uns endgültig aus dem Weg zu gehen.

Noch bewahrte ich seine Briefe, seine Bilder, Fotos und gemeinsame Erinnerungen auf. Sie gaben mir Kraft und Vertrauen, zu leben. Ganz wichtig war wohl die Klarheit, die ich hatte. Ich wusste, dass es noch eine andere Frau in seinem Leben gab. Wenn er mir nun begegnete, sah ich weg, ging auf eine andere Straßenseite, tat so, als gehörte die Zeit mit ihm für mich der Vergangenheit an. So zu reagieren diente mir als Schutz und ich lebte in der Hoffnung auf eine neue Liebe, die ich nicht teilen müsste. Meine Reaktion veranlasste Anthony, auch kühl zu reagieren, auch er tat so, als wäre ich ihm egal.

Tanzabende mit netten Tanzpartnern, die mir nur Tanzpartner sein sollten und es auch waren, brachten etwas Freude und Abwechslung in den Arbeitsalltag. Beim Tanzen konnte ich mich vergessen, sogar meine Taubheit war ein unwesentlicher Aspekt, musste ich doch nicht reden oder hören. Eines Tages sah ich Anthony mit seiner Freundin in einem Tanzlokal, nie hätte ich vermutet, dass er dort hinginge. Unsere Blicke waren alles andere als glücklich, ich wusste, dass nichts vorbei war. Es kam wieder und wieder, die alte Leidenschaft ließ sich nicht einfach so bekämpfen. War es wirklich nur Leidenschaft? Wie konnten wir uns voneinander lösen?

Haarpracht und Weiblichkeit

Ablösung von Anthony – wie ließ sich das bewerkstelligen? Wie konnte ich aussteigen aus dem Gefühl der ständigen Sehnsucht und des Schmerzes, wenn ich Abschied nehmen musste? Warum kam er immer wieder auf mich zu? Ich fragte ihn und er erwiderte: „Ich kann es nicht erklären und will es auch nicht. Du weißt, ich kann nicht mit dir und nicht ohne dich sein!"

Meine neuen Freunde im Wohnheim fühlten mit mir und taten alles Erdenkliche, um mich an ihrem Leben teilhaben zu lassen. Wir gingen oft an den Schlossteich, mieteten uns ein Boot oder fuhren nach Dresden, um auf der Elbe zu schippern. Ich bekam nun mit, dass es eine Staatssicherheitsbehörde gab. Was genau man sich darunter vorzustellen hatte, wusste ich jedoch noch nicht. Auf jeden Fall ging es um Dinge, die mit Freiheitsentzug, nächtlichem Verschwinden von Bürgern und Angst zu tun hatten. Dieses Thema war allgegenwärtig, auch ohne Sprache und Wiedergabe von Gehörtem.

Einige Männer zeigten Interesse daran, mich kennen zu lernen. Doch ich wollte, besser gesagt, konnte nicht auf eine neue Beziehung eingehen. Meine Haare waren inzwischen wieder lang geworden, Symbol der Weiblichkeit, und ich überlegte, sie abzuschneiden. Das tat ich, raspelkurz, und ich sah nun aus wie ein zarter Jüngling. Zusätzlich beschloss ich, wieder meine alten Jeans und derben Pullover anzuziehen. Gut fühlte ich mich! Als mich der erste Wohnheimbewohner zu Gesicht bekam, schlug er die Hände über dem Kopf zusammen. Fast alle, die mich so sahen, erschraken über meine neue Frisur und fragten: „Warum?" Ich hatte nun Ruhe vor männlichem Interessenten, konnte mich auf Freunde, Arbeit und mich selbst konzentrieren. Anthony erfuhr davon. Er hatte Kontakt zu einigen meiner Kollegen, sowohl Frauen als auch Männer. Wir sahen uns nur von weitem und machten einen großen Bogen umeinander. Es wurde stiller um uns, ich zerriss sein Briefe, verschenkte seine Gemälde, nur an Fotos traute ich mich nicht heran. Irgendwann erfuhr ich, dass er sich verlobt hatte und dass bald die Hochzeit bevorstünde. Nun war mir klar, dass ich nicht mehr auf ihn warten konnte, sollte und durfte. Trotz aller Traurigkeit und der Heftigkeit des Grolls auf ihn blieb die Liebe. Sie ließ sich nicht einfach in die sibirische Verbannung schicken.

Es wurde Sommer, die Arbeit machte mir großen Spaß. Ich bekam langsam ein Gespür für die internen Abläufe und begriff Kalkulationen. Mehr und mehr begann ich mich für Spätdienste eintragen zu lassen, um die Abende auszufüllen. Nach der Arbeit ging ich noch mit Kolleginnen fort, zum Tanz, oder schwatzte mit meinen Tom, einem schwulen Freund und Sina, einer lesbischen Freundin. Wir tanzten oft bis zum Morgengrauen. Sina war kurzzeitig „scharf" auf mich, so sagte sie es. Mir lag jedoch an keiner Beziehung, weder mit Mann noch mit Frau. Ich liebte bereits, mein Herz war besetzt, auch ohne dass ein Mann da gewesen wäre.

Meine Kollegen rätselten manchmal, ob ich denn tatsächlich taub sei. Manchmal ließen sie hinter mir ein Stahltablett fallen, was ich natürlich „fühlte". Meine Reaktion darauf ließ neue Zweifel aufkommen und sie probierten es mit einer anderen Masche, indem sie mich ans Telefon riefen und mir den Hörer gaben. Ein anderes Mal rief man meinen Namen, zufällig blickte ich mich um, und wieder hatten sie neues Futter, um ihre Annahme zu nähren, ich würde dies alles nur spielen. Ich empfand diese „Scherze" als wenig lustig und gab zu verstehen, dass ich kein Interesse daran hätte, meine Taubheit nur vorzutäuschen. „Taubheit ist es nicht wert, sie sich wünschen zu wollen, um Vorteile zu erhalten!" Böse auf meine Kollegen war ich nicht, aber es war mir klar, dass ich für sie nicht ganz transparent zu sein schien, was ich auch nicht sein wollte, aber ich würde mich deshalb nicht unterkriegen lassen. Dabei dachte ich an den Direktor, der öfter nachfragte, wie es mir ginge. Ich wusste, er vertraute mir nach wie vor, ihn wollte ich nicht enttäuschen – mich aber auch nicht.

In der Urlaubssaison kamen die meisten Gäste erst in den späten Abendstunden, somit war nachmittags viel Zeit, um für die Frühschicht Vorarbeiten zu leisten. Gemüse zu putzen, Zungen abzuschaben, Hühnerfleisch von den Knochen zu entfernen und Aufschnitt für kalte Buffets zu schneiden: sämtlich Tätigkeiten, die eine geringe Konzentration erforderten. Meine Kollegen schwatzen bei der Arbeit miteinander und ich richtete, um auch etwas mitzubekommen, ab und zu meine Augen auf ihre Mundbewegungen. Plötzlich kam ein Kellner und rief: „Sabine, eine taubstumme Frau steht oben an der Rezeption und will dich sprechen!" „Taubstumm", was für ein Wort! In einer ruhigen Minute würde ich mit ihm noch einmal sprechen müssen, um ihm den Begriff „taubstumm" zu verdeutlichen. Wer mochte diese Frau sein, die mich sprechen wollte? Es war eine Trainerin, die ich noch aus meiner aktiven Tischtenniszeit kannte. Ich freute mich so, einen Menschen zu sehen, der die Gebärdensprache benutzte - einer mir so vertrauten Sprache -, und ich fühlte mich sofort wieder zu Hause in einer Welt, die auch die meine war. Am liebsten hätte ich sie umarmt, doch es war einfach noch zu früh dafür. Sie fragte mich, ob ich wieder trainieren wolle, und ich nickte freudig zustimmend. Wieder ein Stück mehr Geborgenheit ...!

Es wurde allmählich sehr warm, ja, heiß. Meine Wohnheimfreunde zeigten mir einen Stausee, in den ich mich sofort verliebte. Fortan fuhr ich nach Feierabend oder an freien Tagen mit dem Bus dorthin, um mich aus dem Alltag auszuklinken und der Natur „Hallo!“ zu sagen. Es war ein unbeschreibliches Gefühl von Freude, als ich diesen großen Teich, ähnlich dem in meiner Heimat, zu Gesicht bekam. Unbewusst war mir damals schon klar, dass dieser Stausee einen Teil meines Heimatgefühls zu dieser Stadt ausmachen sollte. Auch er spielte eine besondere Rolle im weiteren Verlauf meiner Lebensgeschichte.

Trugbilder und Selbsttäuschung

Vielleicht hätte es geholfen, wenn Anthony „Rosenstolz“ gehört hätte. Das Lied: „Lass die reden“ handelt von Andersartigkeit und einer „Dennoch oder gerade deswegen“-Haltung. Gute Freunde von mir geben mir ab und zu Tipps zu besonderen Liedern, besonderen Texten, ich bin jedes Mal aufs Neue berührt, über diese Aufmerksamkeit, ja, auch Achtsamkeit.

Meine damaligen Freunde aus dem Wohnheim erzählten mir, dass Anthony öfters nach mir fragte und wissen wollte, wie es mir ginge. Es tat gut, ihn in der Ferne zu wissen und ihm nicht gleichgültig zu sein. So lange ich ihn nicht sah, konnte ich mich auf aktuelle Gegebenheiten konzentrieren, was dazu führte, dass ich offen genug für neue Situationen und Begegnungen mit Menschen bleiben konnte, um gedanklich nicht ständig bei dem Einen zu verweilen.

Der Sommer war aufregend, voller neuer Erlebnisse, besonders schön waren die Ausflüge an den Stausee. Meist schwamm ich lange Strecken, um mich körperlich fit zu halten. Wieder einmal schwamm ich eine mir selbst ausgewählte Bahn und auf der Gegenseite kam mir anderer Schwimmer entgegen. Je näher er kam, umso bekannter erschien mir sein Gesicht, das kurze, schwarze Haar war nicht zu übersehen, ich musste einfach hinschauen. Auch er erkannte mich, wir schwammen aufeinander zu und hielten inne, um mit einem Blick auf das Ufer zu verweisen.

Es war Anthonys Schwager, der mir bei einer Familienparty vorgestellt wurde. Robert war mit der Schwester Anthonys liiert, besser gesagt, verlobt und sie waren ein schönes Paar, als ich sie das letzte

Mal gesehen hatte. Es schien, als ergänzten sie sich auf allen Ebenen gut. Ich freute mich, ihn zu sehen und hoffte gleichzeitig, dass Robert nicht allzu viel fragen würde, was mit Anthony und mir passiert sei. Er jedoch wusste es und fing an zu erzählen: „Mit Lara ist Schluss, wir haben uns getrennt! Es ging nicht mehr, wir hatten zu viele Probleme miteinander.“ Ich starrte ihn an, das erste Mal besah ich in mir genauer. Er war größer als Anthony, hatte einen südländischen Teint, schwarzes Haar und braune Augen, ein sehr attraktiver Mensch, nur ganz anders als Anthony und eigentlich überhaupt kein Mann, der mir gefallen könnte. Dass ich nichts hörte, wusste er bereits von seiner ehemaligen Verlobten und somit brauchte ich mir keine Mühe mehr zu geben, lang und breit mein Handicap zu erläutern. Er sprach deutlich und ich verstand ihn gut.

Nun waren da also zwei Menschen, die an einer Trennung zu knabbern hatten, noch dazu waren es die jeweiligen Ex-Partner, die unsere Herzen besaßen. Wir schwammen zum Ufer und gingen zu der Stelle, an der ich meine Badeutensilien liegen gelassen hatte. Ich holte mein Handtuch und legte mich, noch von der Anstrengung des schnellen Schwimmens außer Atem, in den heißen Sand. Er holte sich sein Handtuch und wir genossen die Sonne auf der Haut, beide in Erinnerungen versunken. Das Teilen von Kummer hat durchaus seinen eigenen Reiz. Wir fühlten uns nicht mehr so verlassen.

Kühler werdender Sand und die untergehende Sonne zwangen uns, uns anzuziehen und auf den Weg nach Hause zu machen. Robert begleitete mich ins Wohnheim.

Ich teilte dort inzwischen ein Dachgeschosszimmer mit einer anderen jungen Frau meines Alters. Sie war eine hervorragende Köchin und mit einem Mann liiert, der wegen seines Ausreiseantrages in die Bundesrepublik Deutschland in Untersuchungshaft saß. Sie hieß Michaela, hatte brünettes Haar und war ein Schneewittchentyp. Sie besaß - im Gegensatz zu meiner sportlichen Figur - echte weibliche Kurven. Ihre Mutter war zu dem Zeitpunkt schwer krank, sie litt an Brustkrebs. Es ergab sich, dass wir uns fanden und wir beschlossen, die nächste Zeit gemeinsam zu verbringen. Michaela besaß eine hohe kommunikative Kompetenz, was für uns eine verbindende Qualität hatte. Wir hatten beide eine schwere Kindheit, wahrscheinlich hatten wir dies schon gefühlt, bevor wir uns näher gekommen waren. Sie kannte viele Kollegen und Kolleginnen in der Gastronomie, man mochte sie. Dadurch wurde auch ich als gehörlose Köchin immer bekannter. Erstaunlicherweise gab es nie kommunikative Probleme mit ihr. Michaela arbeitete auch im Schichtdienst und war noch nicht da, als ich mit Robert im Wohnheim eintraf. Robert erzählte, dass er zurzeit auf Urlaub zu Hause sei, er sei

Unteroffizier auf Zeit und habe noch ein Jahr vor sich. Er war etwas jünger als Anthony. Größer hätten die Ähnlichkeiten zwischen seinem und Anthonys Alltag nicht sein können. Irgendwie war der Hunger auf Nähe sehr groß. Unmerklich begannen wir uns zu verlieben. Ein Strohfeuer entzündete sich.

Robert hätte Michaelas Bruder sein können, so sehr ähnelten sie sich in ihrer auffallenden Attraktivität, aber auch in ihren Charaktereigenschaften. Beide waren Menschen, die gern im Mittelpunkt standen. Robert stellte mich seinen Eltern vor, seinen Geschwistern und ich war oft mit ihm bei seiner Familie. Seine Eltern nahmen mich liebevoll auf und es war ihnen anzumerken, dass sie unsere Verbindung wohlwollend betrachteten. Ich bekam sehr viele, schön geschriebene Liebesbriefe, schrieb selbst welche: wir hatten uns gern. Und doch, es war nicht das, was ich aus der Zeit mit und von Anthony kannte, diese tiefe Verbundenheit, das Einssein fehlte. Mit Sicherheit fühlte Robert ähnlich, denn wir konnten uns nicht lange ertragen, vor allem nicht im Bett. Ich war unbequem, zu offen, keine niedliche Puppe, nicht formbar, ich konnte und wollte nicht so sein wie seine Ex. Umgekehrt entsprach auch Robert nicht dem Mann, von dem ich noch immer träumte. Im Frühjahr 1980 trennten wir uns mit einem Gefühl der Fremdheit, die uns auseinander laufen ließ. Mein „Liebeskummer“ war kurz, heftig, hielt aber nicht lange vor und wich einer großen Erleichterung.

Michaela und ich trugen uns mit dem Gedanken, aus dem Wohnheim auszuziehen und eine Wohnung zu mieten. Die Hotel- und Gaststättenverwaltung hatte Kontakte zur Wohnungswirtschaft in K.-M., so dass wir recht schnell zu einer eigenen Wohnung kamen. Ausschlaggebend war auch der Tod von Michaelas Mutter. Michaela wollte endlich auf eigenen Füßen stehen und da ich mir unsicher war, ob ich allein in einer Wohnung zurecht käme, stimmte ich einer Wohngemeinschaft zu. Schnell bekamen wir eine Einraum-Wohnung mit Außentoilette, die sich eine Etage tiefer befand. „Plumpsklo“ sagte man damals zu diesen Toiletten. Die Altbauten erinnerten an Wohnungen, die ich noch aus meiner Kindheit kannte. Sehr alt, sehr bescheiden und voller baulicher Mängel an Fenstern, Böden und Wänden. Die Wohnung befand sich unter dem Dach, noch zwei andere Mieter, eine junge schwerhörige Frau und eine neunzigjährige kranke Dame hatten dort ihre Wohnungen. Die Küche hatte einen uralten, romantischen, mit Kacheln verkleideten Herd, war etwa sechs Quadratmeter lang und vier Quadratmeter breit, auf der Längsseite befanden sich zwei einfache Fenster. Im angrenzenden kleinen Wohnzimmer gab es nur ein Fenster auf der Breitseite.

Roberts Eltern hatten noch Möbel übrig, diese schenkten sie uns zum

Einzug. Ihre Hilfsbereitschaft rührte mich und ich war ihnen sehr dankbar, dass sie, unabhängig von meiner Trennung von ihrem Sohn, noch an mich dachten. Wir bekamen ein altes Küchenbuffet, eine Ofenbank, einen großen Spiegel, Stühle, eine Ottomane und Küchengeschirr. Alles andere, wie eine Couch und meine übrigen Möbel, wurden aus B. geholt, die Einrichtung der neuen Wohnung war damit komplett. Der Mietvertrag wurde am 17. April 1980 unterzeichnet.

Das gemeinsame Wohnen im Wohnheim war für Michaela und mich eine sehr gute Vorbereitung, um nun in einer gemeinsamen Wohnung leben zu können. Wir teilten uns die Aufgaben, die Schichten, die Kleidung und Geschichten, die das Leben schrieb.

Michaela besuchte oft ihren Freund in der U-Haft und hoffte, dass er frei käme. Doch dann wurde er sehr plötzlich in die Bundesrepublik Deutschland ausgewiesen, was Michaela großen Kummer bereitete. Sie konnten sich weder sehen noch weiter den Kontakt halten. Beziehungen zum kapitalistischen Ausland waren weitgehend untersagt. Michaela stellte dann selbst einen Ausreiseantrag. „Schattenmänner“ folgten uns von da an oft, ich konnte und wollte nicht glauben, dass wir bespitzelt würden und verdrängte diese Wahrnehmungen. Michaela verfiel öfter in Depressionen und lag dann an ihren freien Tagen schlafend im Bett. Ich dachte an die Zeit, als es mir selbst so schlecht gegangen war und hatte viel Mitgefühl mit ihr. Ich hoffte, dass sie einen neuen Freund finden würde, der ihr mehr geben konnte als nur Ärger mit der Staatssicherheitsbehörde.

Spätdienste – ich hatte sie sehr gern, sie passten zu meinem Lebensrhythmus. Ich konnte bis 13.00 Uhr noch viel erledigen, wozu ich abends keine Lust mehr hatte. Zeitweise traf ich mich mit einem guten Tänzer, den ich beim Tanz beobachtet hatte und der mich auch auf mein tänzerisches Können hin ansprach. Wir waren wie füreinander geschaffen, wenn es um das Tanzen ging, privat jedoch fanden wir keinen gemeinsamen Nenner. Er sah rassig aus, Künstlerblut floss in seinen Adern. Auch er hatte einen Ausreiseantrag gestellt, was mein Weltbild zunehmend ins Wanken geraten ließ. Was trieb die Menschen dazu, ihr Land, ihre Heimat verlassen zu wollen? Ein Grund mehr, dass „Schattenmänner“, Männer mit langen Ledermänteln und Hut an Ecken standen und so taten, als warteten sie auf jemanden. Wie immer arbeitete ich in der Hotelküche und es kam mehrere Male vor, dass ich von zwei Männern in Zivil besucht wurde, die mich auf das zuständige Polizeirevier begleiteten. Ich wurde in einen kleinen Raum, in dem es nur einen Tisch und einen Stuhl gab, geführt und ein anderer Mann in Zivil begann, mich zu verhören. Die Fragen bezogen sich auf Menschen, mit denen ich Umgang hatte, und was sie planten. In diesen Momenten der Angst besann ich mich auf meine Taubheit und beantwortete all diese Fragen mit unverhohlener Abneigung und Hinweisen auf eigene Unwissenheit, was der vollen Wahrheit entsprach. Ich wusste nur das, was ich sah oder das, was man mir mitteilte. Auch wenn ich mehr gewusst hätte, hätte ich nicht mehr sagen können. Ich war taub, sprachbehindert, was sollte also das Theater? Man ließ mich unverrichteterdinge wieder an meinen Arbeitsplatz gehen und ich machte meine Arbeit gut. Oft dachte ich über den Sinn der Taubheit nach, hier hatte sie einen Sinn!

Nun wohnten wir schon anderthalb Monate in der neuen Wohnung, es gab keinerlei Probleme, außer Streit um zerrissene Strumpfhosen oder unauffindbare Pullis. Doch diese Streitigkeiten ließen sich immer schnell klären. Endlich hatte ich ein geregeltes Einkommen, ich konnte mir ab und zu mal ein schönes Kleidungsstück kaufen, konnte mich den pflegenden Händen einer Kosmetikerin überlassen und Geschenke für meine Familie kaufen.

Wieder einmal war es Zeit, zur Arbeit zu gehen, ich machte mich auf den Weg zum Hotel. Es mag früher Nachmittag gewesen sein, als ich eine Straßenbahn, die vom Bahnhof aus in Richtung Stadt fuhr, an mir vorbeifahren ließ. In einem Abteil stand Anthony am Fenster, das beidseitige Erkennen war von tiefer Freude begleitet, seine Hände an die Scheiben gelegt, sein wehmütiges, aber gleichzeitig glückliches Lächeln ließ mich ebenfalls meine Hände heben und meine Lippen zu einem warmen Lächeln formen. Wir blickten einander an und nach, bis die Bahn kreischend um die Ecke kurvte. Den ganzen Abend lang konnte ich nur an ihn denken, ich fragte mich: „Wann finden wir voreinander Ruhe?“

Ausbildung und Heizkeller

Am 17. April 1980 begann in der kommunalen Berufsschule der Qualifizierungslehrgang „Koch“. Endlich eine Ausbildung, von der ich wusste, dass ich sie durchhalten konnte, zumal ich bereits praktische Erfahrungen besaß. Es war eine Klasse, die aus hörenden Teilnehmern bestand und deren Lernmethode auf die Bedürfnisse von Hörenden zugeschnitten war. Dies war eine Hürde, die ich kannte und bewusst in Kauf nahm. Mir war es wichtig, einen Facharbeiterabschluss vorweisen zu können, um später auch andernorts Einstellungschancen zu haben. Hinzu kam, dass ich immer noch an das mir selbst gegebene Versprechen dachte, welches ich mir im Direktorenbüro gegeben hatte.
Es fällt mir erstaunlicherweise schwer, mich an die Zeit in dieser Be-

rufsschule zu erinnern: Der Unterricht war auf jeden Fall anstrengend für mich, ähnlich, wie damals an der Grundschule in S. und B. Es bedurfte einer starken Konzentrationsleistung meinerseits, um dem Stoff folgen zu können. Ich ermüdete schnell, bekam Kopfschmerzen und meine Augen brannten vom ständigen Absehen der gesprochenen Worte. Doch ich nahm alles mit, was mir auf visuellem Wege möglich war. Wenn ich nicht mehr konnte, dachte ich an das Ziel. Oft hatte im Unterricht nicht mitschreiben können, weil ich auf die Lippenbewegungen der Lehrer und Schüler sehen musste, um überhaupt etwas verstehen zu können. Dafür schrieb ich nach dem Unterricht von den Mitschülern den schriftlichen Teil ab und lernte den Stoff so nachträglich noch einmal. Nebenbei musste ich noch Spätdienste verrichten, die bis in die Nacht andauerten. Nur selten konnte ich danach gleich einschlafen. Das frühe Aufstehen war nicht so schlimm, aber das Stillsitzen und ständige auf den Mund Blicken machte schläfrig, nur mit enormer Willensanstrengung konnte ich dem Schlaf Widerstand leisten. Manchmal aber konnte ich nicht anders, ich fiel in Tiefschlaf und glücklicherweise hörte ich das Lachen der Mitschüler nicht. Es war mir auch egal, wussten diese doch selbst, wie müde der Spätdienst machen konnte.

An der Arbeit fühlte ich mich frisch und munter, ich hatte zwei gute Köchinnen an meiner Seite, die sich abwechselten. Von diesen lernte ich praktisch alles, was mir die Schule theoretisch vermittelte. Der Küchenleiterposten war inzwischen von einem jüngeren Nachfolger besetzt worden und dieser mochte Frauen mehr, als ihm und den Frauen gut tat. An den Abenden waren wir manchmal nur zu dritt oder zu viert. Wenn dann noch dazu wenige Gäste kamen, konnte es passieren, dass wir die Zeit eintönigen Vorbereitungsarbeiten widmeten, welche zu mehr Gesprächen oder derben Witzen animierten. Der Ton in der Gastronomie war rau – ja, fast derb. Ich musste mich erst daran gewöhnen, kannte ich doch diese Art der Kommunikation noch nicht. Wir hatten unter anderem auch die Aufgabe, für das Personal Essen zuzubereiten.

Manchmal kam ein junger Mann aus dem Heizkeller und holte sich sein Essen. Ich wunderte mich, warum ein so junger Mann als Heizer arbeitete. Im Laufe der Zeit bekam ich mit, dass er in Bautzen im „Gelben Elend“, einem Gefängnis saß, politische Äußerungen sollen der Grund für seine Inhaftierung gewesen sein. Und nun hatte er im Heizkeller seine Bewährungszeit abzusitzen. Er war etwas über 1,75 m groß, sehr schlank, hatte mittelblondes, kinnlanges Haar, graublaue Augen, ein attraktives Gesicht und war sehr schweigsam, was ihn mir in diesem geschwätzigen Umfeld interessant erscheinen ließ. Meist kam er in die Küche, holte sein Essen und ging zurück in seine Ecke im Heizkeller, die mit einem Tisch, Spind und Stuhl ausgestattet war. Unsere Lehrlinge fanden Gefallen an ihm und gingen in den Pausen ebenfalls in den Heizkeller. Je länger er da war, umso mehr ließ er sich in der Hauptküche blicken, fasste mal mit an, wenn es sich um schweres Heben handelte oder etwas auf die Schnelle zu reparieren war. In den Pausen stand er dann in der Raucherecke und hörte den Gesprächen der Küchenangestellten zu.

Eines Abends, es war bereits sehr spät: Meine Kollegin in der kalten Küche, eine Frau in den Vierzigern, attraktiv und sehr gesprächig, griff das Thema „Behinderung" auf und kam dabei auch auf meine Taubheit zu sprechen. Der Heizer stand dabei, ich achtete nicht weiter auf die Gespräche, war wohl einfach nur müde. Plötzlich wurde er aber lebhaft und reagierte ungehalten, er widersprach der Kollegin heftig und erregte meine Aufmerksamkeit. Beide blickten mich an und er zeigte auf die, seinen Unwillen erregende Person und wiederholte deren Worte: „Sie meinte: ′Die Arme, sie weiß doch noch nicht mal, was ein Orgasmus ist!′" Stille breitete sich aus, ich dachte an die Zeit mit Anthony und fragte mich, was Menschen doch von behinderten Menschen halten mögen.

Raoul, so hieß der Heizer, fühlte sich deshalb ebenfalls angegriffen, weil sein Vater kriegsversehrt war und nur sehr schlecht laufen konnte. Er verteidigte seinen Vater vehement, damit auch mich, die auf eine andere Weise Behinderte. Ich fand es mutig von ihm, sich so zu positionieren und wir kamen seitdem öfters ins Gespräch. Seine Zurückhaltung war etwas, was ich so nur von wenigen Männern kannte. Er erzählte mir nur kurz, dass er bei einer Frau lebe und einen Ausreiseantrag laufen habe. Sein Vater sei Rechtsanwalt und seine Mutter habe auch studiert.

In meiner Freizeit fuhr ich regelmäßig zu meinen Großeltern, zu meiner Mutter und ihrer Familie. Meiner Mutter ging es nicht gut, sie tat nur so, als wäre alles in Ordnung, was jedoch nicht der Fall war. Der Abstellraum, in der sich die Schuhe der Familie, allerlei Putzkram und Kartoffeln befanden, sammelten sich leere Bier-, Wein- und Schnapsflaschen an. Manchmal fand ich zufällig leere Flaschen in den Stiefeln oder an anderen Stellen, an denen normalerweise keine Flaschen zu finden sein sollten. Das machte mich nachdenklich. Wenn ich meine Mutter umarmen wollte, drehte sie ihren Kopf weg. Sie hatte zugenommen, sah fraulicher aus. Manchmal sagte sie mir, dass ich Opa ausrichten sollte, er möge sie besuchen oder sie würde in seine Firma kommen. Später erfuhr ich, dass sie in akuter Geldnot war. Davon durfte meine Oma aber nichts wissen. Mir gefielen diese

Heimlichkeiten nicht und ich hatte Sorge, dass die Gesundheit meines Opas darunter leiden würde.

Im Sommerurlaub 1980 fuhr ich nach B., um wie üblich Rad zu fahren und am See Erholung zu finden. Die Zeit verging schnell. Es wurde Herbst, Winter, Frühling und trotzdem blieb es um Anthony still – beängstigend still. Ich wagte auch nicht nachzufragen. Den Gerüchten zufolge war er nun verheiratet und hatte ein gemeinsames Kind mit seiner Frau.

Der Heizer – Raoul - war nett zu mir, wir lernten uns näher kennen. Wir sahen uns fast täglich, irgendwann waren wir dann ein Paar. Er stellte mich seinen Eltern vor. Sie hatten ihn, wie ich erfuhr, als Kleinkind aus dem Kinderheim geholt und adoptiert. Sie waren sehr besorgt um seine Erziehung, aber auch massiv überfordert. Das Verhältnis zwischen seinen Eltern und Raoul war, seit er von der Adoption wusste, gestört. Er hatte ein zwiespältiges Verhältnis zu ihnen, was mir am Anfang unserer Freundschaft noch nicht stark auffiel. Ich stellte ihn meiner Familie vor, er wurde von ihr angenommen. Für ihn war es schwer, in eine Familie zu kommen, die scheinbar intakter war als seine eigene.

Meine Freundin und Wohngefährtin Michaela zog zu ihrem neuen Freund. Raoul tröstete mich an diesem Abend, als ich nach Hause kam und eine halbleere Wohnung vorfand. Er rückte einen kleinen Tisch in die Küchenmitte, stellte zwei Stühle daran und holte eine Kerze, um den Raum festlich zu beleuchten. „Was meinst du, sollen wir zusammenziehen?“ In diesem Augenblick dachte ich: „Anthony ist verheiratet, es wird nie etwas mit uns werden. Dieser Mann hat eine Ahnung davon, was Behinderung bedeutet. Er hat dich beschützt.“ Und ich entgegnete: „Ja, wir können es probieren.“ Er zog zu mir und wir hatten ein unkompliziertes Verhältnis miteinander. Es war mehr Freundschaft als Liebe. Wir fühlten uns wichtig, dachten, dass wir einander etwas Geborgenheit geben konnten und gemeinsam stärker wären als allein.

Endlich rückte der letzte Prüfungstag heran. Das zu kochende Menü:
Vorsuppe
Gemischter Salatteller
Sauerbraten, Rotkraut und Kartoffelklöße
Eis mit Schattenmorellen und Sahne

Ich bestand mit der Note „gut“!

Am 23. April 1981 stießen Raoul und ich mit einem Glas Sekt auf meinen Facharbeiterabschluss als „Köchin“ an. Das Lernen hatte sich gelohnt. Ich wurde nicht mehr als „behindertes, dummes Mädel“ angesehen. Ein erstaunlicher Wandel!

Nun war ich Facharbeiterin und konnte selbstständig den Abenddienst verrichten, allein in der kalten Küche mit noch zwei Kollegen in der warmen Küche. Da ich die Rufe der Kollegen, die Speisewünsche anforderten, nicht hören konnte, ging ich selbst an den Ausgabetisch und sah nach, welche Bons eingegangen waren. Diese stillschweigende Übereinkunft führte zu einem unkomplizierten Ablauf der Arbeit trotz der Hörschädigung. Im Hotel war ich nun bekannt und auch schon ein „älterer Hase“ – ein Mitglied des Hotelteams.

Düsterer Sommer

Raoul und ich planten, den Sommer 1981 in S. bei meiner Mutter zu verbringen. Meine Großeltern freuten sich, mich im Sommer über eine längere Zeit sehen zu können, was für sie immer wieder ein besonderer Höhepunkt war. Ich war für sie Mittlerin der Welten, der stillen und lauten Welt und dadurch mehr als alle anderen Familienmitglieder mit ihnen verbunden. Wir arbeiteten bis zur Urlaubszeit und bis dahin besuchten wir öfter Raouls Eltern. Die Besuche bei ihnen waren belastend für mich, weil Raoul ein schwieriges Verhältnis zu ihnen hatte, was sich mal mehr, mal weniger auf die Stimmung aller Beteiligten auswirkte. Seine Eltern waren oft enttäuscht von ihm, er brach Versprechen oder hielt Zusagen nicht ein. Mir sagte er, dass er selbst von ihnen enttäuscht sei und ich konnte auf das Verhältnis zwischen ihnen auch keinen Einfluss nehmen.

Ende Juni fuhren wir nach S., um meine Mutter zu besuchen und Erholung zu finden. Drückende Hitze trieb uns den Schweiß aus den Poren. Meine Brüder zeigten uns Badeseen, die ich noch nicht kannte. Raoul und ich nahmen uns vor, zu einem größeren Stausee zu wandern, um dort in der Sonne zu liegen und zu schwimmen, was wir dann auch taten. Mitte der Woche, es war Mittwoch oder Donnerstag, wünschte sich meine Oma Wurst und Fleisch für das Wochenende und bat mich, es ihr zu besorgen. Sie bezog die Wurst- und Fleischwaren regelmäßig aus einem im weiten Umkreis des Harzes bekannten und sehr beliebten Fleischereigeschäft.

Wenn ich in B. war, kümmerte ich mich darum, ihre Wünsche zu erfüllen. So auch an diesem heißen Wochentag. Lust hatte ich keine, aber ich hatte es versprochen. Die frische Ware musste gleich nach B.

gebracht werden, damit sie kühl gelagert werden konnte. Ich wollte mit dem Zug nach B. fahren, das Päckchen abgeben und mit dem Gegenzug eine Haltestelle früher aussteigen, um schneller zum Badesee zu gelangen. Raoul sollte schon vorgehen, er begleitete mich noch zum Bahnhof in G. Auf dem Weg zum Bahnhof kamen wir zu einer Weggabelung zwischen G. und S., von dort konnte man auch mit dem Bus oder Auto den kürzeren Weg nach B. nehmen.

In dem Moment kam ein Motorrad auf uns zu, wir blickten uns an, nickten bei dem Gedanken, dem herankommenden Fahrer ein Zeichen zu geben, um zu fragen, ob mich dieser per Anhalter mit dem Krad mitnehmen könne. Gesagt, getan – der Fahrer brachte seine schwere MZ 250 zum Stehen, er trug schwarze Motorradkleidung aus Kunstleder und einen Helm auf dem Kopf. Seine Augen konnten wir kaum erkennen. Er fragte etwas, ich konnte es wegen des Sichtschutzes vom Helm aber nicht von den Lippen absehen. Ich wandte mich zu Raoul, schüttelte meinen Kopf. Er verstand und fragte den jungen Mann, ob es möglich wäre, mich bis B. mitzunehmen, es wäre so heiß und wir wollten noch baden gehen. Er vergaß auch nicht, ihn über meinen Hörschaden zu informieren. Ich trug nur kurze Sportshorts, ein kurzärmeliges T-Shirt und Sandalen an den Füßen. Meine Haare waren damals auf Kinnlänge geschnitten.

Die Mittagssonne knallte auf das Pflaster, mein Gaumen lechzte nach etwas Trinkbarem, ich verfluchte das Fleisch und die Wurst. Ich wusste jedoch, dass meine Oma wartete, umso mehr erleichterte mich die Aussicht auf eine schnelle Ankunft bei ihr. Ich freute mich schon auf den Nachmittag, fühlte im Geiste das kühlende Wasser auf meinem Körper. Raoul drückte mir einen Kuss auf den Mund und rief: „Ich warte auf dich an der Stelle, wo wir gestern waren!“ Ich stieg auf das Motorrad und winkte ihm zu. Motorradfahren war nichts Neues für mich, ich wusste, wo ich mich festhalten und wie ich mich der Fahrweise des Fahrers anpassen musste, damit er die Kurven leicht meistern konnte. Der Fahrtwind zerzauste mein Haar, ich genoss die Abkühlung und den Blick in Richtung der Wälder. Wie oft war ich diesen Weg von S. nach B. schon gefahren? Immer wieder gab es etwas zu entdecken und ich stellte mich innerlich darauf ein, die Burg zu sehen.

Doch der Fahrer änderte die Fahrtrichtung und nahm die Strecke, die durch den Harzwald führte. Noch dachte ich, dass er diese Strecke fuhr, um Dörfer zu umgehen und die bessere Asphaltstraße zu nutzen, fuhr er doch rasend schnell. Mit Sicherheit waren es mehr als 150 Stundenkilometer, er schnitt die Kurven scharf. Zunächst machte ich mir noch Gedanken über das Geschwindigkeitslimit: „Wenn er jetzt die Kontrolle verliert, bin ich tot! Ohne Helm, keine Chance! Wem will er hier denn etwas beweisen?“ Ich krallte mich an ihm fest und rief vor lauter Angst: „Fahr langsamer, ich glaube Dir, dass du gut fahren kannst!“ Doch er gab nur noch mehr Gas und blitzartig wurde mir klar, dass es sich um ein Spiel um Macht und Angst handelte! Eiseskälte breitete sich in mir aus, ich fing an zu zittern und betete, dass wir wenigstens bald in B. sein würden. Als wir den Hochwald erreichten, drosselte er das Tempo und fuhr in eine Waldlichtung, dort hielt er an und stieß mich vom Krad hinunter. Er sprach viel, aber ich konnte kein Wort von seinen Lippen absehen und auch nicht antworten. Wie oft war der Wald mein Beschützer, mein stiller Freund gewesen? Würde er nun mein Feind sein?

Der Fremde stieß mich auf den Boden, ich fiel weich auf trockene Blätter und Gestrüpp, sah den schwarzen Helm, blickte in hasserfüllte Augen, noch nie hatte ich solchen Hass gesehen! Ich fühlte Panik und Übelkeit aufsteigen, gleichzeitig fühlte ich mich „woanders“, an einem unwirklichen Ort, mit einer unwirklichen Person und Handlung. Die Taubheit ließ absolute Stille zu, die Wipfel der Bäume schwankten, die Sonne blitzte ab und zu hervor – unendliche Leere und Einsamkeit. Fühlte sich der Tod so an? Feuchtigkeit an den Beinen ließ mich aufmerken, wie in Trance sagte ich: „Ich muss zu meiner Oma, das Fleisch abgeben. Sie wartet!“ Der Fremde schien hin und her gerissen zu sein, was er nun tun sollte. Er redete auf mich ein, gab dann auf, riss mich in die Höhe. Noch immer in Trance sah ich an mir hinunter und richtete mich wieder her. Wieder stieß er mich mit brutalen Handgriffen vor sich her, stieg auf sein Krad und wies auf den Rücksitz. Benommen stieg ich auch auf und umfasste das kalte Leder. Der Motor heulte auf, mit einem harten Ruck hob das Motorrad ab. Die Raserei ging weiter bis B. An der Ortseinfahrt stieß er mich vom Sitz und brauste davon.

Wie unter Hypnose kam ich bei meiner Oma an. Glücklicherweise war meine Tante nicht zu Hause. Nach längerem Klingeln öffnete mir meine Oma mit einem erfreuten Lächeln, welches allerdings auf ihren Lippen erstarb, als sie mich sah. Ich gab ihr einen Kuss, legte das Päckchen vom Fleischer auf den Küchentisch und ging zum Waschbecken, ließ heißes Wasser aus dem Boiler ein und fing an mich zu waschen. Dann zog ich mir andere Sachen an und umarmte meine Oma, die mich angsterfüllt beobachtete. Ich sagte: „Der Zug wartet, ich möchte noch baden, es ist so heiß.“ Sie getraute sich nicht, mir Fragen zu stellen und ließ mich hernach gehen.

Noch immer war ich benommen, fühlte mich fremd unter den Menschen, funktionierte nur. Ich fuhr mit dem Zug nach G. und traf dort Raoul. Ich küsste ihn und sagte, dass alles in Ordnung wäre, meine Oma habe sich gefreut. Raoul konnte nicht anders als mir zu glauben, wie hätte er auch wissen können, was mir passiert war? Ich versuchte, jeden Gedanken an diesen Vorfall auszuschalten und so zu tun, als hätte es ihn nie gegeben – als wäre all dies nur ein Albtraum gewesen!!!

Schweigen

Nie war es so schwer zu schweigen! Schweigen als Antwort auf – ja, auf was? Ich dachte, man müsse mir ansehen, was passiert sei und hatte Angst vor dem Vorwurf: „Wie konntest du nur mitgehen?“ Als ich am See ankam, setzte ich mich ans Ufer und starrte ins Leere. Ich war wütend auf mich, auf Raoul und auf das Leben, das sich von dieser Seite gezeigt hatte. Der Urlaub war nur noch Fassade, mein Lächeln war falsch, meine Worte nur noch Reaktion auf Fragen.
Dennoch, ich funktionierte, und keiner merkte eine Veränderung. Nach dem Urlaub stürzte ich mich in die Arbeit, tat was der Tag verlangte und so vergingen Stunden, Tage, Wochen und Monate. Novemberkälte, normalerweise erträglich, doch diesmal wollte das Frösteln nicht weichen, ich fühlte mich unendlich müde, kraftlos und blutleer. Anhaltende Übelkeit zwang mich, einen Arzt aufzusuchen, der zunächst auf Magenschleimhautentzündung tippte. So lag ich in der kleinen Wohnung auf der Couch, quälte mich in den Keller, um Kohlen zum Heizen zu holen. Dann gab ich das Heizen auf, auch das war zu viel. Ich nahm zwei Decken, schlief und schlief.

Raouls Bewährungszeit war vorbei und er jobbte als Kellner, sein ursprünglicher Beruf war Baufacharbeiter. Manchmal schlief er nicht zu Hause und ich war darüber nicht traurig. Seine Anwesenheit war dennoch etwas, was uns ein Gemeinschaftsgefühl vermittelte. Wir waren zwei Menschen, die beide einsam waren.

Nach vierzehn Tagen war mir immer noch übel. Meine Ärztin hatte nun den Verdacht, dass ich schwanger sein könnte und schickte mich zum Frauenarzt. Aufgeschreckt von dieser Nachricht verfiel ich in sinnloses Grübeln und beschloss, nach Hause zu meinen Großeltern zu fahren. Zunächst erzählte ich es nur meiner Oma, später kam noch meine Tante hinzu, beide schüttelten ihre Köpfe und fragten, wie ich mir das Leben mit einem Kind vorstellen würde? Vorstellen konnte ich mir überhaupt nichts mehr, schon gar nicht, ein Kind zu bekommen. Ausgeschlossen!

Später wurde mein Opa eingeweiht. Am 22. Dezember 1981 ging ich in die Klinik, um eine Abtreibung vornehmen zu lassen. Ich war 24 Jahre alt und erlebte zum ersten Mal, wie sich eine Schwangerschaft anfühlt. Einem Kind das Leben auf dieser Welt abzusprechen war eine der qualvollsten Entscheidungen, die ich getroffen habe, dabei selber voll von Schuldgefühlen und Selbstvorwürfen. Doch ich konnte mir nicht vorstellen, dem Kind die Liebe zu geben, die es brauchte, um ein glückliches Erdendasein zu führen. Heiligabend konnte ich entlassen werden. Als ich zu Hause ankam, saßen meine Großeltern am Frühstückstisch. Die Küche roch nach frisch gemahlenem Kaffee, nach Butter und Brötchen. Marmelade durfte dabei nie fehlen, oft standen mehrere Gläser mit unterschiedlichen Sorten auf dem Tisch. Es dauerte lange, aber endlich fühlte ich wieder, ich fühlte Dankbarkeit und Geborgenheit. Auch meine Großeltern spürten, dass ich aufatmete, warum auch immer, es war doch in diesem Moment egal. Sie rückten meinen Stuhl, welcher zwischen den Stühlen meiner Großeltern stand, an den Tisch, meine Oma goss mir eine Tasse Kaffee ein und schenkte mir ein liebevolles Lächeln. Das war einer der schönsten Festtage, die ich je erlebt habe.

Nach Neujahr 1982 fuhr ich zurück nach K.-M. und bat den Direktor, mich vorübergehend wieder im Wohnheim wohnen zu lassen. Ich wollte Abstand von Raoul, von der Kälte, und nur arbeiten. Er genehmigte mir diesen Wunsch. So zog ich für die nächste Zeit zurück ins Wohnheim und beantragte neue Heizmöglichkeiten für meine Wohnung, um für den kommenden Winter gerüstet zu sein.

Raoul war sprachlos, als ich ihn über die Abtreibung informierte, wütend und gekränkt war er zudem auch. Er nahm mir meine einsame Entscheidung übel, versuchte aber nicht, eine Trennung zu erzwingen. Mein Leben bestand nun hauptsächlich aus Arbeit und Schlaf. Manchmal spielte ich Tischtennis oder ging mit Kolleginnen aus. Doch es wurde nicht mehr so, wie es am Anfang meiner Zeit in K.-M. gewesen war, als ich noch vor Unternehmungslust gesprüht hatte. Oft besuchte Roberts Schwester ihn, den Mann, mit dem ich eine kurze, heftige Beziehung gehabt hatte. Seine Schwester hatte bereits ein Kind und erwartete ein zweites. Ihn sah ich selten. Ich fand ihr Familienleben schön, es erinnerte mich an meine Großeltern, und ich bewunderte die sanfte Art wie sie mit ihren Kindern umgingen. Eine andere Freundin aus dem Wohnheim, Anna, erwartete auch ein Kind. Sie war Kellnerin. Auch sie zog aus dem Wohnheim in eine eigene Singlewohnung, in der ich sie besuchte. Wir hatten viele Gemeinsamkeiten.

Im Frühling zog ich zurück in meine Wohnung, auch Raoul lebte noch dort. Hatte er dort ausgeharrt oder keine andere Bleibe finden wollen? Wir schliefen ab und zu miteinander. Anthony blieb aber nach wie vor noch präsent in meinem Denken und Fühlen, auch wenn ich ihn nicht mehr traf und kein Lebenszeichen mehr von ihm erhielt. Dass ich noch einmal so intensiv lieben würde wie damals ihn, glaubte ich nicht mehr. Es ging nur noch um Zusammenhalt, um eine Zweckbeziehung, zu der irgendwann auch eine Familie gehören konnte. Die Kraft der Ars Amandi, der romantischen Liebe, ich hatte sie unterschätzt. Hätte ich ansonsten das Vertrauen in die Menschen verloren?

Im Frühling 1982 hatte mein jüngerer Bruder Jugendweihe. Inzwischen war meine Mutter geschieden, mein Stiefvater zog in eine Mansardenwohnung im gleichen Ort. Die Westverwandtschaft kam zur Feier. Es wurde ein großes Familienfest, größer und viel offizieller als die meines älteren Bruders und meiner eigenen. Meine Mutter wollte zeigen, dass sie es auch ohne Mann schaffen konnte. Manchmal, wenn ich bei ihr war, betrachtete ich sie mit Sorge, hatte sie doch stark an Gewicht verloren und sah verhärmt aus. In diesen Momenten wusste ich nicht, ob sie die Scheidung wirklich gewollt hatte und wünschte ihr, sie könne doch ein neues Glück an der Seite eines „trockenen“ Mannes finden.

Nach diesem festlichen Ereignis gehörten die Wochenenden wieder der Arbeit. Ich war frei und ungebunden, hatte keine kleinen Kinder zu versorgen, auch Raoul arbeitete an vielen Wochenenden. Dafür hatten wir in der Woche zwei Tage frei, die wir nutzten, um im Sommer ins Freibad zu gehen. Das Zusammenleben war zwanglos und immer noch unkompliziert, weil jeder von uns genug Freiraum für sich in Anspruch nehmen konnte. Raoul sprach öfter auch von der Ausreise in die Bundesrepublik Deutschland, bald müsste über seinen Antrag entschieden werden. Oft fragte er mich, ob ich bereit wäre, mitzukommen. Meine Ablehnung war für ihn unverständlich, vor allem aufgrund seiner ideologischen Sicht. Doch er konnte mich nicht umstimmen. Das hieß für uns, dass wir uns irgendwann trennen würden, die Mauer würde ein Wiedersehen verhindern. Dieser Sommer versprach jedoch, ausgeglichen zu werden.

Wieder einmal im Bad, saß ich auf meiner Decke und beobachtete die Turmspringer, Springer, die vom Drei-Meter-Brett gewagte Sprünge ins Becken vorführten. Auffallend war ein besonders großer und muskulöser Springer. Ich sah gern hin, war es doch ein kleiner Wettbewerb, und doch, die Zurschaustellung der Eitelkeiten gefiel mir weniger und ich dachte mir: „Dieser Typ hat es wohl nötig?“ Meine Haare hatte ich wieder auf Streichholzlänge stutzen lassen, es gab mir in Verbindung mit meiner tiefen Bräune eine gewisse exotische Ausstrahlung. Es gab auch keine zweite Frau in diesem Bad, die solch kurze Haare hatte wie ich. Raoul verabschiedete sich gegen Mittag, um zum Spätdienst zu gehen. Wir würden uns erst am nächsten Tag wieder sehen. Ich hatte meinen freien Tag, freute mich auf die Stunden, die noch vor mir lagen und begann, den Reißverschluss meiner Hose zu reparieren. Vertieft in das Probieren und genervt von erfolglosen Ansätzen, den Reißverschluss wieder intakt zu bekommen, vergaß ich Zeit und Raum.

Plötzlich fiel ein Schatten auf mich und ich blickte auf. Da stand doch dieser große und muskulöse Typ vom Drei-Meter-Brett: „Was will der? Hat der nichts Besseres zu tun?“ Er fragte etwas, was ich nicht verstand oder nicht verstehen wollte. Doch so schnell gab er nicht auf. Er kniete sich vor mir nieder, nahm mir die Hose aus der Hand und hatte das Problem mit ein paar Handgriffen gelöst. Ich war ärgerlich und rief: „Sie können sich das sparen, ich habe kein Interesse an einem Gespräch. Außerdem ist es auch sinnlos, denn ich bin taub!“ Doch er lachte nur und sagte, dass das kein Problem wäre, er habe einen behinderten Bruder. Es würde doch nichts schaden, wenn wir uns unterhielten. Er hätte mir gern seinen Bruder gezeigt.

Ich merkte auf und nach einem Blick in sein Gesicht, in seine Augen wusste ich, dass er die Wahrheit sagte. Er fragte, ob ich am Abend Zeit zum Ausgehen hätte, nach kurzem Überlegen sagte ich zu. Zu lange war ich schon in mich gekehrt gewesen, es würde mir nicht schaden, mal aus dem Alltagstrott auszusteigen.

Flucht vor Gefühlen

Er hieß Christoph, sein Äußeres war geballtes Testosteron, dabei sah er jedoch nicht aus wie ein Bodybuilder. Er hatte kurzes dunkles Haar, braune Augen, ein attraktives männliches Gesicht und große Bärenpranken. Wir verabredeten uns auf einen Schwatz in einer kleinen Bar, die ich gut kannte. Zuvor wollte ich noch einmal nach Hause gehen, um mich umzuziehen. Zu Hause zweifelte ich kurz: Sollte ich gehen oder nicht? Dann suchte ich in meiner Kleidertruhe nach einem passenden Outfit und entschied mich für eine schlichte, schmal geschnittene schwarze Hose und eine weiße Bluse, die mich sehr mädchenhaft aussehen ließ, dazu schwarze Riemchenpantoletten mit hohen Absätzen. Die Bräune auf Gesicht und Armen wurde durch das Weiß der Bluse noch mehr hervorgehoben, ließ das kurze, sehr dunkle Haar wie einen Helm an meinem Kopf anliegen. Ein wenig Lippenstift noch – und ich war zufrieden. Nun noch die Tasche und es ging los zum Bus.

Christoph wartete schon, hatte sich ebenfalls gut angezogen, eine lange, dunkle Hose und ein dazu passendes, helles Hemd. Nun wirkte er wie ein reifer Mann, an den „frau“ sich anlehnen könnte. Wir gingen in die Bar und bestellten uns Getränke, es war spät und essen wollte ich nichts mehr. Die Unterhaltung begann mit der Frage, wieso er ausgerechnet auf die Idee gekommen sei, mich anzusprechen, worauf er entgegnete: „Deine Uninteressiertheit hat mich neugierig gemacht! Deine Taubheit ist nichts Schlimmes, denn mein Bruder ist mehrfach behindert. Ich habe kein Problem mit Menschen, die nicht perfekt sind. Auch mein Bruder spricht anders." Ich wollte mehr wissen über sein Leben. Er erzählte, dass er im Kader für Leistungssport an einer Sporthochschule hart trainierte und nebenbei noch in der Armee sei. Also wieder ein Armeeangehöriger. Das Gespräch zog sich in die Länge, es wurde nicht langweilig, aber spät, der Wein und die Müdigkeit forderten ihren Tribut. Er fragte, ob ich mit zu ihm gehen möchte, so müsste ich nicht allein nach Hause und er könne mir auch seinen Bruder zeigen, den ich wirklich gern kennen lernen wollte. Vertrauen hatte ich, die Nacht war zu schade, um sie mit Schlaf zu verbringen. Wir gingen zu ihm nach Hause, er wohnte noch bei seiner Mutter, einen Vater gab es nicht im Haushalt. Wir kamen in eine sehr schöne Altbauwohnung, die im Erdgeschoss lag. Es war dunkel, viel konnte ich nicht erkennen. Christoph zeigte mir den Küchenofen, vor dem die Schuhe des kleinen behinderten Bruders standen und führte mich an sein Bett. Ich sah nur einen Haarschopf und lächelte. Wie gut, dass es Familien gab, die sich selbst um ihr behindertes Kind kümmern konnten. Nicht alle hatten jedoch diese Kraft! Dann zeigte er auf sein Zimmer, das sehr groß war und man sah dem Raum an, dass ein junger Mann in ihm lebte, Sportsachen, Vitaminpillen und jede Menge Studentenutensilien, wie Hefte, Bücher, Stifte, die auf einem großen Tisch ausgebreitet lagen. Christophs Zuwendung war von großer Zärtlichkeit und einer Sanftheit, die man bei ihm kaum vermutete hätte. Er sprach von Schönheit, von einen „Fallen" in Liebe, was mich sehr verlegen machte. Viel sprach für seine Aufrichtigkeit, doch ich war ein „gebranntes Kind", eine verletzte Seele. Ich war innerlich müde, weit weg vom Mut, sich auf Menschen einzulassen, die es gut mit mir meinten.

Am nächsten Morgen wollte ich mein Leben so weiterleben wie zuvor – nach Hause gehen, arbeiten und mit Raoul die Tage verbringen, die er noch da wäre. Er war mein Untermieter und nächtlicher Gefährte. Doch Christoph blieb beharrlich an meiner Seite, holte mich von der Arbeit ab, ging mit mir, wohin ich wollte und zeigte intensive Gefühle für mich. Blumen, zärtliche Gesten, freundliche Mimik, sein Warten über lange Zeit – doch seine Geduld wurde letztlich nicht belohnt. Meine Kollegen an der Arbeit bekamen seine Avancen mit, einige freuten sich – endlich ein Mann, der zu mir passen könnte, der mir Sicherheit geben konnte und mich achtete. Ich ließ mich jedoch verleugnen, wich ihm aus und sagte ihm irgendwann, dass er nicht auf mich warten solle, was ihn sehr traurig machte. Raoul erfuhr davon.

Eines Tages, im Bus, sagte er so nebenher: „Ich war in der Abteilung für Inneres und habe den Ausreiseantrag zurückgezogen! Wegen dir, ich möchte mit dir zusammenleben." Ich was sprachlos! Es begann eine erneute Phase der Annäherung zwischen Raoul und mir.

Im Juli 1982 wurde ich wieder schwanger, es war eine bewusste Entscheidung mit allen Konsequenzen. Die Müdigkeit, Übelkeit, Schwäche der ersten Monate überwand ich, indem ich viel in der Natur war, dabei Wärme tankte und indem ich schwamm. Den Urlaub verbrachte ich allein bei meinen Großeltern. Meine Oma wusste Bescheid. Es wurde September, mir ging es gut, aber das Baby blieb unter dem Normalgewicht, man sah überhaupt nicht, dass ich schwanger war. Ich ging wieder arbeiten, war dabei zufrieden und gelassen. Unsere Wohnung wurde renoviert und winterfest gemacht.

Im Oktober meinte meine Gynäkologin, dass es besser wäre, wenn ich zur Kur führe, um mich zu schonen. Raoul meinte: „Eine gute Entscheidung, ich muss sowieso viel arbeiten und bin wenig zu Hause!" So fuhr ich in Kur. Dort waren viele schwangere Frauen, die sich untereinander austauschten, die strickten und bastelten, sie machten ein wenig Gymnastik und besuchten Entbindungs- oder Kinderpflegekurse. Mein Kommunikationsproblem verhinderte, dass ich mich integriert fühlen konnte. Ich langweilte mich, hasste ich doch das Stricken und das „Heile-Welt-Spiel". Nach einiger Zeit war ich endlich wieder zu Hause – ich konnte mein Zuhause wieder schätzen, war es doch ein Ort, an dem ich mich geben konnte, wie ich war. Christoph fragte zwar noch nach mir, aber ich ging ihm aus dem Weg. Ende Oktober – das Baby hatte immer noch kein Normalgewicht. Meine Ärztin war unzufrieden und besorgt, auch weil ich nicht hören konnte und ich dadurch im Notfall Probleme hätte, die Klinik zu erreichen. Telefonieren konnte ich ja nicht selbst und damals gab es nur wenige Bürger in der DDR, die ein Telefon besaßen. Im November wies sie mich in die Frauenklinik in K-M. ein.

Frauenklinik

Nun war ich im 5. Monat der Schwangerschaft, nichts deutete für mich darauf hin, dass ich eine so genannte „Risikoschwangere" war. Es gab in der Klinik eine Station, in der Risikoschwangere aufgenommen und einer intensiveren Behandlung unterzogen wurden. Diese bestand aus Bettruhe, Infusionen und kurzfristiger Ultraschallüberwachung des Fötus. Mein Bett stand in einem kleinen Zweibettzimmer im Dachgeschoss, zwei Betten, eine Kommode, Nachttische und Besucherstühle

standen darin. In der rechten Ecke befand sich eine Waschnische. Das Fenster hinter meinem Bett ließ Sonnenstrahlen auf den Bettdecken tanzen. Im Nachbarbett lag eine junge, sehr hübsche Frau, die ein aufgeschlossenes Wesen hatte. Ich fühlte mich sehr gut, hatte Heißhunger auf Äpfel und vor allem auf Schokolade, die mir Raoul manchmal mitbrachte. Im Klinikladen kannte man mich schon. Die Ärzte gingen davon aus, dass ich bis zur Entbindung in der Klinik würde bleiben müssen. Dies bedeutete, noch vier lange Monate warten zu müssen. Da es mir sehr gut ging, versuchte ich mich auf der Station nützlich zu machen, half in der Küche beim Abtrocknen oder beim Wäschelegen und hatte ein gutes Verhältnis zu den Schwestern, die sich freuten, wenn ich kam.
Die Infusionen waren unangenehm, manchmal stand ich zu früh auf und sah dann schwarze Dunkelheit auf mich zukommen, ich fiel in Ohnmacht. Das gab Ärger, ich musste länger liegen als mir lieb war. Ab und zu kam Raoul, wenn er frei hatte. Das war aber nicht oft der Fall. Dafür kam die gehörlose liebe Frau, die die Tischtennisabteilung leitete. Wir hatten viel Spaß bei unseren Gesprächen, die von der Freiheit geprägt waren, so zu kommunizieren, wie es mir entsprach. Eines Tages brachte sie ihre ebenfalls gehörlose Schwester mit.

Meine Familie wusste, dass ich in der Klinik lag und auch lange dort bleiben musste. Von meinen Großeltern kam viel Post, alle zwei Tage und manchmal noch öfter ein Päckchen, auch ich schrieb ihnen viele Briefe. Von meiner Mutter kam ab und zu auch ein Brief, doch sie selbst konnte nicht zu mir kommen. Ich freundete mich mit der jungen Frau an, die neben mir lag. Wir erzählten uns viele, viele Geschichten, standen abends am Fenster, zählten die Sterne und tranken Saft. Zu zweit hatten wir keine Probleme, uns zu verständigen. Manchmal verstand ich nicht, was bei der Visite gesagt wurde, hatten doch die Ärzte selten Zeit, um länger an einem Bett stehen zu bleiben und sie wiederholte mir dann noch einmal, was die Ärzte gesagt hatten. Oft hatten wir etwas zu lachen – wir machten uns einen Spaß aus ziemlich ernsthaften Äußerungen der Mediziner. Schwarzen Humor – ja, den hatten wir.

Heiligabend konnte ich nach Hause und musste am Abend des 1. Feiertages am Abend wieder auf Station sein. Raoul brachte Pilze, Steak und Ananas mit, seltene Köstlichkeiten, die er zubereitet hatte. Es war ein sehr bescheidenes Fest, aber gerade deshalb sehr schön. Die größte Freude war, dass wir bald Eltern werden würden. An diesem 1. Feiertag verbrühte ich mir die linke Hand an heißem Wasserdampf und ging mit einer Mullbinde um die Hand zurück in die Klinik. Sylvester durfte ich noch einmal nach Hause und ich beschloss, etwas zu unternehmen. Raoul hatte Dienst, dafür hatte er ja Weihnachten frei gehabt. Ich entsann mich der Berichte und der Einladung der gehörlosen Frauen, die mir erzählt hatten, dass es ein Gehörlosenzentrum in K.-M. gab. Dieses befand sich in einem unter Denkmalschutz stehenden alten Giebelhaus, die Adresse hatte ich. Warum nicht mal einen Blick in das Innere dieses Hauses werfen und andere hörgeschädigte Menschen treffen? Gesagt, getan! Ich zog mir eine eng anliegende, aber um die Taille herum weite Cordhose, eine Baumwollbluse aus zartem Lila mit weißen Tupfen und hohe Stiefel an. Niemand konnte mir die Schwangerschaft ansehen, doch ich spürte, dass die Sorge der Ärzte berechtigt war. Das Gehörlosenzentrum war eher eine Art Kulturraum mit Theke und Ausschank. Im Obergeschoss befanden sich Büros und im Dachgeschoss Schlafräume, die an Gäste vermietet wurden. Ich betrat die unten angrenzenden Räume, mehrere hörgeschädigte Personen saßen dort und ich fragte, ob ich mich auch hinzusetzen dürfe. Man ließ mich Platz nehmen, die Unterhaltung nahm jedoch für mich einen zwanghaften Verlauf, der mich meinen Teil des Gespräches beenden ließ. Ich war für die anderen Anwesenden eine Fremde, der man nicht vertraute, wofür ich durchaus Verständnis hatte. Um Nähe herzustellen, bedurfte es schon eines intensiveren Kontaktes. Ich beschloss dann, bei meinen Kollegen im Hotel vorbeizuschauen und mit ihnen auf das neue Jahr anzustoßen. Sie freuten sich alle, mich zu sehen – dort fühlte ich mich besser, als zuvor im Kulturhaus. Wir verabschiedeten das alte Jahr mit Sekt, ich mit Saft. Bewusst dachte ich an das Ende eines Lebensabschnitts – im neuen Jahr trüge ich Verantwortung für ein Kind und wünschte mir einen guten Geburtsverlauf und Gesundheit für das Baby.

Neujahr verbrachte ich wieder in der Klinik, meine Bettnachbarin würde erst einen Tag später wieder kommen. Sie hatte eine große Familie, ihr Mann kam täglich und umsorgte sie sehr. Der Januar verlief ruhig, ich war erschöpft und öfter müde, aber meine Stimmung blieb anhaltend gut. Die Schwestern waren sehr nett, auch die Ärzte kannten mich nun schon länger. Im Januar nahm die Besorgnis der Ärzte zu und es wurden mir noch mehr Infusionen gegeben. Am 5. Februar sagte der Oberarzt der Station, dass eine Punktion des Fruchtwassers unumgänglich sei, es bestünde ein Verdacht auf eine Behinderung des Kindes. Nach der Fruchtwasserentnahme ging ich schweigend auf mein Zimmer und sann nach, hörte in mich hinein: „Nein, mein Kind behindert? Nein!“ Ich blieb ruhig und gelassen. Am späten Nachmittag kam der Oberarzt noch einmal und sagte, dass die Geburt am nächsten Tag eingeleitet werden müsste – erklärte, was das bedeutete. Ich dürfe am Abend nichts mehr essen. Gegen 21:00 Uhr schrak ich zusammen,

Raoul stand mit Rosen im Zimmer, er wäre dem Pförtner entwischt und würde bis zum Morgengrauen bleiben, was er auch tat. Derartige Überraschungen passten zu ihm. Er erzählte und erzählte und lenkte mich ab.

Der 6. Februar war ein Sonntag. Ein Wintertag begann. Ich wusch mich schnell und gegen 8:00 h wurde ich in einen separaten Raum auf die Geburtsstation gebracht. Dieser Raum war groß, nur zwei Betten standen in ihm. Ich lag in dem einen Bett, eine Infusion wurde gesetzt und eine junge, freundliche Schwester nahm Platz neben mir. Sie fragte immer mal wieder, ob es mir gut ginge und meinte, es wäre bald geschafft, dabei hatte es noch nicht einmal angefangen. Die Wehen kamen mit Macht, überrollten mich in Wellen, der Wehenschreiber surrte. Irgendwann kam ein Arzt, dann zwei und zuletzt auch noch der Chefarzt, was nichts Gutes verhieß. Er sagte etwas zu der Schwester, sie schaute mich bekümmert an, stand auf und legte ihre Hand auf meinen Arm: „Sie müssen in den Operationssaal, es geht dem Baby nicht gut! Sie operieren!" Hektik kam auf, die Operationsvorbereitungen liefen an, ich wurde auf eine Trage umgebettet und in den Operationssaal geschoben, vorher musste ich eine Erklärung unterschreiben. Verstanden habe ich natürlich kein Wort, es blieb noch nicht mal Zeit für eine nähere Erklärung. Noch immer kamen die Wehen mit einer mir unbekannten Wucht an Schmerz, Stöhnen half auch nicht mehr. Endlich auf dem Operationstisch, das Licht gleißend auf meinen nackten Körper gerichtet. Gurte wurden um Hand- und Fußgelenke gelegt und festgebunden, ein Tubus in den Hals geschoben und das Narkosemittel zeigte Wirkung. Tiefstes Dunkel umhüllte mich!

Ein schwaches Klatschen an meiner Wange, Rütteln an der Schulter ließ mich die Lider heben. Ich blickte in ein mir unbekanntes Frauengesicht: „Sie haben ein süßes, gesundes Mädchen! Wie soll es heißen?" Ich brachte nur ein Krächzen heraus: „Maria!" Maria wog zum Zeitpunkt der Geburt 1730 Gramm, war 43 cm groß und wurde per Notkaiserschnitt entbunden.

Mutter, Mutterschaft und Gondeln, die Trauer trugen

Als frisch gebackene Mutter zur eigenen Mutter zu fahren, was für eine neue Erfahrung! Meine Mutter konnte mir nie das geben, was ein Kind braucht, um erwachsen werden zu können. Doch die Verlockung, ihr nahe zu sein und über mein eigenes Kind einen Draht zu ihr zu finden, war riesig – ich begriff diese Situation als Chance.

Wie sie so vor der Haustür stand … Inzwischen lebte sie ja mit den beiden Söhnen allein in der großen Wohnung. Durch den Hintereingang kam man über einen Riesenflur ins abgeteilte Bad und auf den Hinterhof. Die Türen wurden nur abgeschlossen, wenn sie die Wohnung verließ, meist blieb aber die Hintertür trotzdem offen. Ja, meine Mutter stand da in ihrem gemusterten Nylonkittel mit Pulli und Rock darunter, mit flachen Schuhen. Sie war wieder mollig geworden und hatte einen kurzen Frauenhaarschnitt, wie er damals in den 80er Jahren für Frauen über vierzig gang und gäbe war. Immer noch war ihr Lächeln makellos und ihre Augen ausdrucksstark, doch ihre Körpersprache deutete auf Unrast, Abwehr und emotionale Bedürftigkeit hin. Sie konnte lächeln und ihr Lächeln war doch nur oberflächlich – eben nur, um so zu tun, als ob. Freute sie sich? Ich hatte den Eindruck, dass sie es als Teil ihre Pflicht ansah, ihrer Tochter die Einzelheiten der Babypflege nahe zu bringen, sie aber eigentlich viel lieber ihre Ruhe gehabt hätte.

Der Empfang fiel angespannt aus. Tröstlich war aber die Aussicht, dass ich, sooft ich wollte, mit dem Baby zu meinen Großeltern fahren konnte. Da sie aber wenig Platz hatten, war es schon richtig, bei meiner Mutter zu übernachten. Sie zeigte mir, wie man ein Baby wickelt, badet und füttert, wie die Ersatzmilch zubereitet wird. Das alles war sehr wichtig und allmählich bekam ich ein sicheres Gespür für die praktische Kinderpflege. Während Maria in ihrem Babykörbchen schlief, strich ich ihr neues, eigentlich ein altes Kinderbettchen, welches meine Mutter irgendwo aufgetrieben hatte, in zarten Pastelltönen. Die Farben lieferte mir ein gehörloser Malermeister, der mit meinen Großeltern befreundet war. Als Kind war ich häufig bei ihm. Er und seine Frau benutzten die gleiche alte Gebärdensprache wie meine Großeltern. Ich mochte die beiden und sie mich ebenso. Wie heilsam war doch das Ankommen in meiner sprachlichen Heimat. Maria entwickelte sich zu einem prächtigen Wonneproppen und ich staunte, was Milch alles bewirken kann. Heute weiß ich, dass meine Mutter heimlich zusätzliche Mengen an Milchpulver dazu gab. Sie hatte Glück, dass ich sie dabei nicht ertappte, wahrscheinlich wäre ich ausgeflippt.

Die Windeln wurden in einem großen Topf gekocht. Später zog ich die gekochten Windeln aus der Seifenlauge, wusch sie aus und hängte sie der Reihe nach auf die Leine. Ich ging einkaufen, spazieren, manchmal ins Schwimmbad und fuhr oft zu meinen Großeltern. Dort fühlte ich mich wunderbar heimisch. Wir saßen nun zu viert am Tisch, mein Opa hatte Maria auf dem Schoß, wie alle seine Kinder früher. Er liebte Maria abgöttisch und war über alle Maßen besorgt hinsichtlich ihrer Entwicklung. Mich störte diese Besorgtheit nicht, sie gehörte einfach zu seiner Art, sich um Menschen zu kümmern. Er war ein Mensch, zu dem man wirklich Vertrauen haben durfte, seine Zuverlässigkeit bot der Familie Sicherheit. Meine Mutter dagegen half mir mit praktischen Tipps und wir gewöhnten uns an, allabendlich eine Stunde miteinander zu reden, während wir in der Küche saßen und Abendbrot aßen. Es kam vor, dass wir in lautes Lachen ausbrachen, wenn ein heiteres Thema angeschnitten wurde. In diesen Stunden war sie mir wieder sehr nah, ich entdeckte in so manchem Augenblick ein Stück meiner frühen Kindheit wieder.

Maria lächelte viel und oft, wir waren vernarrt in sie und empfanden sie als kleinen Sonnenschein. Täglich freuten wir uns über ihr Babydasein, nur ein Mensch gönnte uns das nicht. Maria lag im Garten der Wohnung meiner Großeltern im Kinderwagen; ich erschrak, als ich hineinblickte, um zu prüfen, ob sie noch schlief: Sand lag neben ihrem süßen Gesicht.

Raoul kam öfter zu Besuch, wenn auch nur für eine kurze Zeit, aber dann war er da. So richtig vermisste ich ihn nicht. Meine Mutter besuchte an manchen Tagen ihren Ex-Mann, um nicht ganz allein zu sein. So lange sie ihn besuchte, störte es mich nicht, er war ja nicht bei uns anwesend. An den anderen Tagen wollte sie nach dem Abendessen ihre Ruhe haben, nahm eine Flasche Wein und zog die Wohnzimmertür hinter sich zu. Ich dachte mir nichts weiter dabei, zumal sie hart arbeitete und danach Ruhe brauchte. Sie las ebenso gern wie ich, wenn sie am Abend allein war, saß sie, ein Buch vor sich und eine Zigarette in der rechten Hand, auf ihrem Sofa.

Der Sommer löste den Frühling ab, danach zog der Herbst ins Land. Ich musste wieder arbeiten gehen und Abschied nehmen. Nun musste ich mich einer neuen Verantwortung stellen, dabei vor allem organisatorischen Fragen, so zum Beispiel wie ich das Babyweinen registrieren konnte, wie ich Maria früh in die Krippe bringen würde und dass ich die Arbeitszeiten an die Krippenzeiten anpassen musste. Einfach war es nicht, denn ich war vor der Entbindung auf Spätdienste eingerichtet gewesen, was sich nun nicht mehr realisieren ließ. Raoul hatte nach wie vor oft Spätdienst. Wir konnten uns jedoch abstimmen, mein Küchenleiter teilte mich zu den Frühschichten ein.

Am 15. Oktober 1983 traten Raoul und ich vors Standesamt und gaben uns das Ja-Wort. Wir heirateten nur zu zweit, ohne Trauzeugen und Gäste. Es gab zwei Unterschriften von Trauzeugen, das genügte. Ich hatte eine weiße Bluse und schwarzen Rock an, dazu Absatzschuhe; ein kleiner Brautstrauß gab dem Ganzen einen Touch Festlichkeit. Raoul trug einen Anzug, ein weißes Hemd und schwarze Schuhe. Sehr schlicht war die Zeremonie, mir war dabei fast wehmütig ums Herz, denn ich hatte Anthony immer noch nicht vergessen. Ich vermisste ihn doch sehr, seine echte Innigkeit und seine Nähe. Doch all dies war tief in mir verborgen und ich wollte die familiäre Bindung als Sicherheit für mich und das Baby. Ich machte denselben Fehler, den meine Mutter auch gemacht hatte. Nur konnte ich es zu diesem Zeitpunkt noch nicht erkennen.

Raoul begann nervös zu werden, wenn Babygeschrei durch die Wohnung hallte oder wenn Windeln zu wechseln waren. Er blieb nun viele Nächte weg und begründete dies mit der Ruhe, die er brauche. Ich hätte damit ja kein Problem, da ich sowieso nichts hören würde. Meine Hauptsorge war, eine Lösung zu finden, wie ich nachts wach werden konnte, wenn Maria schrie. Meist holte ich sie zu mir ins Bett, wachte schnell auf, wenn sie sich bewegte oder ich hatte einen mehr als unruhigen Schlaf, der mich häufig wach werden ließ und an ihr Bettchen trieb. Mein mütterlicher Instinkt funktionierte hochsensibel. Glücklicherweise hatte ich nun eine neue Freundin gefunden, die im Hause wohnte und selbst zwei Kinder hatte. Die Kindererziehung war ein zentrales verbindendes Thema.

Eines lauen Sommerabends blitzte das Blitzlicht der Klingel lange und ich öffnete die Tür. Der athletische Hüne, der einen behinderten Bruder hatte, stand vor der Tür und hielt inne, als er das Baby auf meinem Arm und den Ring an meinem rechten Ringfinger sah; fragend blickte er mich an. „Ja, es ist mein Kind und ich bin nicht mehr frei!" Traurig wandte er sich ab.

Die Tage bekamen einen regelmäßigeren Rhythmus. Maria begann durch die Räume zu krabbeln. Ich musste sehr aufpassen, dass sie nicht noch einmal den Waschmaschinenschlauch aus dem Waschbecken zog, der die ganze Küche in ein Überschwemmungsgebiet verwandelte konnte, wie es ihr einmal passiert war. Eine Mieterin unter uns regte sich furchtbar auf, dass es ausgerechnet ihr, einer höher gestellten Parteigenossin, passieren musste, dass Wasserflecken ihre Wohnzimmerwände verunstalteten. Sie regte sich häufig auf, alles sei so schlimm, und überhaupt, was wäre ich für eine Mutter, die nicht hören könne! Wie war ich froh, ihr Gezeter hinter meinem Rücken nicht zu hören, davon aber blieben die restlichen Mieter im Hause leider nicht verschont. Ich machte Raoul klar, dass wir eine andere, größere Wohnung brauchten. Raoul stimmte dem zu, es dauerte nicht lange und wir fanden eine andere Wohnung. Diesmal war es eine Parterrewohnung. Es sollte sich zeigen, dass es gar nicht gut war, als gehörloser Mensch in einer Erdgeschosswohnung zu leben. Diese Wohnung musste noch hergerichtet werden und Raoul hatte Freunde dafür gewonnen. Er war nicht mehr derselbe Mann, den ich als ledige Frau kennen gelernt hatte. Es zeigte sich, dass er die Vaterrolle hasste und vor der Verantwortung flüchtete. Hier fühlte er sich unbeholfen und unfähig. Er hatte wohl als Heimkind keine Vorstellung davon entwickeln können, wie es ist, Vater zu sein.

Irgendwann konnten wir umziehen und hatten mehr Platz, die Räume waren in Kinderzimmer, Wohnzimmer, Flur und Küche aufgeteilt. In der Küche gab es eine Einbaudusche, Luxus für einfache Bürger der DDR. Die Toilette befand sich eine Etage tiefer.

Die Küchen- und Kinderzimmerfenster gaben einen Blick auf den Hof frei, die Wohnzimmerfenster waren auf der Straßenseite. Man konnte die Leute sehen, die vorbeigingen. Unsere Doppelbettcouch stand im Wohnzimmer. Unsere Möbel waren sehr schlicht, aber doch individuell und schön hergerichtet. Wir hatten uns einige wichtige Elektrogeräte vom Ehekredit, wie er jungen Eheleuten damals gewährt wurde, gekauft. So hatten wir eine gute Grundausstattung, auf der wir aufbauen konnten. Doch Raoul brauchte viel Geld – wofür? Ich wusste es selbst nicht. Er wurde schnell wütend, wenn ich ihn darauf ansprach, aber auch schnell wieder sanft, er brachte oft Nahrungsmittel mit, für die man anstehen musste, wie zum Beispiel Bananen, Ananas, Pilze und Fleisch.

Maria konnte nun schon etwas laufen. Wenn ich sie aus der Krippe abgeholt hatte, gingen wir täglich auf den Spielplatz, bis es Zeit war, Abendbrot zu machen. Ich kochte Vanille- und Schokopudding, bereitete Quarkspeisen zu und zauberte oft leckere Kuchen. Es war eine sehr schöne Zeit, die Maria und mir allein gehörte. Mein Küchenleiter bot mir an, in ein Versorgungszentrum innerhalb der Hotel- und Gaststättenorganisation zu wechseln, da ich dort mehr in Frühdienste eingeteilt werden könne. An Feiertagen könne es allerdings zu Ausnahmen kommen. So vergingen die Monate.

Das Jahr 1984 begann mit Kälte und grauen Seelenschauern. Mit Raben, die kreisten und nach Greifbarem Ausschau hielten. Oft fuhr ich mit Maria zu meinen Großeltern. Inzwischen hatten meine Großeltern ein zusammenklappbares weiches Babybett im Schlafzimmer aufgestellt, so dass ich nun doch mit Kind bei ihnen übernachten konnte. Maria schlief nun die Nächte durch. Wieder einmal fuhr ich hin und normalerweise holte mein Opa uns am Bahnhof ab. Diesmal jedoch stand meine Oma, die kaum jemals ihre vier Wände verließ, auf dem Bahnsteig. Nachdem wir ausgestiegen waren, umarmte sie uns und sagte, dass mein Opa krank sei. Er fühle sich unwohl, hatte plötzlich Sehprobleme. Als wir vor dem Haus standen, sah ich meinen Opa hinter der Gardine am Fenster stehen und auf uns warten. Er wirkte wie immer, als wir uns umarmten, erzählte, dass er sich bei der Arbeit an einer Tischkante gestoßen und seitdem Sehstörungen hätte. Der Arzt hätte ihn krankgeschrieben und er müsse noch weiter behandelt werden, wenn der Hausarzt wieder da sei. Derzeit käme das Wochenende dazwischen.

Wir fuhren nach dem Essen gemeinsam mit meinem Onkel, der ein Auto besaß, zu meiner Mutter. Dort ging mein Opa direkt auf den Hof und suchte meine Brüder. Der ältere Bruder bastelte an seinem Motorrad und der jüngere war in der Werkstatt. Mein Opa fragte, wie sie sich im Fußballspiel machten und verabschiedete sich, was er sonst nie tat. Nach der Kaffeestunde brachen meine Großeltern und mein Onkel wieder auf, ich blieb mit Maria für eine Nacht bei meiner Mutter und wollte am nächsten Tag wieder zurückfahren.

Mein Opa umarmte wie stets seine Tochter liebevoll, kam dann zu mir und Maria „Sabine, morgen kommst du doch?“ Ich wunderte mich über diese Frage, denn wenn ich versprach, zu kommen, kam ich auch. „Ja, Opa, natürlich komme ich, ganz sicher!“ Er nickte, drückte mich und sagte: „Pass gut auf dich und Maria auf!“ Dann strich er Maria über die süße Babywange, sie juchzte. Abends, vor dem Einschlafen, dachte ich noch, seltsam, dieser Abschied. Wenn es Vorahnungen gibt, dann erlebte ich gerade eine der gravierendsten meines Lebens. Ich war sehr müde, träumte aber schlecht.

Irgendwann in der Nacht kam meine Mutter und weckte mich mit einem: „Pssst, sei leise, komm in die Küche!“ Dort saß mein Onkel auf einem Küchenhocker, beide Hände bedeckten sein Gesicht. Er verharrte in dieser Pose und blickte nicht auf. Meine Mutter blickte zu ihm und dann zu mir, und sprach mit schleppender Worten: „Dein Opa ist eingeschlafen, in Omas Armen!“ Ich konnte weder sprechen noch weinen und hatte das Gefühl, zur Salzsäule zu erstarren.

Am nächsten Tag fuhr ich zu Oma und versprach, bei ihr zu schlafen. Ich ließ mich krankschreiben und spürte kaum etwas, was um mich herum geschah. Allein Maria vermochte es, mich aufzuheitern und mich für Stunden in die Realität zurück zu holen. Meine Oma erzählte mir, dass Opa furchtbar schlecht gewesen sei. Sie sei in ihrer Aufregung hilflos gewesen, einen Notarzt konnte sie ja nicht selbst anrufen, und die Zeit, die nötig war, um die Schwiegertochter und den Sohn, die nebenan wohnten, zu wecken und herbeizuholen, habe wertvolle Sekunden gekostet. Der zweite Infarkt kam schneller und war diesmal tödlich. Zum ersten Mal war ich wütend, wütend darüber, dass es für gehörlose Menschen noch solche Abhängigkeiten gab, die über Leben und Tod entscheiden konnten.

Mein Herz tat unendlich weh, mein Opa war nicht mehr. Er, der dafür gesorgt hatte, dass die Familie zusammenkam und auch zusammenhielt. Mir fehlte sein Streichen über meinen Kopf, das Feststecken der Bettdecke, sein Poltern und Schimpfen, wenn ich nicht gehorchte, seine Liebe zu meinem Kind und seine beständige Geduld, wenn ich erzählte. Große Angst hatte ich auch um meine Oma, wie würde sie mit der neuen Situation zurechtkommen, wusste ich doch um die enge Bindung der Großeltern zueinander. Wie sollte sie mit der Leere in ihrem Leben klarkommen, sie war nun Witwe. Witwen gab es sehr viele, manche waren selbstständig, manche weniger, alle konnten jedoch hören, Hören, das die Welt in die Wohnung zu bringen vermochte. Meine Oma, die kaum Kontakte hatte, außer zu ihren Kindern, Enkelkindern, Urenkelkinder und einem gehörlosen Ehepaar, wie sollte sie mit der neuen Situation klar kommen? Die Beerdigung war sehr schön, ganz viele Menschen kamen, um meinem Opa die letzte Ehre zu erweisen. „Amazing grace …“ – der Auftakt für das Zerfallen der Familie.

Ich fuhr nach 14 Tagen wieder nach K.-M. ab, um mein Alltagsleben wieder aufzunehmen. Maria war in der Kindereinrichtung vollauf integriert, die Erzieherinnen wussten, dass ich eine mehr oder weniger allein erziehende Mutter war, die nichts hören konnte und sprachen mich auf eine verzögerte Sprachentwicklung Marias an. Dies führte dazu, dass ich um eine verstärkte Förderung für mein Kind bat, es sollte sprachlich besser gefördert werden, zumal ich ja nicht mit ihr singen oder so sprechen konnte, wie es hörende Mütter tun. Ich las ihr etwas vor, aber das Vorlesen war doch anstrengender, als ich es noch aus der Schulzeit kannte. Meine eigene Stimme konnte ich nicht mehr kontrollieren. Ich sprach in manchen Bereichen nicht sehr deutlich und oftmals in sehr leisem Ton. Die Erzieherinnen erkannten das Problem schnell und konnten so mehr auf Marias Sprachförderung eingehen, man sang mit ihr und erzählte ihr viel. Sie konnte schnell wieder Anschluss finden. Wenn ich mit ihr allein war, wandte ich häufig auch Gebärden an, jedoch nicht als umfassende und kontinuierliche Gebärdensprachform, wie sie bei Gehörlosen die Regel sind. Ausschließlicher Umgang mit hörenden Menschen beinhaltete für mich das Anerkennen ihrer Sprachform und kulturellen Regeln, dazu gehörte auch die Anerkennung der Welt meines hörenden Mannes.

Eine Zeit lang musste der Kindergarten, in welchem Maria tagsüber betreut wurde, schließen, damit Renovierungsarbeiten durchgeführt werden konnten. Das war Anlass für die Unterbringung in einem Ersatzkindergarten, der mitten im Zentrum der Stadt lag. So brachte ich Maria zuerst dorthin und fuhr weiter zur Arbeit.

Eines Tages, als ich mit Maria auf dem Arm zur Bushaltestelle gehen wollte, kam mir eine Frau entgegen, die mir so bekannt vorkam, dass mein Herz anfing wie wild zu klopfen. Das war doch Anthonys Mutter, wieso war ihr Haar so ergraut, sie war doch nicht viel älter als meine Mutter? Sie kam sichtlich erfreut auf mich zu und fragte: „Oh,

Sabine, so lange haben wir uns nicht mehr gesehen! Wie geht es Dir? Du hast ein Kind?“, und blickte auf Maria, die ich auf meiner Hüfte trug. „Ja, das ist meine Maria! Was macht Anthony?“ Ihre Mimik erstarrte und mit Kummer im Blick fragte sie: „Du hast es noch nicht erfahren?“ Eiseskälte ließ mich erschauern, ich konnte die Blässe, die mein Gesicht überzog, fühlen, als ich ihre Frage verneinte. „Er ist 1981 bei einer Motorradfahrt tödlich verunglückt!“ Ich musste mich mit Maria an einer Hauswand anlehnen, so schwindlig war mir. Auch seine Mutter war sichtlich mitgenommen, ihre Erinnerung wurde zu mächtig, so dass sie sich schnell von mir verabschiedete. Was hätte ich auch noch fragen können? Anthony war tot und ich würde ihn nie wieder sehen. Das erklärte auch, weshalb ich ihn so lange nicht mehr gesehen und nichts vom ihm erfahren hatte. In dem Moment bereute ich bitter, seine Bilder weggeben und seine Briefe verbrannt zu haben. Ganz benommen fuhr ich mit Maria nach Hause und als sie am Abend im Bett lag, fing ich an zu weinen. Erst jetzt war mir klar, wie sehr auch er mir fehlte, wie stark er meinem Opa ähnelte und wie lange ich schon versuchte, ihn in anderen Menschen wieder zu finden. Mich schauderte es, wenn ich daran dachte, wie früh sein Leben geendet hatte und welche Pläne er nicht mehr umsetzen konnte.

Diese Liebe und diese schwarzen Raben, die über ihr kreisten. Zwei liebste Menschen neben meinem Kind, meiner Oma und Mutter waren zwar fort, doch diese Liebe ließ sich nicht einfach so beenden. Die Wunde war sehr groß, wann würde sie sich schließen?

Die Zeit sollte heilsam wirken …

Zorn

Mein Mann war nun bei der Armee – und ich weiß gar nicht mehr, wo er stationiert war. Auf jeden Fall nicht in der Nähe seiner Heimatstadt. Die Zeit dort tat unserer Ehe gut, er hatte Distanz zu seiner Familie und hinzu kam, dass die Disziplin des Armeelebens einen positiven Einfluss auf sein Bewusstsein zu haben schien, ihm wurde klar, dass es einer gewissen Verantwortung für sich und andere bedurfte, um eine zwischenmenschliche Beziehung aufrecht zu erhalten. Ich schöpfte neue Hoffnung. Er kam öfter zu Besuch und wir hatten schöne Erlebnisse in dieser Zeit, es waren Erlebnisse wie Spaziergänge, Gespräche, Kochen und die Abende gemeinsam zu verbringen. Maria war inzwischen vier Jahre alt.

Meine Hausärztin stellte bei einer Blutuntersuchung fest, dass mit meiner Lungenfunktion etwas nicht ganz in Ordnung war, was sie zu einer Klinikeinweisung veranlasste, damit abgeklärt werden konnte, ob es sich um eine ernstzunehmende Erkrankung handelte. In B. gab es ein Lungensanatorium, in dem auch meine Oma schon einmal gelegen hatte. Ich dachte an dieses und entschied, mich dort einweisen zu lassen. Schweren Herzens übergab ich Maria in die Obhut meiner Mutter, die sich zwischenzeitlich einen Hund, einen Beagle zugelegt hatte. Es wurde eine Sarkoidose-Entzündung der Lungenbläschen festgestellt, was eine längere Heilbehandlung von acht Wochen erforderlich machte. Meine Mutter kam mich nicht besuchen, um Maria nicht aufzuregen. Ich hatte oft Ausgang und ging dann zu meiner Oma, die sicher sehr glücklich über meine Gesellschaft war. Wir hatten immer etwas zu bereden, mit ihr konnte man sich lange und intensiv unterhalten, was auch mir sehr gut tat. Als ich entlassen wurde und Maria abholte, sah ich sie hinter dem Hund herlaufen und ihn am Schwanz ziehen. Am Anfang war sie vor dem Hund weggelaufen, nun war es umgekehrt, ein lustiges Bild, das sich mir einprägte.

Wieder zurück widmete ich mich verstärkt meinem Kind. Es wurde Weihnachten und der Jahreswechsel stand bevor, ich musste an den Feiertagen - außer an Heiligabend - arbeiten. Entweder war Maria bei meiner Freundin oder eine sehr liebe Omi aus dem Haus kümmerte sich um sie. Selbst Heiligabend waren wir bei ihr und ihrer Familie eingeladen und herzlich willkommen. Mich bedrückte der Umstand, mein Kind wegzugeben, während ich arbeiten musste. Die Anwesenheit des Vaters wäre dringend nötig gewesen. An Sylvester arbeitete ich auch und übernachtete bei einer Kollegin, da ich Neujahr bis zum Nachmittag gleich weiter arbeitete.

Auf dem Heimweg beschlich mich ein ungutes Gefühl. Bevor ich die Straße zu meiner Wohnung erreichte, empfing mich eine hässliche Ratte, die Ekelgefühle in mir hervorrief. Wie oft tanzten doch die Ratten nachts in der Hotelküche, wenn ich als letzte das Licht ausmachte. Wie oft ekelte ich mich, auf die Toilette zu gehen, wenn das Wasser von roter Beete abgegossen wurde, in dem sich Ratten verbrüht hatten? Je näher ich der Wohnungstür kam, umso seltsamer blinkte es auf dem Fußweg. Mir wurde klar, dass es Scherben waren. Eine Feuerwerksrakete hatte unser Fenster getroffen und eiskalte Luft zog hinein. Im Wohnzimmer fehlte glücklicherweise nichts, außer dass der Weihnachtsteller mit der Schokolade geplündert worden war. Was sollte ich tun? Scheußliche Sorgen, die mich schier zur Verzweiflung brachten, war doch in diesem Staat nichts mehr heil. Die Häuser verfielen, ganze Straßenzüge bedurften dringend der Sanierung und die Gebäudewirtschaft hatte kein Geld, es konnten ja nicht einmal marode Rohre ausgewechselt werden. Wenn Rohre einfroren, war die Wasserzufuhr unterbunden. Wenn der Schornsteinfeger kam, war die Wohnung voller Ruß. Gerüchte kamen auf, dass die DDR bankrott sei und dass es in diesem Staat rumore.

Ich bekam Obst und Gemüse, ohne mich anstellen zu müssen, weil man mich kannte und wusste, dass ich mit meinem Kind allein war. Menschlichkeit gab es an vielen Ecken, meist dort, wo man gar nicht mit ihr rechnete. Regelmäßig kam Post von meiner Oma, sie litt zunehmend unter ihrer Einsamkeit. Mir waren jedoch die Hände gebunden, ich konnte nicht so oft zu ihr fahren, wie es ihr gut getan hätte. Ihre Tochter, ihre Söhne und deren Frauen kümmerten sich um ihr körperliches und auch um ihr seelisches Wohlbefinden, sie waren jedoch außerstande, die Isolation meiner Oma ganz aufzuheben oder auch nur abzumildern. Sie verbitterte und wurde wehleidig, klagte über vielerlei körperliche Beschwerden, die auch aus einer einseitigen Lebensweise, wenig Bewegung und ungesunder Ernährung resultierten. Oft dachte ich an sie und wünschte mir, dass es irgendwann eine bessere Einbindung alter Menschen, die nichts hören konnten, in die Gesellschaft gäbe. Wie gut wäre es doch, eine Art Generationenwohngemeinschaft zu haben. Doch wie wäre dies zu bewerkstelligen? Ich musste zusehen, dass ich selbst stark blieb, um stark für meine Tochter zu sein. Dennoch liebte ich meine Oma sehr.

Raoul schrieb seit zwei Monaten nicht mehr, er sprach mal von Manöverübungen, während derer sie nicht schreiben oder sich melden konnten und durften.

Eines Vormittags klingelte es und als ich öffnete, schoben mich zwei oder drei Staatssicherheitsbeamte, die sich als solche auswiesen, zur Seite, durchsuchten die Wohnräume und als sie gingen, riefen sie mir mit barscher Mimik zu, dass ich das Auftauchen meines Mannes zu melden hätte. Äußerst verunsichert und beunruhigt ging ich auf das zuständige Polizeirevier und fragte, was da los sei, doch gab man mir keine Auskunft. Erst eine Woche später kam ein mir unbekannter Mann vorbei und übergab mir einen Brief von Raoul. Er wäre mit seinem LKW und noch anderen Soldaten in einem abgelegenen Ort stecken geblieben, man hätte sie vermisst und eine Suchaktion gestartet. Ich war es so Leid, immer war irgendetwas los, wenn Raoul einmal aktiv wurde.

Maria wurde dann auch noch krank, sie bekam eine schwere Bronchitis, die ihre ohnehin anfälligen Atemorgane stark angriff, woraufhin sie in die Kinderklinik eingewiesen werden musste. Die Sorge um sie betäubte mich. Täglich nach Feierabend besuchte ich sie und blieb so lange, bis die Schwester mich fortschickte. Ich fühlte mich während dieser Zeit sehr erschöpft und auch allein gelassen mit meinen Sorgen. Glücklicherweise hatte meine Freundin Zeit und war offen, um mir zuzuhören, wenn ich mal reden wollte und musste. Es war dies eine Gesprächsebene auf Gegenseitigkeit.

Nachdem Raoul seine Armeezeit beendete hatte, ich glaube, es war 1986, kehrte er nach Hause zurück und begann, wieder als Kellner zu arbeiten. Meist schlief ich schon, wenn er nach Hause kam. Meine Freundin meinte eines Tages, dass er nach seiner Schicht noch zu einer anderen Frau ginge, die ich kannte. Ich sprach ihn darauf nicht an, um keinen Streit zu provozieren. Als ich diese mir bekannte Frau im Bus traf, setzte ich mich neben sie und fragte: „War es wenigstens schön?“ Sie blickte mich verlegen an und tat so, als wisse sie nicht, wovon ich sprach.

Raoul trank immer mehr Alkohol, schlief lange bis in den Vormittag hinein und rastete häufig aus, wenn ich etwas sagte. Ich war so müde, die Geschichte wiederholte sich – mein Stiefvater zeigte sich hier nun in anderer Gestalt. Unberechenbarkeit und impulsive Gewaltausbrüche, er zerstörte wahllos Gegenstände, schmiss Essen an die Wand. Ich hatte Angst, weniger um mich als um Maria. An seiner Arbeitsstelle bekam er Ärger. Er schien oft zu fehlen und zudem unzuverlässig zu sein. Meine Kolleginnen sprachen mich darauf an, dass Raoul hinter meinem Rücken fies über mich spräche und fragten, warum ich mir dies gefallen ließe. Bis dahin wusste ich es ja noch nicht einmal. Seine wechselnden sexuellen Eskapaden waren nun auch kein Geheimnis mehr. Wenn er nüchtern war, konnte er der netteste Mensch der Welt sein. Dann kaufte er Geschenke, Spielzeug und Bücher für Maria und mich, bat um Verzeihung, heulte und bereute … Er war sehr eitel, putzte seine Zähne mit „Ata“, einem Scheuermittel, damit sie weiß glänzten, kaufte sich teure Garderobe und roch gut. Nach Trinkgelagen wurde er von Magenkrämpfen geschüttelt, die in Erbrechen übergingen. Ich hoffte, dass seine körperlichen Qualen ihn zur Besinnung brächten und vom Alkohol Abstand nehmen ließen. Doch das war nicht der Fall. Es kam vor, dass er seine Hose auf einer Parkbank liegen ließ, im Glauben, er wäre zu Hause und neben ihm stünde ein Stuhl. Den Anblick, ihn ohne Hose vor der Tür stehen zu sehen, hab ich nie vergessen. Er tat mir Leid, viel zu lange tat er mir Leid.

Während der Arbeitszeit hatte ich viel zu tun, was mich von den häuslichen Problemen ablenkte. Ich wünschte seit Längerem, Raoul würde ausziehen, was dann eines Tages auch geschah.

Er ging als Kellner in den Harz, um dort in Heimen der Gewerkschaft zu arbeiten. Der Freie Deutsche Gewerkschaftsbund hatte Erholungsstätten und in diesen gab es immer Arbeit. Nun ging er in einen Ort, der meiner Heimat nicht allzu fern lag.

Wie froh war ich, hatte ich doch nun endlich Ruhe vor ihm und konnte ohne Angst für Maria da sein. An den Abenden, wenn ich allein war, dachte ich an mein Glück, dass Maria da war, dass ich ihre Mutter war und sie mir ihre kindliche Welt zeigte. Diese Welt war mein Anker, sie war unverdorben und unschuldig. Ich dankte dem Schicksal dafür, denn es verlieh mir die Kraft, weiterzumachen. Ich hatte keine Zeit zum Nachdenken, das Leben verlangte von mir, dass ich meinen Pflichten nachkam. Aber es hatte auch wunderschöne Seiten. Viel, viel Zeit verbrachten Maria und ich mit Malen, Vorlesen, Spaziergängen, Kochen und – natürlich – mit Kuscheln. Zwischen mir, der gehörlosen Mutter und dem hörenden Kind gab es keine Kommunikationsprobleme, wenn wir uns ansehen konnten. Maria sprach sehr deutlich artikuliert und benutzte auch eine ureigene Körpersprache, die eine ergänzende Verständigung ermöglichte. Das Band zwischen uns war sehr stark, wohl zu stark, was später zu Ablösungsproblemen zwischen uns führen sollte. Leid tat mir Maria, wenn sie mich rief und ich einfach weiterging, sie vergaß oft, dass ich taub war und wunderte sich dann, dass ich auf ihre Rufe nicht reagierte. Ich wollte sie beschützen, so gut ich konnte und fühlte, dass ich mich von Raoul trennen musste, um einen neuen Weg zu gehen.

Meine Mutter kam mit ihrem Ex-Mann zu Besuch. Sie erzählte mir, dass sie sich mit ihm wieder sehr gut verstände. Sie würden sich gegenseitig besuchen, so wäre keiner allein. Er trank nicht viel bei mir, aber seine Unberechenbarkeit ähnelte der Raouls´. Ich konnte ihn zurechtweisen, wenn er plötzlich beim Essen anfing, laut zu brüllen, wenn ihm etwas nicht passte. Es war meine Wohnung und er hatte sich anzupassen oder er konnte wieder fahren. Das half, er riss sich zusammen. Trotzdem war ich wütend auf meine Mutter, dass sie sein Verhalten zuließ und ihn mitbrachte. Was für einen Sinn sollte das Ganze haben? Auf heile Familie setzen, die keine war?

Die Zeit verging und wir hatten nun das Jahr 1987. Raoul kam auf Urlaub und ich war so nett, ihn mit Maria zum Zug zu bringen. Zu Hause merkte ich, dass ich meine Handtasche mit Geld und Ausweis auf seiner Reisetasche gelassen hatte. Glücklicherweise hatten wir Wochenende, so dass meine Freundin auf Maria aufpassen konnte, mir Geld für die Fahrkarte gab und ich ihm nachfuhr. Im Ferienheim, in dem er arbeitete, hatte er ein Zimmer.

Er war noch nicht da. Der Portier gab mir einen Zweitschlüssel, ich war ja seine Frau und ich wartete dort auf ihn. In seinem Zimmer lagen Briefe von einer anderen Frau, bei der er auch war. Als er kam, ließ ich mir Tasche, Geld und Ausweise geben und ging ohne ein Wort zu sagen. Zu Hause angekommen, ließ ich mir vom Amtsgericht Scheidungsunterlagen zuschicken. Diese erhielt Raoul und er kündigte umgehend sein Arbeitsverhältnis, um wieder zu uns zu kommen. Mir passte diese Wendung überhaupt nicht, er hing zu Hause rum und war furchtbar gereizt, nicht zu ertragen.

An einem Vormittag, während der Frühstückspause, kam eine mir vom Sehen bekannte Frau auf mich zu und sprach mich an. Fragte, ob ich gehörlos sei, was ich bejahte. Sie sagte, dass sie beim Gehörlosenverband arbeitete, ich könnte ja mal vorbei schauen. Das tat ich dann auch, sie suchten dort gerade eine Sachbearbeiterin für Kultur. Alle Mitarbeiter des Gehörlosenzentrums waren gehörlos, bis auf die Frau, die mich angesprochen hatte. Mir gefielen diese Menschen sofort, ich bekam ein Gefühl der Verbundenheit und die enorme Anspannung löste sich ein wenig, diesem ständigen Anpassungsdruck und der Müdigkeit des täglichen Kampfes in der Welt der Hörenden. Ich hoffte, diesmal besser von den gehörlosen Menschen aufgenommen zu werden. Zum Glück war der Geschäftsführer selbst ertaubt, so war es nichts Neues für gehörlose Menschen, mit ertaubten Personen umzugehen. Es gab noch einen älteren, weißhaarigen Herrn, der sehr gütige Augen hatte, zu ihm hatte ich sofort Vertrauen. Später sollte ich noch einen Mittfünfziger kennen lernen, der eine Lanze für mich brechen würde. Es war der Vorsitzende des Gehörlosen- und Schwerhörigenverbandes in K.-M.-St.

Ich reichte meine Bewerbung ein, der Geschäftsführer fuhr mit mir ins Hauptsekretariat nach Berlin, damit ich mich dort vorstellen konnte. Ich wurde angenommen, meine Freude war aufrichtig und groß. Im März 1988 unterschrieb ich einen Aufhebungsvertrag und kehrte nach neun Jahren Arbeit der Gastronomie mit leisem Bedauern den Rücken.

Schien da etwa Licht am Ende des Horizonts?

Sprung über die Schatten

Am 1. März 1988 öffnete ich die Eingangstür dieses kleinen, sehr alten und denkmalgeschützten Fachwerkhäuschens, unterhalb einer steilen Anhöhe, die zur Schlosskirche führte, diesmal als neue Arbeitnehmerin. Wenn man den mit Steinfliesen ausgelegten Hauptflur betrat, roch man diese jahrhundertealte Erdkühle und Feuchtigkeit, zu der sich noch der Gaststubengeruch von Gebratenem, Hefeweizen und Rauch gesellte. Links von der Tür befanden sich die Toiletten und rechts führte eine andere Tür in die Gaststube, die Küche und die Clubräume, es gab auch einen Keller, von dort aus führte ein unterirdischer Geheimgang in die Kirche. Auf der ersten Etage befanden sich Vereins- und Arbeitsräume des Sekretariats, in dem auch ich meinen neuen Arbeitsplatz hatte. Die Dachräume waren für Übernachtungen vorgesehen. Irgendwie wollte dieses Ambiente nicht zu den Inhalten der Vereinsarbeit passen, ich fühlte mich immer mal wieder in eine andere Zeit versetzt.

Ich hatte nun einen Büro- und Schreibtischjob, die Stelle wurde als „Sachbearbeiter für Kultur" deklariert und ich lernte zunächst alle Mitarbeiter kennen, davon waren zwei Mitarbeiterinnen hörend. Es war eine sehr große Umstellung, von produktiver auf verwaltungstechnische Arbeit umzusteigen. Ich lernte zunächst, „richtig" zu schreiben, belegte Schreibmaschinenkurse und eignete mir alle wichtigen formalen Kenntnisse an, die man im Umgang mit Behörden beherrschen musste. Meine Leiterin war sehr offen für mich, sie kannte meine aktuelle persönliche Geschichte und wusste, dass ich im Begriff war, meine Ehe zu beenden. Dabei unterstützte sie mich sehr. Was war es, was diese Frau vermochte? An mich zu glauben! Nun lernte ich die hörgeschädigten Menschen kennen, die diese Stelle aufsuchten und ich fühlte, dass ich es schaffen würde, ihnen näher zu kommen.

Jeden Dienstag war ein langer Sprechtag, von früh bis abends um 18:00 Uhr. Ich kannte inzwischen schon sehr nette gehörlose Menschen, darunter war auch ein Mittdreißiger, groß, dunkelblondes Haar, braune Augen, mit schönen Händen. Er bemühte sich um mich, zeigte Interesse für meine Belange und als er erfuhr, dass ich eine Tochter hatte, die ich am Sprechtag abholen und mit ins Büro nehmen musste, bot er mir an, sie mit dem Auto abzuholen. Wir wurden Freunde.

Damals in der DDR gab es offiziell keine Sozialarbeit, aber meine Leiterin, man nannte ihre Tätigkeit „Instrukteur für Soziales" oder Fürsorgerin, praktizierte die soziale Arbeit, Arbeit mit Menschen in Verbindung mit ihrem Umfeld. Mich faszinierte diese Tätigkeit von Anfang an, ich hatte aber dafür zu sorgen, dass Veranstaltungen organisiert wurden, was ich zunächst sehr dilettantisch tat. Ich wusste einfach noch zu wenig von der kulturellen Materie. Doch mit der Zeit wuchs ich in diese Aufgabe hinein. Ich half auch in der Küche und erledigte während der „Leerzeiten" sehr viele Schreibarbeiten. Es gab noch eine Kollegin, die sich um Hör- und Hilfsmitteltechnik kümmerte. Auch das war interessant, konnte ich doch so erfahren, mit welchen technischen Hilfsmitteln Gehörlosigkeit etwas ausgeglichen werden konnte. Den Lichtwecker und die Lichtsignalanlage kannte ich ja schon, aber es gab noch eine ganze Menge mehr für schwerhörige Menschen.

Die Arbeit in diesem Sekretariat war sehr hierarchisch aufgebaut und auch in politischer Hinsicht sehr einseitig festgelegt. Systemnähe war überall spürbar und ich versuchte, mich nur auf meine aktuellen Aufgaben zu konzentrieren, das half mir, darüber hinwegzusehen, dass dieses System nicht sehr freiheitlich war. Mir waren jedoch die Menschen wichtiger und ich blühte auf, als ich mich mehr und mehr in der Welt hörgeschädigter Menschen angenommen fühlte. Unser Geschäftsführer war ein Mensch, mit dem auszukommen für mich immer eine Gratwanderung darstellte. Er war, wie ich, spät ertaubt, hochintelligent, sprach- und schreibkundig, doch seine hektische Art kostete mich viel Kraft. Er war krank, aber arbeitete dennoch sehr viel. Ich hielt mich aus diesem Grunde mehr an meine Leiterin, fühlte bei ihr die Ruhe, die ich brauchte.

Selbstbewusstsein war nun nicht mehr nur ein Wort für mich. Ich konnte langsam an die Entfaltung meiner Persönlichkeit denken und die neu gewonnene Stärke auch meinem Mann gegenüber anbringen. Er kam damit sehr schlecht zurecht und teilte mir mit, dass er eine andere Frau kennen gelernt habe. Ja, natürlich – die Scheidung, ich wollte sie immer noch.

Am 25. August 1988 wurden wir einvernehmlich und schnell geschieden. Wie froh war ich, mich aus der Abhängigkeitsrolle befreit haben zu können. Ich atmete die neue Freiheit tief ein und fühlte Hoffnung aufsteigen.

Andrew, so hieß mein stiller Helfer, wich nicht von meiner Seite. Nun kam er Maria und mich zu Hause besuchen, schenkte uns einen Kanarienvogel in einem Käfig, wir lachten viel miteinander. Er kam immer öfter, wir fuhren an die Ostsee und er brachte Sonne in unseren Alltag. Er kümmerte sich wie ein Familienvater um uns. Das war eine ganz neue Situation und Erfahrung für mich. Diesmal konnte ich geben, aber bekam auch zurück. Er erzählte mir, dass er keine Kinder zeugen und sexuell mit anderen, gesunden Männern nicht mithalten könne. Auch er hatte eine Scheidung hinter sich. Mich störte dies nicht, im Gegenteil, ich hatte kein Bedürfnis nach Sex. Mir genügte Nähe und Wärme, vor allem seelischer Frieden und Ruhe.

Der Sommer machte dem Altweibersommer Platz, die sanfte Wärme und das goldene Licht – ich liebte diese Zeit schon immer. Meine Oma lag im Krankenhaus. Irgendetwas mit dem Kreislauf, mit der Atmung. Ich wusste nie genau, was sie hatte und vermutete schon immer, dass der Körper von der Einsamkeit zerfressen wurde. Andrew fuhr mit Maria und mir in den Harz, wir besuchten meine Oma. Wie sie so blass und mit blauen Flecken auf den Armen im Bett lag, das war ein Anblick, der mir wehtat! Sie sprach aber voller Freude mit mir und fragte, ob Andrew mein neuer Freund sei. Er gefiele ihr, vor allem auch, weil er gehörlos war und sie ganz normal mit ihm kommunizieren konnte. Diese Gewissheit zauberte ein Lächeln in ihre Augen, auf ihren zarten Mund, sie war doch noch immer eine schöne Frau. Ich drückte sie fest und innig.

Wir fuhren wieder zurück, von meiner Familie erfuhr ich dann, dass Oma nicht mehr im Intensivzimmer läge. Eines Abends, ich hatte Maria gebadet, hatte ihr den Schlafanzug angezogen und alberte mit ihr noch herum, klingelte es, eine Todesnachricht per Telegramm. Nun war auch meine Oma tot. Wir fuhren direkt zur Beerdigung, ich hatte ein graues, mit schwarzen Blumen gemustertes Seidenkleid an und trug schwarze Absatzschuhe, Andrew einen Anzug und ein weißes Hemd. Maria war nicht mit dabei, ich hatte sie bei meiner Freundin gelassen, um ihr den Stress der Fahrt und der Trauerzeremonie zu ersparen. Hinzu kam, dass die Wohnung meiner Oma bereits ausgeräumt war, alles, auch das, was ich noch an Persönlichem in dieser Wohnung zurück gelassen hatte, war fort. Verschwunden! Auch wichtige Adressen und Briefe, die im Zusammenhang mit der Verwandtschaft meines Vaters standen, fehlten. Mein Fahrrad bestand nur noch aus Einzelteilen. Ich fühlte mich nicht mehr wohl an diesem Ort, ohne meine Großeltern war auch die Heimat nicht mehr dieselbe. Mein vorwiegendes Gefühl: Verletztheit. Abschiedsworte von meiner Oma, sie sagte einmal, dass sie etwas geschrieben habe, leider gab es auch diese nicht. Sehr abrupt endete der Bezug zu meiner Familie.

Andrew und ich fuhren nach dem Begräbnis gleich wieder nach Hause. Ich ging bis zum 23. Oktober 2004 nur noch einmal auf diesen Friedhof, ich brauchte nicht wiederzukommen, denn meine Großeltern lebten in meinem Herzen weiter. Oh ja, ich fühlte mich verwaist, trotz meiner Mutter, die inzwischen als Heimleiterin eine Dienstwohnung in einem Reichsbahnkinderheim bezogen hatte. Sie hatte es weit gebracht, verdiente gut, aber sie trank. Noch konnte sie es gut vor ihrer Umwelt verbergen, wenn ich ihr näher kam, wandte sie ihrem Kopf ab. Tagsüber behielt sie weitestgehend die Kontrolle über ihr Trinkverhalten, doch nach Feierabend ließ sie sich gehen. Wenn sie in Selbstmitleid verfiel, wusste ich, dass sie high war. Meine Brüder hatten teilweise ihren Berufsabschluss gemacht und gingen ihrer Wege und hatten die ein oder andere hübsche Freundin. Der große Bruder bewarb sich für den Trassenbau in der UdSSR, der berühmten Baikal-Amur-Magistrale. Ich war stolz auf ihn, auch auf meinen jüngeren Bruder, der sehr lebenslustig war und alles, was sich ihm an interessanten Aktionen bot, mitnahm.

Am 10. Dezember 1988 heirateten Andrew und ich, um unsere Freundschaft in ein eheliches Bündnis umzuwandeln. Wir fühlten uns miteinander sehr wohl, man sah es uns an, inzwischen hatten wir auch eine größere Wohnung mit Gartenmitbenutzung und zwei Katzen. Ich glaubte an den Wert dieser Beziehung. Andrew war zuverlässig, warmherzig, großzügig und einfach nur lieb. Er versuchte Maria ein guter Vater zu sein, nahm sie voll in sein Herz auf. Er war streng, aber gerecht und hatte hier Ähnlichkeiten mit der Wesensart meines Opas. Er war Werkzeugmacher von Beruf und war nach Feierabend immer zu Hause. Unser Leben verlief in sicheren Bahnen und sehr geradlinig. Andrews Auto der Marke „Dacia" rostete und es würde noch weiter an Wert verlieren, wenn er es noch länger behielte. Der Besitz eines Autos zu DDR-Zeiten war eine reine Glückssache, man musste schon zehn Jahre auf einen „Trabbi" warten. Andrew verkaufte sein geliebtes Auto und fortan war er unzufrieden mit dieser Situation. Wir benutzten das Geld, um neue Möbel und Elektrogeräte zu kaufen und hofften darauf, uns mit Glück ein neues Auto leisten zu können.

1989 reisten die ersten DDR-Bürger über Ungarn in die Bundesrepublik Deutschland aus. Immer mehr Bürger beantragten die offizielle Ausreise. Meine Leiterin klang besorgt, der Boom würde sich kaum aufhalten lassen. Politische Unruhen waren vorprogrammiert und man spürte überall ein Knistern, auch wenn ich es nicht hörte, ich fühlte es stark. Was würde auf uns zukommen?

Der Mauerfall und seine Folgen

Es war schon eine ganz eigenartige Atmosphäre in der Zeit vor dem Fall der Mauer, die die zwei deutschen Staaten voneinander trennte, nicht nur räumlich, sondern ganz besonders auch auf ideologische Weise. Oft habe ich mich gefragt, was einzelne Menschen dazu bewogen hat, politische Entscheidungen zu treffen, die, statt ein Miteinander zu fördern, ein Gegeneinander propagierten. Ich empfand Unverständnis dafür, weil mir dies gegen die menschliche Natur gerichtet erschien.

Wir erfuhren, dass der ein oder andere uns bekannte Gehörlose oder Schwerhörige geflüchtet war, dass es ihnen in der BRD gut ginge und sie endlich ein Fax oder Schreibtelefon hatten. Ich selbst hatte keine richtige Vorstellung, wie diese Geräte funktionieren sollten. Die moderne Kommunikationstechnik war mir sehr suspekt. In dieser Zeit kam es auch verstärkt zu sozialen Krisen, wir Mitarbeiter erschraken schon manches Mal über deren Umfang und Ausmaß. Mit der trügerischen Ruhe, die wir aus dem DDR-Alltag gewohnt waren, war es nun vorbei. Glücklicherweise hatte ich mich sehr schnell in die Gemeinschaft der hörgeschädigten Menschen, ganz besonders in die der Gehörlosengemeinschaft eingewöhnt und meine bereits gewonnenen Erfahrungen, die ich in der hörenden Welt gemacht hatte, kamen mir sehr zu Gute. Ich zeigte hörgeschädigten Menschen durch mein eigenes Beispiel, dass es durchaus Wege und Möglichkeiten gab, sich zu offenbaren und dem Wunsch nach Integration Ausdruck zu verleihen. Hörenden Menschen wiederum vermittelte ich meine Offenheit für ihre Gemeinschaft und lud sie ein, Kompromisse zu finden. Bald war ich in der Stadt bekannt, was Vorteile hatte, und ich brauchte nicht mehr viel zu erklären, konnte gleich zum Kern der Sache kommen.

Ich liebte die Gebärdensprache schon immer, konnte sie nur jahrzehntelang nicht so unmittelbar anwenden, wie ich es gern getan hätte, musste ich mich doch bis dahin weitaus mehr anpassen, als mir gut getan hatte. Endlich konnte ich mich frei entfalten. Ich konnte sprechen, wenn ich sprechen wollte oder gebärden, wenn ich den Wunsch nach zwangloser Kommunikation hatte. Und ich atmete auf, endlich wusste ich, was mir all die Jahre gefehlt hatte. Sogar in der Familie konnte ich nun frei sprechen, konnte ich mich geben, wie ich wirklich fühlte. Meiner Maria war die Gebärdensprache nicht unbekannt, aber sie lebte genau wie ich vorwiegend in einer lautsprachlich orientierten Welt, auch sie profitierte von der Gebärdensprache. Sie konnte sehr schnell erfassen, was gesprochen wurde, konnte von den Lippen absehen und reagierte hochsensibel auf die Körpersprache. Dies ermöglichte ihr einen Sprung nach vorn, sie bewegte sich auf sichererem Boden. Je mehr Sicherheit ich, ihre Mutter, gewann, umso mehr färbte es auch auf sie ab. Sie brauchte sich nicht darum zu kümmern, ob ihre Mutter kommunikativ klar kam und ich wusste, dass Maria mich als sehr starke Persönlichkeit ansah.

Die Wochen vergingen. In der folgenden Zeit an der Arbeit und auch im Alltag bekam ich manchmal Angst bei der Vorstellung, dass die politischen Ereignisse sich überschlagen könnten und das Ganze eskalierte. Ich dachte an die Kinder, aber seltsamerweise auch an meine weise Oma, die immer wieder vorausgesagte hatte, dass die Mauer fallen würde. Und ich dachte an meinen Vater, ich würde sicher einen Suchantrag beim Deutschen Roten Kreuz einreichen können.

Tatsächlich überschlugen sich dann ab Ende August 1989 die Ereignisse, es kam zu einer Massenflucht, dem Einsetzen der Reisefreiheit, täglich neuen Meldungen über die Regierung und deren Führung. Es kam zu friedlichen Montagsdemonstrationen, die ihren Ursprung in der berühmten Nikolaikirche hatten, und die sich in andere Städte ausdehnten, – Leipzig hatte auch einen Gehörlosenpfarrer, der für hörgeschädigte Menschen da war.

Am 9. November saßen Andrew und ich vor dem Fernseher und

starrten auf den Bildschirm, jeder dachte für sich: „Das kann doch nicht wahr sein, da fahren Trabbis und andere Autos von Ost nach West! Ist das nur eine Eintagsfliege?“ Doch die Menschen tanzten auf der Mauer und jubelten, sie lachten und weinten. Wir waren sprachlos und warteten gespannt auf die Nachrichten. Da stand es: „Die Mauer zwischen Ost und West ist gefallen!“ Wir konnten es noch nicht glauben, vor allem nicht, was das für unsere Zukunft bedeuten würde. Ich konnte mir nicht vorstellen, auf einmal in westdeutsche Städte zu reisen, die ich bislang nie in meinem Leben gesehen hatte und hatte eigentlich auch damit gerechnet, sie nie sehen zu dürfen. Dann folgte eins nach dem anderen, angefangen von Begrüßungsgeld, Einigungsvertrag und Währungsunion.

Aus heutiger Sicht war es Wahnsinn, was die Menschen in diesem Zeitraum an Emotionen erlebten. Sie mussten sich völlig umstellen, ihr Leben eigenverantwortlich gestalten und lernen, mit der so genannten Freiheit umzugehen.

Wir fuhren nach Nürnberg und München, wir waren sprachlos über diesen Wohlstand und die Vielfalt der Konsummöglichkeiten, es erdrückte uns fast. Wie sollte das funktionieren, dass diese Welt in gar nicht so langer Zeit auch unsere sein würde? In einem Supermarkt kaufen wir Lebensmittel ein, die wir im „Osten“ nicht kannten. Maria hatte bereits ihren Schulanfang hinter sich, ging in die 1. Klasse der Grundschule und ich war froh, dass sie die ganzen Aufregungen noch nicht richtig einordnen konnte. Ich versuchte, viel mit ihr zu unternehmen, sie hatte auch sehr viele Spielgefährten, mit denen sie draußen herumtollte. Die zwei Katzen, ein Hamster, den ihr ein Kind schenkte, dessen Eltern mit ihm ausgereist waren, waren weitere Spielgefährten. Wir fuhren viel weg und trafen gehörlose Freunde meines Mannes.

Während dieser Phase kam Raoul mit seiner aktuellen Freundin und holte Maria für ein paar Stunden, um etwas mit ihr zu unternehmen. Das war das erste und einzige Mal, dass er sein Kind besuchte. Bei der Arbeit hatten wir sehr viele soziale Probleme zu lösen, der Gehörlosen- und Schwerhörigenverband der DDR wurde liquidiert, die Geschäfte wurden langsam abgewickelt und die Eigentumsverhältnisse dem westdeutschen Standard angepasst. Das bedeutete, dass einige Mitarbeiter gehen mussten, die leitenden Mitarbeiter sollten versuchen, neue Strukturen aufzubauen.

1991 wurde Kurzarbeit angeordnet, die in meinem Fall in eine Kündigung übergeleitet wurde. Das bisherige Domizil des Hörgeschädigtenverbandes musste aufgegeben werden. Zu diesem Zeitpunkt wurden sehr viele Objekte der Staatssicherheit freigegeben und ein Objekt davon bekam der Verband zugesprochen. Es war eine ehemalige

Abhörzentrale in der Nähe des Gefängnisses. Das Gebäude war viel größer als das bisherige, dazu gehörte noch ein kleines Häuschen hinter dem Hauptgebäude und eine Baracke. Im Keller des Hauptgebäudes fand man Verliese mit Gittertüren, dort waren Menschen vorübergehend festgehalten worden, Verhöre musste es dort auch gegeben haben, wenn ich mich an die Berichte der Wohnheiminsassen erinnerte. Die Büroräume waren groß, hell und sehr geeignet, um Beratungen durchzuführen. Die Baracke sah schlimm aus, unendlich viele Kabel, die für die Telefonschaltzentrale benötigt worden waren. Viel Arbeit kam auf die freiwilligen Helfer innerhalb der Hörgeschädigtengemeinschaft zu, aber alle packten mit Freude und Begeisterung an. Sie hatten ein Ziel, eine Aufgabe und eine Zukunft.

Problematisch wurde die soziale Absicherung für orientierungslose hörgeschädigte Menschen. Ich kannte sehr viele Besucher aus der alten Begegnungsstätte und wir suchten – nunmehr privat - nach Lösungen. Es gab jeden Tag neue Gesetze, neue Verordnungen und andere Richtlinien, was es unvorstellbar schwer für gehörlose Menschen machte, das alles tagtäglich unter großen Schwierigkeiten visuell aufzunehmen, es sodann auch noch zu verstehen und zu verarbeiten.

Das Kommunikationsdefizit machte sich hier gleich doppelt bemerkbar. Die Hilfesuchenden besuchten mich zu Hause oder ich begleitete sie zu Ämtern und Behörden. Mir war wichtig, dass man diese Behindertengruppe verstand, nicht akustisch, sondern ihre Kultur, ihre Sozialisation, Geschichte und ihre Besonderheit der visuellen Begabung. Für das Vermitteln der Gebärdensprache und umgekehrt der Lautsprache in die Gebärdensprache waren die Gebärdensprachdolmetscher zuständig, diese brauchte ich selbst aber auch. Als die ehrenamtliche soziale Hilfestellung immer dringender und umfangreicher wurde, dachte ich mir, dass es nicht schaden könne, das Sozialamt aufzusuchen und zu fragen, was ich für die hilfebedürftigen gehörlosen Menschen tun könne, zumal ich keinen Arbeitsvertrag mehr hatte. Aber durch Zufall traf ich eine mir bekannte Frau aus dem Sozialamt und erzählte ihr meine persönliche Sorge im Zusammenhang mit der Arbeit, dass Bedarf da war, aber kein Angebot mehr bestand. Zeitgleich bemühte sich meine ehemalige Leiterin um den Aufbau einer neuen Beratungsstätte, wir mussten einen formlosen Antrag auf Projektförderung stellen und damit war der Weg frei für eine neue soziale Anlaufstelle.

Meine Bewerbung wurde wohlwollend aufgenommen. Zwei weitere Stellen wurden ebenfalls besetzt, meine Stellenbezeichnung lautete „Mitarbeiterin für soziale Arbeit“. Meine ehemalige Leiterin war nun meine neue Vorgesetzte. Ich mochte sie sehr, konnte sie doch gut zuhören und es wurde ihr nie zu viel, sich mit mir auszutauschen. Sie war ein sehr empfindsamer Mensch, der es verstand, auf Menschen zuzugehen. Ich lernte unheimlich viel von ihr, denn sie verstand es, zu kämpfen, etwas, was mir noch fehlte. Die beiden anderen Stellen waren für einen Verwaltungsleiter und für eine Mitarbeiterin für Kommunikation vorgesehen.

Als der Stadtverband der Gehörlosen C. e.V. gegründet wurde, war auch ein neuer Vorstand zu wählen. Dessen Vorsitzenden kannte ich schon länger, er war bereits über sechzig Jahre alt und er besaß sehr viel Lebensweisheit, die ich für mich immer wieder als bereichernd empfand. Alle anderen Mitglieder waren mir ebenso sympathisch und ich mochte es, mit ihnen zu lachen. Der Aufbau einer neuen Arbeitsstruktur nach bundesdeutschem Modell erforderte von allen Mitarbeitern ein Umdenken, mehr Eigenverantwortlichkeit und das Arbeiten nach dem Leitmotiv: „Hilfe zur Selbsthilfe“, dem so weit wie möglich zu folgen war. Um mehr Erfahrungen zu sammeln, fuhr der Vorstand mit meiner Vorgesetzten und mir nach Düsseldorf, um an einem kollegialen Austausch teil zu nehmen. Wir erlebten dort natürlich ganz intensive Eindrücke und bekamen eine Vorstellung, wie wir irgendwann einmal arbeiten würden. Ich weinte, als wir Abschied nahmen, ich wusste nicht mal genau, weshalb. Aber es mochte damit zusammenhängen, dass ich so viele Jahre allein hatte zurechtkommen müssen. Hätte ich in den alten Bundesländern gelebt, hätte ich unmittelbar nach der Ertaubung sicher mehr psychosozialen Beistand gehabt. Aber so war mein Leben bislang eben nicht gewesen und trotzdem hatte es mir ja auch gute Tage geschenkt.

Die ersten Arbeitsjahre standen unter dem Eindruck der Aufbruchstimmung, die unwahrscheinlich inspirierend war. Während dieser Zeit nahm ich noch an einem Gebärdensprachkurs teil, um einfach mal zu schauen, was sich für mich noch an Neuem dazu lernen ließ. Doch die beste Schule war der tagtägliche Umgang mit gehörlosen Menschen, von denen manche ganz besonders toll gebärden konnten. So wunderbar reich an Inspirationen war diese Sprache, sie faszinierte mich immer wieder neu. Manchmal gab es Momente, in denen ich tieftraurig war, weil ich diese nicht von Kindesbeinen an hatte anwenden dürfen und weil sie an der Schwerhörigenschule nicht gelehrt worden war. Mit dieser Sprache wäre mein Ausdruckspotenzial reicher an Wiedergabemöglichkeiten gewesen als es mir bisher möglich war und wahrscheinlich wäre ich auch schneller selbstsicherer geworden. Ich wirkte manchmal steif und rang nach einer nonverbalen Ausdrucksform, empfand frühkindlich erworbene Gehörlosigkeit manchmal als tröstender, weil die dann gepflegte Kommunikation unbefangener und direkter auf ihr Umfeld wirkt, der Begriff „unschuldiger" könnte auch passen. Gehörlose Menschen hatten oftmals eine überraschende Heiterkeit an sich, die Heiterkeit, die auch Kindern eigen sein kann und ich bedauerte, dass viele gehörlose Menschen dies nicht wussten. Wenn ich meinen gehörlosen Mann betrachtete, so bewunderte ich seine relativ hohe Stresstoleranz und Unbefangenheit im Umgang mit anderen Menschen. Ich selbst hatte mit meiner hochsensiblen Wahrnehmungsfähigkeit zu tun, die es mir zwar leichter machte, was das Absehen von den Lippen betraf, aber erschwerte, mich ganz gelöst zu geben. Eine gewisse Anspannung blieb immer erhalten, meist im Umgang mit hörenden Menschen. Vielen gehörlosen Menschen ist es „Wurst", wie sie bei Hörenden ankommen, entweder es geht gut oder nicht. Gemeint ist hiermit nicht die kommunikative Seite, sondern die Akzeptanz der Hörenden gegenüber Gehörlosen. Wenn sie nicht da war, war sie nicht da.

Um bildungsmäßig Schritt zu halten, sorgte meine Vorgesetzte dafür, dass ihre Mitarbeiter regelmäßig an Fortbildungsveranstaltungen der Bundesarbeitsgemeinschaft für Sozialarbeiter teilnahmen. In dieser Zeit musste ich mich drei Wochen krank melden, um mich in Jena an der Kaiserschnittnarbe operieren zu lassen, sie war entzündet. Die folgenden Jahre standen unter dem Zeichen des weiteren Wachstums der Verbandsarbeit. Es kamen noch mehr gehörlose und schwerhörige Mitarbeiter hinzu. Sie wurden unter Arbeitsbeschaffungsmaßnahmen geführt und waren vollauf in unser Team integriert. Inzwischen waren wir mehr hörgeschädigte Mitarbeiter als Hörende, was für letztere nicht immer einfach war, waren doch nun die Rollen vertauscht. Ich selbst war zwar taub, fühlte aber wie eine Hörende, was manchmal zu Irritationen unter den gehörlosen Mitarbeitern führte. Sie spürten schnell, dass ich anders war. Aber es lief trotzdem sehr gut, da meine Leiterin von Anfang an den Integrationsgedanken in sich trug. Unsere Mitarbeiterin für Kommunikation sorgte für eine reibungslose Verständigung sowohl nach innen als auch nach außen. Optimaler hätte es nicht sein können.

Privat stand ein neuer Umzug bevor, da ich es leid war, im Erdgeschoss zu wohnen, ich empfand dies als zu gefährlich, da Maria bei offenem Fenster schlafen wollte.

Meine Leiterin erfuhr eines Tages, dass das Jugendamt der Stadt für einen gehörlosen Jungen eine Pflegefamilie suchte. Wir erstellten einen Aushang für alle hörgeschädigten Familien und Paare. Doch es meldete sich niemand. Immer wenn ich daran vorbei ging, dachte ich an dieses Kind. Mein Mann und ich konnten ja keine gemeinsamen Kinder bekommen und hinzukam, dass das Thema Sexualität fast ein

Tabuthema zwischen uns war. Also sprach ich irgendwann mit ihm und schlug vor, mal gemeinsam in dieses Kinderheim zu fahren und zu schauen, ob wir für das kleine Kind, welches sechs Jahre alt war, etwas tun konnten. Gesagt - getan, wir informierten das Jugendamt und bekamen ganz viel Unterstützung in Bezug auf Kontaktaufnahme mit dem Heim, um den Jungen sehen zu können. Der erste Eindruck war überwältigend, ein gehörloses Kind in einem Heim für hörende Kinder! Wie sollte er dort jemals glücklich werden, vor allem deshalb, weil er der einzige gehörlose und fast stumme Junge unter all den hörenden Kindern war. Oh, ich hätte schreien können, blieb aber sachlich und ruhig! Wir vereinbarten, dass wir uns noch einmal melden würden.

Unter den Kollegen, die im Rahmen der Arbeitsbeschaffungsmaßnahmen beschäftigt waren, war auch ein junger Kollege, der mich oft mit dem Dienstauto zu wichtigen Terminen fuhr. Ich unterhielt mich sehr gern mit ihm, weil er ein begnadeter Pantomime war und ich an ihm bewunderte, dass er einen solch immensen Reichtum an Körpersprache in sich trug. Ich nahm an seinem Laienkurs für Pantomime teil. Er fuhr mich auch nach Berlin zu einer Dokumentarfilmaufnahme. Noch ein weiteres gemeinsames Erlebnis führte dazu, dass ich mich ihm sehr verbunden fühlte. Wir unterstützten eine hörende, akut erkrankte Frau, die als Doktorin für Ernährungswissenschaft in die neuen Bundesländer gekommen war, um hier zu arbeiten. Mir gefiel es, wie er, ohne auf die Zeit zu schauen, da war, wenn man ihn brauchte. Bei all den Begegnungen kam immer mal wieder die Rede auf die Situation in seiner Ehe, zumal er mit einer hörenden Frau verheiratet war, er fühlte sich mit dieser Situation nicht wohl. Ich freute mich sehr, dass ich mich mit ihm so gut unterhalten konnte und auch unsere Familien Kontakt hatten. Seine Frau und er hatten zwei Kinder.

Steve

Dieses Kind im Kinderheim – es ließ mir keine Ruhe, ihn dort untergebracht zu wissen. Andrew und ich überlegten, ob wir ihn für ein Wochenende zu uns nach Hause holen könnten und fragten auch Maria, was sie dazu meine. Sie freute sich, obwohl sie noch nicht einschätzen konnte, wie sie sich mit dem Jungen verständigen können würde. Ich erzählte ihr, dass er keine Worte aussprechen konnte. Wir berieten uns mit der zuständigen Frau vom Jugendamt, die viel Erfahrung mit Pflegschaften besaß. Ihrem Rat vertrauten wir. So fuhren wir noch einige Male in dieses Heim, um Steve näher kennen zu lernen, bevor wir ihn für ein Wochenende zu uns holten. Eine Erzieherin dieses Heimes war seine engste Vertraute, mit ihr kam er sehr gut klar. Sie verstand es, ihn so zu nehmen, wie er war. Ihm die kulturelle Heimat ersetzen, das konnte sie verständlicherweise nicht.

Steve war für sein Alter noch klein, untersetzt und hatte ein rundes Kindergesicht, das viele Menschen, die ihn zum ersten Mal sahen, als niedlich bezeichneten. Seine Augen waren ebenfalls rund, blau wie ein Bergsee und sie blieben so gut wie nie an einem Punkt haften. Seine Haare waren zu einer Igelfrisur geschnitten, die seinen Typ noch unterstrich, Hände und Füße hatten noch etwas von einem Baby, waren klein und gut bepolstert. „Patschhände" sagte ich dazu. Sein Wesen war seltsam – ich hatte noch nie ein Kind erlebt, das in der Lage war, ohne Worte auszukommen. Er verständigte sich mit Mimik und selbst erfundenen Gesten, quiekte, wenn irgendetwas seine besondere Aufmerksamkeit erregte.

Da Andrew und ich nicht hörten, also nicht wussten, dass er auch quiekte, waren wir anfangs stark irritiert, wenn wir mit Steve unterwegs waren, die Leute sich nach uns umdrehten, über uns sprachen und auf das Kind wiesen. Auch Maria war erschrocken, als sie diese Laute das erste Mal hörte. Autos, Ampeln, Lampen, kurz alles, was mit Technik zu tun hatte, faszinierte ihn. Wie oft ertappte ich ihn, wie er am Waschmaschinenschalter hantierte, Licht an und aus knipste, Technik auseinander nahm und Wasser laufen ließ. An Ampeln blieb er stehen, ging bei grün hinüber und das mehrere Male hintereinander. In öffentlichen Verkehrsmitteln quiekte er besonders laut und oft, sie waren fast das Größte für ihn. In einem Baumarkt ging er schnurstracks auf eine Ausstellungstoilette zu und wollte sie auch benutzen. Dies zeigte uns, dass Steve kaum sozialen Kontakt zur Außenwelt gehabt haben dürfte. Er war lange und sehr oft in Krankenhäusern und Kinderheimen, nie jedoch unter gehörlosen Kindern gewesen. Seine Mutter konnte sich aus persönlichen Gründen nicht um ihn kümmern, liebte ihn aber auf ihre Weise, indem sie ihr Kind der Obhut in die Hände von Menschen gab, die aus verschiedensten Gründen mehr tun konnten, als ihr derzeit möglich war.

Ich wusste, niemand würde seine Mama ersetzen können. Das einzige, was ich tun konnte, war ihm ein Stück Liebe zu geben, eine wärmende Umgebung und vor allem sprachliche Heimat: einen Platz, an dem er verstanden wurde. Wir alle brauchten am Anfang auch einige Zeit, um sein individuelles Sprachsystem, auch wenn es aus nonverbalen Sprachkomponenten bestand, zu verstehen, es ein- und zuzuordnen. Doch Steve hatte nur ein sehr begrenztes Repertoire an Ausdrucksmöglichkeiten, so dass wir im Laufe der Zeit begriffen, was er meinte. Er half mir gern, den Tisch zu decken, schaute zu, wenn ich kochte und etwas im Haushalt tat, spielte lange und ausdauernd mit Autos, brauchte sehr wenig Unterstützung, um sich selbst zu beschäftigen. Maria fand er lieb, wurde jedoch böse, wenn sie ihn nicht verstand oder etwas nicht so tat, wie er wollte, das geschah aber auch anderen Kindern gegenüber. Es kam auch selten vor, dass er zuschlug. Dann hieß es, genau hinzuschauen, um den Grund für seinen Ärger ausfindig zu machen und die Ursache zu beheben. Trotzdem mussten wir Grenzen setzen, wenn es denn sein musste. Steve wurde in die Gehörlosenschule eingeschult. Dort brachte man ihn mit einigen anderen gehörlosen Schülern wochentags auch im Internat unter, um mit Gleichgesinnten lernen zu können und spielerisch ihre Sprache zu erleben.

Wir fuhren mit Steve und Maria viel fort, gingen baden, wandern, Ausstellungen und Museen besuchen, fuhren nach Ungarn in den Sommerurlaub, fanden Wege und Möglichkeiten, ihm die Welt draußen zu zeigen. Weihnachten und andere Feste waren wichtig für ihn. Wir nahmen ihn mit zu unseren Verwandten, die ihn auch ins Herz schlossen. Trotzdem oder gerade weil er gehörlos war, schaffte er es, Herzen zu öffnen. Einmal rückte er von zu Hause aus. Er merkte sich, wie man mit dem Bus in ein Einkaufzentrum kam und fuhr allein dorthin. Er bummelte durch die Einkaufspassage und bekam überall etwas Eß- oder Trinkbares in die Hand gedrückt, er kam sich sicher vor wie im Schlaraffenland. Wir waren halb krank vor Sorge und gingen zur Polizei, die wusste schon, wo er war. Wir holten ihn in der Zentrale des Einkaufszentrums ab.

Andrew bewarb sich, nachdem ich ihm meine intuitiven Gefühle mitgeteilt hatte, gemeinsam mit einem gehörlosen Freund im VW-Werk. Es sollte noch aufgebaut werden und ich sagte mir, dass dies eine sichere berufliche Basis für die beiden gehörlosen Männer, deren bisherige Arbeitsstellen relativ unsicher waren, sein könnte. Gern begleitete ich sie zum Vorstellungsgespräch und machte mich für ihre Einstellung stark, denn es ging auch darum, dass das Werk eine Behindertenquote zu erfüllen hatte und gerade gehörlose Menschen waren für diese Arbeit sehr gut geeignet, weil sie ungeachtet der Lärmbelästigung gute Ergebnisse erzielen konnten. Sie wurden nach anfänglichem Zögern angenommen und ich freute mich sehr für sie. Im Alter ab vierzig Jahren wurde es schon schwer, einen guten Arbeitsplatz zu finden. Andrew arbeitete nun dort im Dreischicht-System.

Ich musste noch einmal kurzzeitig in die Klinik, weil die Kaiserschnittnarbe nicht abheilen wollte. Die Ärzte empfahlen eine Strahlentherapie, die das ständig entzündete Gewebe zur Ruhe bringen sollte, warnten jedoch davor, dass diese Therapie Kinderlosigkeit zur Folge haben könne. Ich wusste ja, dass ich mit meinem Mann ohnehin keine

Kinder mehr haben würde. Ich sagte einfach zu, um die körperlichen Beschwerden ausheilen lassen zu können, was auch gelang. Meine Mutter kam, als ich aus dem Krankenhaus entlassen wurde und war für eine Woche Gast bei uns. Ihr Kommen machte mir Hoffnung, ich glaubte, dass sie nun mehr Halt in unserer Familie finden würde, wenn sie sich auch den Enkelkindern widmen konnte. Steve wurde uns schließlich als Pflegekind zugesprochen. Wir wussten auch, wo seine Mutter wohnte. Sie wusste umgekehrt auch von uns und hätte mit uns Kontakt aufnehmen können, tat dies jedoch nicht. Mit der Erzieherin des Kinderheimes blieben wir in Kontakt, sie hatte Steve ja auch oft bei sich zu Hause gehabt und mochte ihn sehr

An der Arbeit gab es sehr viel zu tun und ich wuchs mehr und mehr in soziale Aufgaben hinein, hatte ich doch in meiner Vorgesetzten eine sehr gute Lehrmeisterin. Sie liebte gehörlose Menschen, liebte Menschen allgemein und das mochte ich immer wieder so sehr an ihr. Ich hatte Tränen in den Augen, als sie den gehörlosen Menschen ein Kunstwerk aus Metall, das eine Mauer mit durchbrechenden Händen darstellte, schenkte. Wie gut sie sich einfühlen konnte. Unsere Stadt wurde in C. umbenannt, so hieß sie früher schon.

Das Sozialamt führte nach und nach Anpassungen durch, was unter anderem auch berufliche Ausbildungsnachweise beinhaltete. Wir mussten Abschlüsse nachholen, um eine entsprechende fachliche Qualifikationen nachweisen zu können. Zuerst schrieb sich meine Vorgesetzte an einer Fachhochschule ein, um ihren Abschluss als Diplomsozialpädagoge/Diplomsozialarbeiter nachholen zu können. Die Ausbildung erfolgte parallel zur praktischen Arbeit am Arbeitsplatz. Sehr interessiert war ich daran, wenn sie von den Ausbildungsinhalten sprach und wünschte mir, auch mehr lernen zu dürfen. In der Freizeit, an Wochenenden, half ich oft im Gehörlosenzentrum aus, ich kochte oder räumte Tische ab. Dabei lernte ich viele gehörlose Menschen kennen, die nicht in die soziale Beratungsstelle kamen, darunter war auch Mick.

Er war sechs Jahre jünger als ich und hatte eine bildhübsche, blonde Freundin, mit der er schon lange liiert war. Mick kam meist dienstags, gegen 18:00 Uhr, wenn die Sprechstunde zu Ende war, um mit mir über „Gott und die Welt“ zu quatschen. Er interessierte sich für mein Leben, für Dinge, die mir gefielen, erzählte auch von sich und seinen Unternehmungen. Er gab Gebärdensprachkurse, spielte leidenschaftlich Fußball, trieb noch anderen Sport, fuhr gern Motorrad und Auto, war ständig unterwegs mit Freunden. Mick hatte eine humorvolle, lebhafte Art an sich, die mich aufheiterte, wenn ich erschöpft von der geistig und emotional anstrengenden Arbeit war. Er schaffte es immer, mich zum Lachen zu bringen und irgendwann lud er mich ein, doch mal zum Volleyballspiel zu kommen.

Ich spürte allmählich, dass mir die Ehe mit Andrew nicht mehr viel geben konnte. Er war anders als ich, wir lebten uns still, aber kontinuierlich auseinander, ohne dass wir sagen konnten, was genau der Grund für dieses Auseinanderdriften war. Ich vermisste Lebendigkeit und Leidenschaft, etwas, was schon vor der Ehe mit Andrew bei mir nicht mehr vorhanden war. Andrew war ein sehr lieber Mensch, aber wir lebten eher wie Geschwister nebeneinander her. Je mehr ich mich auch unter jüngeren Menschen bewegte, umso mehr fühlte ich, dass mir etwas über die allgemeine menschliche Zuwendung hinausgehend fehlte. Wieder fehlte mir Anthony und das, was er mir damals gegeben hatte. Wann würde ich ankommen und die Liebe, die ich für ihn fühlte, einfach so lassen können, wann würde die Sehnsucht endlich vergehen? Trotzdem lebten Andrew und ich den Alltag auf sehr harmonische Weise. Ich fühlte mich wohl und auch geborgen bei ihm.

Im Oktober 1993 fand anlässlich des Tages der Gehörlosen eine große Kulturveranstaltung statt, bei der Mick mich ansprach und fragte, wie ich mich fühlen würde. Wochen später erfuhr ich von anderen gehörlosen Besuchern des Gehörlosenzentrums, dass die langjährige Beziehung zwischen Mick und seiner Freundin gescheitert sei. Als ich ihn sah, wirkte er gehetzt und rastlos. Andrew und ich hatten wieder zu unserem gewohnten ehelichen Alltag gefunden. Wir waren an einem Punkt angekommen, an dem wir uns sagten, dass Leidenschaften auch viel Unruhe in ein Leben bringen konnten, was nicht unbedingt gut sein musste. Wir waren vorerst froh über die Ruhe, die nun einkehrte. Mick ließ sich wieder öfter blicken, vor allem beim Sport. Er wirkte schmaler, war etwa 1,75 m groß, hatte dunkelblondes kurz geschnittenes Haar, welches seine schöne Kopfform noch betonte, schmale Augen, die von Lachfältchen umsäumt wurden und eine ausdrucksstarke Mund- und Kinnpartie. Man sah, dass er viel Sport trieb und er strahlte viel Lebensfreude aus. Wenn er kam, hatte er schnell Zuhörer um sich, brachte sie zum Lachen und es schien, als wäre er ein ungekrönter König unter Seinesgleichen. Ich schaute ihm gern zu, seine Gebärdensprache war einfach genial, sie konnte mit wenig auskommen und doch alles sagen, was es zu sagen gab. Gebärdete er einen Adler, konnte ich mir diesen Adler genau vorstellen, obwohl ich in meinem Leben kaum mal einen Adler zu Gesicht bekam. Diese wunderschöne Sprache, sie wird zu oft missverstanden und mit ihr die Menschen, die sie anwenden.

Überraschende Wende

Beiläufig bekam ich mit, dass Micks Freundeskreis recht groß war und er sich diesem stark verbunden fühlte. Sie kannten sich teilweise schon aus der Schul- und Lehrzeit, die Sprache und Behinderung einte zusätzlich. Hinzu kam, dass ich es toll fand, wie sich gehörlose Gebärdensprachkursleiter, zu denen ja Mick auch gehörte, auf ihre hörenden Kursbesucher einließen, sehr selbstsicher und selbstbewusst. Wer an einem Kurs interessiert war, musste bereits im Vorfeld einen Schritt auf diese Gruppe zugegangen sein. Er wiederum war von mir angetan, weil ich viel aus dem Leben zu erzählen wusste, aus Büchern und eigener Erfahrung. Diese Geschichten waren meist andere, als er sie von seinen gehörlosen Freundinnen gewohnt war. Ihm gefiel auch meine Ernsthaftigkeit, die im Gegensatz zu seinem Humor stand. Dafür war ich im alltäglichen Umgang mit Problemen flexibler, lockerer und konnte schnell improvisieren, ihm fiel das schwer. Er brauchte seine Ordnung und seine Rituale.

Unsere Begegnungen häuften sich, er sprach offen davon, dass er mich als Frau mochte und fragte, wie mein Verhältnis zu Andrew nun sei. Dies war Anlass genug, verstärkt über meine wahren Bedürfnisse nachzudenken. Ich war bereits fünfunddreißig Jahre alt, höchste Zeit, dies Nachdenken ernsthaft zu tun, fand ich. Was würde die Zukunft mit Andrew für mich bringen? Lethargie und Stillstand? War ich es ihm nicht auch schuldig, offen zu sein? Hatte er sich mit dem Leben arrangiert? Welche Optionen gab es für uns beide? Ich ließ mir Zeit, überlegte lange, war nachdenklich und oft müde. Manchmal endet etwas still und leise, und ich konnte mir nicht erklären, wie das geschehen sein mochte. War es nicht besser, sich zu trennen, etwas Altes abzuschließen, wenn es nur noch zu Lethargie und Resignation führte? Was konnte die Umwelt tun, damit sich das änderte: nichts! Es war unser Leben und wir hatten ein Recht darauf, uns weiterzuentwickeln und neue Herausforderungen anzunehmen. Andrew reagierte erstaunlicherweise sehr aufgeschlossen, auch er empfand so und endlich konnten wir einander loslassen, vorerst innerlich. Wir waren trotzdem sehr traurig über das Ende einer Hoffnung und gemeinsamen Vision, wir konnten auch darüber weinen.

Die praktische Umsetzung der Trennung würde noch schwierig werden. Besondere Sorge bereitete uns das Übermitteln der Nachricht an die Kinder, Andrews Eltern und der Verbleib von Steve. Andrews Eltern reagierten mit maßloser Enttäuschung. Sein Vater meinte, dass man sowohl in guten als auch in schlechten Zeiten zusammenhalten müsse. Ich sei ein flatterhaftes Wesen, leichtfertig würde ich eine Gemeinschaft aufs Spiel setzen, das Weib sei nun mal dem Mann untertan. In meiner Sorge um Steve hatte ich eine unerwartet geniale Idee, indem ich Andrew vorschlug, sich bei der Erzieherin des ehemaligen Kinderheims Rat zu holen, was er auch tat. Er wollte Steve zu sich nehmen, weil er nie eigene Kinder würde haben können. Ich hätte ja bereits meine eigene Tochter Maria. Ich verstand ihn, fand es vernünftig, dass Steve seinen Vater behielt, nachdem er in seinem bisherigen Leben von zu vielen Frauen umgeben war. In der folgenden Zeit fuhr Andrew noch oft zu der früheren Erzieherin von Steve. In seinen Augen erschien wieder ein Leuchten, wie es Verliebte haben, ich wollte es nicht glauben, aber es war so. Welch ein Glück für Steve, ja, für alle Beteiligten! Das Jugendamt akzeptierte diese Lösung, nachdem ein neuer Pflegeplan erstellt worden war, Andrew würde mit Steve zu der Erzieherin ziehen, um eine neue Lebensgemeinschaft zu gründen.

Andrew und ich wohnten noch zusammen, Mick kam fast jeden Abend vorbei und wir verstanden es, allesamt friedlich miteinander umzugehen. Wir versuchten, das Beste aus der Situation zu machen, ich war oft auch bei Mick. Er hatte eine eigene Wohnung, wollte sie aber aufgeben, sobald Andrew ausgezogen wäre. Wir klärten unsere formellen Angelegenheiten, ließen sie vom Notar beglaubigen und der Scheidungstermin würde nicht lange auf sich warten lassen.

Weihnachten stellte Mick mich seinen Eltern vor, die im Schwarzwald lebten. Es fiel mir nicht ganz leicht, mich als seine sechs Jahre ältere Geliebte, die noch nicht einmal geschieden war, vorzustellen. Aber ich tat es und wurde trotzdem sehr herzlich aufgenommen, was mich erleichterte. Während dieses Aufenthaltes fuhren wir an den Bodensee, um das Elternhaus meines Vaters ausfindig zu machen. Das Einwohnermeldeamt half uns weiter und wirklich, wir standen vor dem Haus meiner Oma, der Mutter meines Vaters. Wir klingelten. An der Seite der Eingangstür befand sich ein Guckfenster, ein kleines Quadrat, welches geöffnet wurde. Ein ergrauter Frauenkopf erschien und fragte, was wir wollten. Ich versuchte mich vorzustellen und bat, mir Auskunft über meinem Vater zu geben. Die Frau entgegnete, dass sie selbst keine Ahnung habe und nichts über seinen Aufenthaltsort sagen könne. Sagte es und schloss das Guckfenster! Eine ernüchternde Begegnung!

Wieder zu Hause feierten wir ins neue Jahr 1994 … und mir war schlecht. Der Verdacht auf eine Schwangerschaft bestätigte sich. Die Freude war diesmal groß, war es doch ein Wunschkind. Dass Mick sich ein Kind wünschte, war erstaunlich für mich, doch eine schöne Erfahrung. Andrew zog aus, nahm Steve, einen Teil der Möbel und unser Auto mit. Er versprach, dass ich Steve noch oft sehen würde.

Ich sollte ihn jedoch nicht mehr sehen können.

Mick gab seine Wohnung auf und wir begannen ganz von vorn, wir richteten uns nach und nach neu ein. Die ersten vier Monate schliefen wir auf einer Luftmatratze, deren Luft morgens entwichen war, da die Katze ihre Krallen daran gewetzt hatte. Micks Freunde trauten seiner Entscheidung, mit mir leben zu wollen, nicht ganz und betrachteten diese überraschende Wendung als Eintagsfliege. Es gab sehr viel Gerede innerhalb der Hörgeschädigtengemeinschaft, war doch dieser Mick, der kein Frauenverächter war, der die schönsten Frauen im Bett hatte, so verrückt, mir ein Kind zu machen! Wieso ekelte er sich nicht vor diesem „Männervamp“? Mir war das Gerede jetzt egal, wir lebten nun zu dritt, und bald würden wir zu viert sein. Wir waren glücklich, hatten unsere Arbeit, bald zwei Kinder und vor allem wieder Träume.

Die Schwangerschaftsanzeichen wuchsen sich zu beharrlichen körperlichen Beeinträchtigungen aus, die sich in unstillbarem Erbrechen und quälenden Migräneattacken zeigten. Ich konnte nicht mehr zur Arbeit gehen, schlief sehr viel, fast die Hälfte des Tages. Abends kochte Mick die herrlichsten Gerichte, um mich an den Tisch zu locken. Doch es wurde nicht besser, so dass ich nun Infusionen bekam. Die Infusionsgaben genügten nicht, eine Behandlung im Krankenhaus wurde nötig. Nach vierzehn Tagen ging es mir von einem Tag auf den anderen viel besser und mit dem Beginn des Sommers kam die körperliche Genesung. Endlich konnte ich mich mit Freude der Schwangerschaft widmen und ich steckte mit dieser Freude alle in der Familie an. Zur Arbeit konnte ich auch wieder gehen, machte meinen Führerschein und gerichtete die Wohnung fertig ein. Der Sommer war reich an Sonnenschein, Wärme, Obst, Gemüse. Mick fuhr täglich extra mit mir an den See, damit ich eine Runde schwimmen konnte. Der September kündigte sich mit kühleren Tagen an, mir ging es jedoch nach wie vor sehr gut. Ich war stolz auf die Schwangerschaft und auf mein neues Familienleben. Es würde ein Septemberkind werden, das den Duft des Sommers in sich trüge.

Am 19. September wurde Jessica um 17:13 Uhr nach viereinhalb Stunden Wehen in der städtischen Frauenklinik geboren. Sie wog 3250 Gramm und war über 50 cm groß. Mick war bei der Geburt dabei und seine Humoreinlagen beschleunigten mit Sicherheit den Geburtsvorgang, mein Lachen verstärkte die Wehen. Tränen, unterbrochen von Lachanfällen, eine komische, aber sehr wirksame Mischung der Geburtshilfe. Diesmal brauchten wir kaum ärztlichen Beistand. Es war eine ganz natürliche Sache, ja fast ein sportlicher Vorgang, dies Kind zur Welt zu bringen. Jessica schrie aus vollem Halse, sie wollte etwas: Milch. „Rooming in“ – die Kinder durften tagsüber bei den Müttern bleiben, was für ein Fortschritt. Ich fühlte mich so fit, dass ich am liebsten gleich wieder nach Hause gegangen wäre. Ja, warum tat ich es nicht einfach? Vielleicht, um uns allen Zeit zur Erholung zu geben, denn Maria und Mick hatten ja weiterhin zur Schule und zur Arbeit zu gehen. Eine Woche später wurden wir mit dem Auto nach Hause gebracht und das Leben mit Baby begann.

Babypflege, Ausbildung und Cochlear Implantat

Waren es Regentropfen, Tränen, oder beides vermischt? Ich spüre, wie ich hart gegen den Wind ankämpfe. Joggen, wie tat es gut, es ist eine Möglichkeit, sich auf sich selbst zu besinnen. Viel, sehr viel Trauer, ich versuchte Stück für Stück Abschied zu nehmen. Ein guter Ratschlag, eine Botschaft auf eine Reise zu schicken – ich werde nachdenken!

Auch von Steve konnte ich nicht richtig Abschied nehmen, er war plötzlich fort, nach einer Zeit, in der ich ihn lieb gewonnen hatte. Es war eine andere Liebe, als die, die ich meinen eigenen Kindern entgegenbrachte, mehr mit distanziertem Respekt und mit Achtung vor seiner Mutter, aber auch vor seinem Schicksal. Ich liebte das Kind und dessen Unschuld. Von einer Freundin erfuhr ich, dass es ihm gut ging, und dass er nach wie vor Kontakt zu gleichaltrigen und ebenso zu hörgeschädigten Menschen hätte. Diese Information beruhigte mich, ich bin auf eine besondere Weise dankbar dafür.

Mick und Maria holten Jessica und mich aus der Klinik, wir kehrten in unsere eigene Wohnung zurück und waren nun zu viert. Ich wusste, dass ich keinen Erziehungsurlaub nähme, weil ich davon ausging, dass ich mich noch einmal auf die Schulbank setzen würde, um einen zweiten Berufsabschluss zu erwerben. Die erste Woche mit Baby war ungewohnt stressig, war doch Maria bereits zwölf Jahre alt, ein großer Abstand. Doch nach einer Woche gewöhnte ich mich an den neuen Zeitplan und es begann, Spaß zu machen, meine Zeit frei einteilen zu können. Tagsüber kümmerte ich mich um das Baby, am Abend übernahm Mick das Wickeln, Baden und in den Schlaf Wiegen, auch Maria wurde dabei mit einbezogen. Sie musste ja tagsüber in die Schule und nachmittags ihre Hausaufgaben machen. Dann aber konnte sie auf den Hof und mit Freundinnen spielen gehen. Wir hatten nun ein Faxgerät, eine tolle Sache damals, einen Babysender, der Blitzsignale aussandte, wenn Jessica schrie. Später bekamen wir noch einen Sensor, der am Körper des Kindes befestigt wurde, zur Sicherheit, um dem plötzlichem Kindstod vorzubeugen. Dennoch hatte ich einen sehr leichten Schlaf und war schon übersensibilisiert, was die Achtsamkeit auf meine

Kindern betraf, ich versuchte, locker zu lassen, was mit zunehmender Sicherheit auch besser gelang. Einen Kinderwagen hatten wir, aber ich trug Jessica meist im Tragetuch, eine optimale Erfindung, die mir sehr viel Bewegungsfreiheit verschaffte. Ich konnte mir nicht mehr vorstellen, den Kinderwagen vor einem Geschäft stehen zu lassen.

Jessica wuchs von Anfang an mit der Gebärden- und Lautsprache bilingual auf. Micks geniale Gebärdensprache animierte sie zum Lernen. Sie lernte im Zeitraffer, konnte bereits mit 10 Monaten laufen und sprechen. Ich staunte, was die Gebärden in Verbindung mit Worten in einem Babygehirn bewirkten und begann, sie mit anderen Babys zu vergleichen. Maria wuchs ja ohne Gebärdensprache auf, besonders im ersten Jahr, als wir bei meiner Mutter wohnten, wandten wir ausschließlich die Lautsprache an. Ich fand es als schade, als ich den Vergleich zur Gebärdensprache herstellte. Doch woher sollte ich es damals besser wissen? Ich lernte aus meiner Erfahrung und würde sie weitergeben können.

Ich stillte Jessica, Mick war zu Hause und es klingelte. Tim kam und wollte einfach mal mit uns reden, es ging ihm nicht gut, denn seine Frau hatte die Scheidung eingereicht und war dabei, mit den Kindern umzuziehen. Er fühlte sich verlassen und litt offensichtlich an dieser Situation, was wir gut verstehen konnten, aber es war seine Ehe und sein Leben. Ihm half es aber, dass wir einfach nur da waren. Wir besuchten Micks Eltern und meine Mutter, Welten trennten beide Familien voneinander. Micks Eltern hielten ihre Familie beisammen, entweder sie besuchten die Kinder oder umgekehrt diese sie. Zur Familie gehören fünf Kinder. Mick ist mit seinen 41 Jahren der älteste und einzige gehörlose Sohn. Zwei andere Söhne sind hörend und zwei Schwestern ebenso. Sie wohnen in den unterschiedlichsten Orten Deutschlands, wo sie wichtigen Berufen nachgehen. Jessica hat noch zwei Cousinen und drei Cousins, die teilweise etwas älter oder jünger als sie selbst sind. Bei Daniela, einer der Cousinen, war Jessica sehr oft zu Besuch, weil wir wollten, dass sie von klein auf Kontakt zu anderen hörenden Familienangehörigen bekam, und in ständigem sozialem Bezug zu anderen Menschen blieb. Wir wollten sie nicht übermäßig behüten, sondern ihr Mut machen, sich der Welt zuzuwenden, aber auch wieder zu uns zurück zu kehren, wenn es ihr in dieser zu laut wurde. Wir strebten dies auch bei Maria an, aber sie war als kleines Kind zu oft und zu lange in meiner Nähe gewesen, einfach weil ich auf Grund meiner Unerfahrenheit noch mehr auf sie achtete und verhindern wollte, dass ihr etwas passierte. Ihr Vater war ja auch nicht sehr oft da gewesen.

Der erste Besuch mit Baby bei meiner Mutter war schlimm. Ich schämte mich für sie, schämte mich für das, was der Alkohol bei ihr bewirkte und wie sie sich dann verhielt. Das ganze Ausmaß ihres Alkoholismus war mir bis dahin noch nicht klar gewesen. Ich wusste, dass sie mit 59 Jahren in den Vorruhestand gegangen war, die Dienstwohnung im Heim, in dem sie mehrere Jahre lang als Heimleiterin gearbeitete hatte, musste sie aufgeben und in eine Singlewohnung ziehen. Diese befand sich auf einem Fabrikgelände in unmittelbarer Nähe einer Kuckucksuhrenfabrik, sehr schön und in der Nähe der Schlosskirche gelegen. Der Garten war ein Kleinod, sehr romantisch mit der weißen, zierlichen Sitzgruppe und schön angelegten Blumenstauden inmitten von viel Grün. Doch die Wohnung war erschreckend klein, dunkel und sehr ungemütlich. Sie befand sich im Erdgeschoss, besaß einen Miniflur, eine Minitoilette, Miniküche und einen einzigen Wohnraum. In diesem schmucklosen, ja kargen Ambiente fröstelte ich. Ich hielte es keine Stunde in den Räumen aus, wenn ich allein dort wohnen müsste. Eine schlichte dunkle Anbauwand, eine mit naturfarbenen Motiven bedruckte Couchgarnitur, Couchtisch, Liege und Stehlampe waren das ganze Mobiliar in diesem Wohnraum. Einen kleinen Fernseher gab es auch. An der Wand hing ein Bild mit Dürers „Betenden Händen“. Wir kamen am frühen Nachmittag an und dachten, dass wir länger bleiben könnten. Mein Bruder hatte inzwischen mit seiner Freundin eine gemeinsame Wohnung bezogen. Der jüngere Bruder zog in die alten Bundesländer.

Meine Mutter öffnete und machte einen desorientierten Eindruck, der sich aber nach kurzem wieder verflüchtigte. Ich wollte sie umarmen und drücken, doch sie wandte sich ab. Für Maria interessierte sie sich mehr als für das Baby. Es war ihr fremd und sie wollte in dem Augenblick keine Beziehung zu ihm herstellen, was mich maßlos enttäuschte. Wir setzten uns im Wohnzimmer auf die Couch und ich holte, um einen Gesprächsbeginn zu haben, Fotos aus der Tasche. Ich dachte, dass sie vielleicht Kaffee anbieten würde oder anderes, doch sie stand urplötzlich auf, ging zur Tür und öffnete diese weit, wies mit der Hand auf den Hof und rief: „Raus, raus, aber schnell! Wird's bald?“ Ich fing innerlich an zu zittern und blickte zu Mick, Maria und Jessica, wir standen auf und ich entgegnete: „Ja, Mama, gib uns eine Minute!“

Wir zogen uns an, verließen die Wohnung, setzten uns ins Auto und fuhren zurück. In mir zerbrach etwas, sie war zu weit gegangen. In dem Moment schwor ich mir darauf zu achten, so lange es in meiner Macht läge, so für mich zu sorgen, dass ich für meine Kinder und Mitmenschen berechenbar bliebe. Gleichzeitig wunderte ich mich, dass meine Brüder so gut wie kaum über ihre Sucht schrieben oder berichtet hatten. Wollten sie mich oder sich schützen?

Unsere bisherige Wohnung wurde zu klein für uns vier Personen und wir konnten bald in eine größere Dachgeschosswohnung umziehen. Sie war sehr hell, sanierter Altbau, hatte schön geschnittene Räume, die der Wohnung eine individuelle Note gaben. Das Bad war voll gefliest, ein Traum für mich, die ich zu DDR-Zeiten doch in sehr bescheidenen Wohnverhältnissen gelebt hatte. Maria hatte ein wunderschönes und geräumiges Jugendzimmer. Jessica schlief noch bei uns im Schlafzimmer. Wir hatten sogar ein kleines Arbeitszimmer – Freude! Telefonanschluss hatten wir ebenfalls, damit Maria auch anrufen konnte, wenn sie es wollte. Manchmal tat sie es auch für uns, doch wir versuchten, unsere diesbezüglichen Wünsche auf ein Minimum zu reduzieren. Ab und an war dies jedoch nicht möglich. Später wurde uns bewusst, dass uns der Blick aus den Fenstern fehlte, ein ganz wichtiger Aspekt, der uns zuvor gar nicht aufgefallen war. Mick stand manchmal am Kippfenster in der Küche und versuchte, ins Weite zu blicken, was jedoch kaum möglich war. Abends konnte man jedoch die Sterne am Himmel sehen, dem Mond zunicken und den Tag verabschieden. Einen Hof, in dem die Kinder spielen konnten, gab es ebenfalls nicht. Wir bemerkten, dass wir einen großen Fehler gemacht hatten, nachdem wir mitbekamen, wie sehr Maria ihre Spielgefährten vom Spielplatz vermisste. Ja, dies war ein großer Nachteil und eine unbedachte Entscheidung, wie gerne hätte ich diese Gedankenlosigkeit rückgängig gemacht. Ich ärgerte mich über mich selbst.

Nach vier Monaten ging ich wieder arbeiten. Mick brachte Jessica in eine Kinderkrippe am Wald, in der eine familiäre Atmosphäre herrschte; die Krippe vermittelte uns das Gefühl, dass gut für unser Kind gesorgt würde. Nachmittags holte Mick sie wieder ab, manchmal aber auch Maria oder ich. Die Zeit verging, Jessica wuchs heran, entwickelte sich zu einem Wirbelwind, der viel lachte, sehr eigenwillig und selbstsicher seine Wünsche anbrachte, aber auch Grenzen akzeptierte. Maria beschützte ihre kleine Schwester mit einer Innigkeit, die zu erleben sehr anrührend war.

1995 musste ich mich einer Struma-Operation unterziehen, die mich unwahrscheinlich belastete. Die Operation selbst wurde unter Vollnarkose durchgeführt, der Operationsschnitt verlief unterhalb des Kehlkopfes, trotz der Anästhesie musste ich fast zwanghaft an die Vergewaltigung im Harzwald denken, auch dort hatte ich dieses Gefühl des Ausgeliefertseins, der Wehrlosigkeit und Todesnähe. Aber es war mir unmöglich, darüber zu sprechen. Auf die Sprachlosigkeit reagierte mein Körper mit Panikanfällen, die sich ganz plötzlich, aus heiterem Himmel einstellten, ich spürte, wie eine Hitzewelle sich von den Füßen bis hoch zum Kopf ausbreitete, wie mein Herz zu rasen anfing und ich schwarze Ringe vor den Augen sah. Beim ersten Mal dachte ich, ich würde in Ohnmacht fallen, was natürlich nicht passierte.

Mick rief oft den Notarzt, der mir eine Beruhigungsspritze gab und meinte, es würde wieder werden. Erst im Rahmen meiner späteren beruflichen Ausbildung konnte ich mir ein Erklärungsmodell vorstellen. Wenn meine Kollegen mich plötzlich erröten sahen, dachten sie, dass mich irgendein Schuldgefühl plagte. Doch es war einfach nur Angst, die ich noch nicht zuzuordnen vermochte. Die Operation verlief ohne Komplikationen, nur war ich wochenlang geschwächt. Mick reservierte Flugtickets für eine Reise nach Mallorca. Kurz vor Reiseantritt bekam ich eine Nebenhöhlenvereiterung und stand hilflos der Flugangst gegenüber. Ich bewunderte Mick für seine Geduld, die er aufbrachte, als ich darum bat, die Tickets stornieren zu dürfen. Stattdessen fuhr er mit mir zu seinem Vater, Jessica war bei ihrer geliebten Uroma. Ein schlechtes Gewissen hatte ich auch, wenn er diese Geschichte Freunden erzählte, was ich als nicht so einfühlsam empfand. Doch wie sollte er verstehen, wenn ich nicht darüber sprach und Zusammenhänge kaum erklären konnte!

Micks gehörlose und schwerhörige Freunde waren in dieser Zeit eine starke Stütze, wir hatten viel Gelegenheit, uns auszutauschen, unternahmen viel gemeinsam, da auch sie kleine Kinder hatten. Ausflüge, Besichtigungen, Erlebnisbadbesuche, Fasching und andere Höhepunkte brachten viel Freude in unser Leben. Es kamen auch hörende Freunde dazu, sie besuchten Gebärdensprachkurse, die noch von zwei anderen Kursleitern angeboten wurden und alle trafen sich nach Möglichkeit einmal wöchentlich zu einem Gebärdenstammtisch, um die erlernten Gebärden auch in der Praxis anwenden zu können. Da wir sehr viel in der Freizeit unternahmen, lernten sie mehr und schneller dazu, als im theoretischen Unterricht. Der ständige Kontakt zwischen Gehörlosen und Hörenden schaffte für beide Seiten ein Klima, das Integration zumindest erahnen ließ. Im Laufe der Zeit begann Mick sich verstärkt auf neue ehrenamtliche Aufgaben einzulassen, er wurde in den Vorstand des Stadtverbandes, der mein Arbeitgeber war, gewählt. Nebenbei gab er nach wie vor Gebärdensprachkurse, war Mitglied in einer Landesarbeitsgemeinschaft für Gebärdensprachdozenten, spielte weiter Fußball, auch Turniere in anderen Städten. Zusätzlich fuhr er manchmal Go-Kart und trat in die Theatergruppe des Gehörlosenzentrums ein, Proben und Auftritte standen an. Es war viel, was er nun in seiner Freizeit zu bewältigen hatte, er wollte überall dabei sein, spürte aber, dass er sich damit übernahm.

Der 20. Dezember 1996, wir hatten für diesen Tag unsere Hochzeit geplant, wir wollten unsere Familien, Freunde, Arbeitskollegen und Menschen, die uns sonst noch nahe standen, mit uns feiern lassen. In einer großen Gemeinschaft, in der das Hören oder Nichthören keine Rolle spielen sollte. Noch am Abend zuvor regnete es in Strömen, der in der Nacht in Schneefall überging.

Am Morgen schneite es weiter, heftige Schneeböen führten zu Staus auf den Straßen, so dass der Trauzeuge und Fotograf nicht pünktlich kommen konnte. Das erste Mal bei einer meiner Hochzeiten trug ich weiß, ein Märchenkleid aus ein wenig Spitze und viel Satin, welches meine schmale Taille betonte. Dazu ein langer Schleier an einem schlichten Reif, welcher meine dunklen, hochgesteckten Haare besonders gut zur Geltung brachte, daneben das blasse Gesicht und der rote Mund, „Schneewittchenbraut"! Der Brautstrauß bestand aus burgunderroten Rosen mit grüner Edeltanne, sehr originell, er passte zu meiner Stimmung.

Mick trug einen schlichten dunklen Anzug, dazu ein weißes Hemd, ohne Schlips und Fliege, er sah ungewohnt gentlemanlike aus, lief er doch sonst immer in Jeans oder Cordhosen herum. Die Kinder trugen weiß-schwarz kombinierte Kleidung, was gut zu ihrem blonden Haar passte und sehr festlich wirkte. Mein Kleid war etwas zu eng, ich bekam noch genug Luft, ich musste mir das Essen zum Teil verkneifen.

Die Trauung war ergreifend schön, weil die ganze Atmosphäre stimmte, weil ich das erste Mal das Gefühl hatte, dass wir reif für die gemeinsame Reise waren. Beim Mittagessen im Hotel überreichte mir ein Kellner mein blaues Strumpfband, welches ich unterwegs verloren hatte. Oh, war mir das peinlich. Aber wir hatten Spaß. Im Laufe des Tages überfiel mich wieder einmal ein Panikanfall und ein Freund musste meine so genannten Notfalltropfen holen, die mich beruhigten. Gehörlose Freunde führten ein tolles Kulturprogramm auf, es wurde ein langer, schöner Abend, der für Mick und mich in einer Hochzeitssuite in einem Hotel endete. Wir waren nun Mann und Frau, die sich auch vor dem Gesetz das „Ja"-Wort gegeben hatten. Welchen Einfluss eben dieses „Ja" für unsere Gemeinsamkeit haben würde, sollten wir noch oft erfahren.

Im Januar 1997 ging der Alltag an der Arbeit wieder los, nun hieß ich Sabine Helbig, wurde mit Frau Helbig angesprochen. Ich beobachtete bei der Arbeit andere gehörlose oder schwerhörige Eltern mit hörenden oder gehörlosen Kindern und dachte mir, dass man etwas tun könnte, um sie zu entlasten. Der Bezug zu meinen eigenen Kindern spielte auch eine große Rolle dabei. Meinen Kollegen und mir kam die Idee, eine Kinderbetreuung an Sprechtagen einzurichten, schnell wurde es in die Praxis umgesetzt. Dann wurde eine Frauengruppe gebildet, um hörgeschädigten Frauen und Müttern einen Ruheraum zu geben, wo sie unter sich sein konnten. Die Kinderbetreuung war eine tolle Idee, denn auch die Väter konnten mal abschalten und sich in Ruhe zwanglosen Gesprächen mit Gleichgesinnten widmen. Zeit für sich zu haben tat den Eltern gut, und wenn es den Eltern gut ging, bekamen auch die Kinder dies positiv zu spüren. Sie waren fröhlicher.

Meiner Erinnerung nach sprach ich noch im April 1996 – vor der Hochzeit - mit meiner Vorgesetzten und mit dem Arbeitgeber, weil auch ich einen Berufsabschluss im Sozialbereich brauchte, um als anerkannte Fachkraft zu gelten. Sie unterstützten dieses Vorhaben, der Arbeitgeber stimmte der erforderlichen Freistellung zu, er handhabte dies bei allen Kollegen so und meine Chefin begleitete mich zur Fachoberschule, die eine nebenberufliche Ausbildung für Arbeitskräfte, die noch alte DDR-Abschlüsse hatten, anbot. Das Sozialministerium des Landes förderte diese Ausbildungen finanziell, weil ein gesellschaftliches Interesse an fachlicher Qualifizierung bestand.

Die Euroschule war eine Schule für hörende Auszubildende, also nicht speziell für hörgeschädigte, insbesondere nicht für gehörlose Auszubildende gedacht. Der Direktor reagierte voller Skepsis, als er von meinem Anliegen erfuhr und war nahe daran, abzulehnen. Nur der Überzeugungsarbeit meiner Chefin war es zu verdanken, dass er am Ende einem Modellversuch zustimmte. Ein Bekannter, Janus, brauchte auch eine Ausbildung, und ob er bereit wäre, auch an diesem Modellversuch teilzunehmen. Nach anfänglichen Zweifeln sagte er zu, was mich sehr froh stimmte.

Nun musste ich noch einen Antrag bei der Hauptfürsorgestelle einreichen, um die Kosten für Gebärdensprachdolmetschereinsätze während der Ausbildung finanziert zu bekommen. Laut Kostenvoranschlag beliefen sich die Gesamtkosten auf 60.000 DM. Ein sehr hoher Betrag, den ich nie aus eigener Tasche hätte bezahlen können. Der Bescheid vom Amt, dass die Kosten in voller Höhe übernommen würden, stimmte mich sehr froh. Janus brauchte keinen Antrag mehr zu stellen, da wir nicht zwei separate Gebärdensprachdolmetscher benötigten.

Der Ausbildungsbeginn sollte am 8. August 1996 sein. Wir hatten noch etwas Zeit, um uns innerlich auf mehr Stress und darauf, weniger Zeit zu habe, vorzubereiten. Besonders für mich würde die Zeit knapp werden, war ich doch Mutter, voll berufstätig, hatte noch einige ehrenamtliche Aufgaben, die mir am Herzen lagen, doch ich konnte immerhin meine Kinder mitnehmen und hatte einen Mann, der mich voll unterstützte, wenn es um die Kinderbetreuung ging. Auch war er stark daran interessiert, dass ich mich selbst verwirklichen konnte, zumal er in dieser Hinsicht genauso gut für sich sorgte.

Die Unterrichtszeiten fielen auf Freitage, Samstage und Blockwochen. Wir waren etwas über 25 Auszubildende, die bereits über eine langjährige Berufspraxis und Lebenserfahrung verfügten und nicht mehr ganz so jung waren. Janos und ich waren zwei „Sonderexemplare" unter den „Normalos". Wir wurden bestaunt, insbesondere lenkte anfangs die Gebärdensprache alle Aufmerksamkeit auf den Gebärdensprachdolmetscher, was sich jedoch bald legte. Wir würden eine Ausbildung als „Staatlich anerkannte Fachkraft für soziale Arbeit" absolvieren und nach erfolgreich bestandener Prüfung eine Anerkennung für die Arbeit in sozialen Bereichen vorweisen können. Die staatliche Anerkennung galt jedoch nur für bestimmte Bundesländer, je nachdem, ob das jeweilige Land das Curriculum anerkannte. Wir hatten die Fächer Deutsch, Englisch, Sozial- und Verwaltungskunde, Ethik, EDV, Sozialarbeit, Rechtskunde, Soziologie und Psychologie, sämtlich Fächer, die mir sehr lagen. Die ersten Monate liefen ruhig an, trockene Theorie musste sein, aber es würden noch andere Module folgen.

Marias Jugendweihe, ebenfalls im April 1996. Meine Mutter kam, sie hatte eine Entgiftung- und Entwöhnungsbehandlung von mehreren Wochen hinter sich. Sie wirkte sanfter, entspannter, sah gepflegt und erholt aus. Ihr ganzes Auftreten wirkte ernsthaft bemüht, sich auf einen Verzicht von Suchtmitteln einzulassen. Nüchtern wirkte sie verletzlicher und ich hatte das Gefühl, sie mit Glacéhandschuhen anfassen zu müssen, was mir nicht gefiel. Immer noch ging ein Hauch von Unberechenbarkeit von ihr aus, der mich innerlich verkrampfen ließ. Doch ich wollte ihr glauben, freute mich, sie bei Marias Jugendweihe dabei zu haben. Es zeigte ihren guten Willen. Auch Raouls Adoptivmutter, die Oma väterlicherseits, kam. Die Feierlichkeiten waren - aus heutiger Sicht - doch sehr Stress beladen, und wenn ich könnte, hätte ich sie rückgängig machen wollen, wir hätten etwas für unsere kleine Familie machen können, eine Reise vielleicht. Ich hatte nicht den Mut, den beiden Frauen abzusagen.

In der folgenden Zeit schickte ich meiner Mutter oft Pakete mit Kleidung, damit sie sich schön anziehen konnte, wenn sie zur Selbsthilfegruppe oder zum Chor ging. Sie hatte praktisch nichts mehr an Vermögen, es war alles für den Alkohol drauf gegangen.

Seit einigen Wochen lief beim Amt für Familie und Soziales mein Antrag auf Erhöhung des Behinderungsgrades, da ich ertaubt war und meiner Meinung nach eine Ertaubung kaum ohne Auswirkung auf das seelische Wohlbefinden blieb, was ich berücksichtigt haben wollte. Ich fand, dass die Einstufung gehörloser und ertaubter Menschen sehr wohl gleichrangig erfolgen sollte, wenngleich auch Unterschiede zwischen beiden Hörschädigungsformen bestanden, deren Differenzierung sich aus meiner Sicht zu einseitig auf den Unterschied zwischen prä- und postlingualer Ertaubung konzentrierte.

Mir ging es darum, dass die Taubheit an sich für beide Formen gleiche Nachteile in allen Lebensbereichen mit sich bringt, nur ist die Sprache bei erst nach dem Spracherwerb Ertaubten manchmal besser ausgeprägt, auch was das Wahrnehmen der sprachlichen Welt aus Schriftsätzen, Büchern und Sprachschatz betrifft. Gehörlose Menschen können dafür besser ihre Muttersprache, die Gebärdensprache einsetzen, die sie in ihrer kulturellen Gemeinschaft zu Hause sein lässt, ein enormer Schatz, der ihnen eine Heimat gibt, welche Ertaubten sehr häufig verwehrt bleibt. Das Herausgerissenwerden, oft aus einem ganz normalen Umfeld - einem Umfeld, das auf das Hören ausgerichtet ist -, kann traumatische Folgen haben. Sehr viele gehörlose Menschen erfahren sehr früh ein Eingebundensein in Gehörlosengemeinschaften, schon in Kindereinrichtungen und in der Schule. Mir ging es nicht darum, aufzuzeigen, welche Art von Taubheit schlimmer ist, sondern darum, dass auch später ertaubte Menschen im Alltag mit Nachteilen zu kämpfen haben, welche nicht mit technischen Hilfsmitteln kompensiert werden können. Es sei denn, man ließe sich ein Cochlear Implantat einsetzen. Eine Hörprothese, von der ich im Zusammenhang mit dem Gutachterbesuch, welcher von Amts wegen angeordnet worden war, erfuhr. Der Gutachter war mir bereits durch berufliche Kontakte bekannt. Auch meine Tochter Jessica wurde als Neugeborenes auf ihr Hörvermögen hin untersucht, es gab keinen positiven Befund, was uns jede Menge Ärger und Stress ersparte, nicht im Hinblick auf ein Leben mit Behinderung, sondern in Bezug auf die Einwilligung zu einer Cochlear-Implantat-Operation, die wir mit Sicherheit abgelehnt hätten.

Der Gutachter, ein Facharzt für Hals-Nasen-Ohren-Heilkunde schickte mich mit einer Überweisung nach Berlin in die berühmte Charitè zur Abklärung, ob meine Hörnerven intakt seien, damit eine Implantation erfolgen könne. In dieser Klinik wurde ich gründlich untersucht und bei einem abschließenden Gespräch mit der für mich zuständigen Ärztin erfuhr ich auf eigenes Nachfragen hin, dass das Hören mit einem Cochlear Implantat anders sei als mit einem Hörgerät. Sie beschrieb es als ein „metallisches" Hören, künstlich eben, auch klärte sie mich über Nachteile auf. Sie reichten von medizinischen Nebenwirkungen, die vor und nach einer Operation auftreten könnten, Nervenschädigungen bis hin zu sozialen Einschränkungen.

Auf der Rückfahrt machte ich mir über das Ergebnis der Untersuchung viele Gedanken und kam zu einigen Schlussfolgerungen, die darauf hinausliefen, dass es keine Heilung gäbe, auch nicht mit einer Hörprothese. Worum ging es mir eigentlich? Hatte ich den Hörverlust als solchen schon akzeptiert oder lehnte ich mich gegen das Schicksal, nicht mehr hören zu können, auf? Was störte mich an meinem Leben ohne Gehör? Ging es mir um Wiederherstellung der Unversehrtheit oder um Schaffung besserer Lebensumstände, die mir ein Leben als Nichthörende erleichtern konnten? Konnte man etwas ändern, was nicht zu ändern war? Meine Überlegungen: Ein solches Implantat ließe mich nicht „normal" oder weniger behindert erscheinen, sondern mir eine andere Behindertenidentität verschaffen, was mich noch einmal isolieren würde. Ich müsste meine Konzentration auf das Hören richten, wertvolle Energie, die ich für meine geistige, seelische und soziale Entfaltung benötigte, würde davon abgezogen werden. Mit der Implantation könnte ich nicht automatisch alles verstehen, ich müsste Zeit, Energie, Flexibilität, Spontaneität und ein mir ganz wichtiges Identitätsgefühl opfern müssen.

Die Gebärdensprache gab mir alles, was ich verstehen musste, um im Alltag klar zu kommen, sogar Musik konnte ich „sehen", wenn sie „übersetzt" wurde, und ich bliebe innerlich „klar" – ertaubt. Ich war der Ärztin für ihre medizinischen Erläuterungen ausgesprochen dankbar, die mich wiederum zu mehr inhaltlichen Auseinandersetzungen in Bezug auf diese Fragestellungen führten. Nun wusste schon recht viel über diese neue Methode, das medizinische „Wunder" – welches ich so kritisch betrachtete. Was ich wollte, wusste ich schon seit längerer Zeit, bessere psychosoziale Bedingungen, um auch ohne zu hören auf lebenspraktischer Höhe zu sein. Das war mit dem Einsatz der Gebärdensprache möglich, Türen öffneten sich in Bereiche wie Medizin, Recht, Kultur, Bildung und Arbeit, was wiederum zur weiteren Entfaltung meiner Persönlichkeit führen würde.

Wer sich für eine Implantation entschied, würde für sich ebenso reiflich überlegt haben, eine für ihn stimmige Option ausfindig zu machen. Doch was war mit den Babys, Klein- und Schulkindern, denen das Implantat verordnet wurde, wie sollten ihre Eltern eine solche Entscheidung treffen können? Welche Alternative blieb ihnen? Sahen sie eine, sie, die selbst Mühe hatten, das Nichthören nachzuvollziehen? Welche Rolle spielten die ökonomischen Zwänge, wer profitierte vom Verkauf dieser scheinbaren Wundertechnik? Was verdiente die Pharmaindustrie daran, die Mediziner und Forscher? Diesen Fragen ging ich nach und machte erschreckende Feststellungen, es ging um sehr hohe Profite, der Arme noch ärmer und Reiche noch reicher macht, nicht nur in finanzpolitischer, sondern ganz besonders in ideologischer und gesellschaftspolitischer Weise. Ich hatte nichts gegen diese Implantattechnik an sich, sondern, wie mit ihr umgegangen wurde, immer noch umgegangen wird. Wahlmöglichkeiten, werden sie aufgezeigt? Wann, wo und wie? Warum nicht der Natur ihren Lauf lassen, dafür bessere Bedingungen schaffen, dass auch behinderte Menschen integriert werden, statt zu versuchen, sie zu reparieren, was immer mit Risiken behaftet ist? Ich fühlte, dass sehr viele Eltern hiermit überfordert sein dürften. Bekamen sie genügend Beistand, um eine unvoreingenommene und vorurteilsfreie Entscheidung treffen zu können?

Wieder zurück! Freudestrahlend teilte mir der Gutachter mit, dass er mir ein solches Cochlear Implantat verordnen könne, die Kasse trüge die Kosten auf jeden Fall und er empfähle mir die Klinik in H. Als ich dankend ablehnte, bedachte er mich mit einem vorwurfsvollen und verständnislosen Blick - wie unvernünftig von mir, eine derartige Chance abzuweisen!

Es kam zum Sozialgerichtsprozess um meinen Behinderungsgrad, der Richter fragte, weshalb ich mich nicht einer „heilenden“ Operation unterzöge, woraufhin ich entgegnete, dass ein erneuter Identitätswechsel meiner Psyche nicht gut täte. Ich bräuchte nur die Anerkennung als nicht hörender Mensch, Nachteilsausgleiche, wozu auch der Einsatz der Gebärdensprache und die Möglichkeit, Dolmetscher in Anspruch nehmen zu können, gehöre. Für mich ging es um die Teilhabe am Leben in der Gemeinschaft unter Zuhilfenahme der Gebärdensprache. Der Richter verstand und es kam zu einer für mich positiven Urteilsverkündung.

In der Folgezeit sprachen mich immer mal wieder Menschen auf ein Cochlear Implantat an und immer wieder lehnte ich ab, erntete dadurch Kopfschütteln, Unverständnis, wurde auch belächelt ob meiner „Sturheit“. Ich folgte einfach meiner inneren Stimme, die mir davon abriet und wünschte einfach nur Akzeptanz, Wertschätzung und Respekt für meine Person, die immer behindert bleiben würde, mit oder ohne Implantat. Behinderung wird geschaffen durch einen Haufen Barrieren, die zu beseitigen sind, dafür hatte ich mehr Kraft als für ein Erlernen des künstlichen Hörens. Ich wollte geliebt, respektiert und geachtet werden, so wie ich war.

Selbstverwirklichung, Projektentwicklungen und Felder voll Gold

Wieder ist es Frühling. Ich sehe Traktoren die Felder pflügen, zarte grüne Knospen aus grauen Zweigen sprießen. Ich mag die feuchte, milde Luft am frühen Morgen und sinniere vor mich hin. Was kann ich tun, um einfach nur ich zu sein, um mich daran zu gewöhnen, auch ohne Leistung ein liebenswerter Mensch zu sein, einen Sinn im Leben zu sehen? Welche Reserven habe ich noch? Eigentlich kann ich dankbar für diese Herausforderung sein, die bereits jetzt auf mich zukommt, bleibt sie mir dafür im höheren Alter erspart? Herausforderungen sind nicht einfach so vorhanden, sondern haben einen Hintergrund, daran glaube ich! Zurück zum Thema Selbstverwirklichung und alles, was dazu gehört.

Bei der Arbeit erfolgten personelle Veränderungen, sowohl im hauptamtlichen als auch im ehrenamtlichen Bereich. Meine Vorgesetzte beendete ihr Studium und ging nach Afrika in die Entwicklungshilfe. Wir alle bewunderten sie für ihren Mut und ihre Bereitschaft, sich noch einmal auf Entdeckungsreise zu sich selbst zu begeben. Yvonne und John waren schon länger da, beide Sozialarbeiter und hörend. Sie hatten ähnliche Aufgaben wie ich auch, nur mit mehr Telefonaten, Vermittlungsdienst, Verwaltungsarbeit, dafür hatte ich mehr mit Projektentwicklungen und Rechtsangelegenheiten zu tun. Die Arbeitsaufteilung war optimal und wir bildeten ein tolles Team. Unser ehemaliger Verwaltungsleiter übernahm die Leitungsposition, die unsere gemeinsame Vorgesetzte bis dahin innehatte. Er war gehörlos. Alle Arbeitsbeschaffungsmaßnahmen mit Personal blieben uns erhalten. Im ehrenamtlichen Bereich wurde ein neuer Vorsitzender gewählt, da unser bisheriger verehrter Vorsitzender gestorben war. Mir wurde damals schon gesagt, dass mich der neue Vorsitzende nicht mochte und er dies so auszudrücken pflegte: „Mein Blut passt nicht zu ihrem!“ Da hatte er Recht. Wir hatten kaum Gemeinsamkeiten, weder privat noch dienstlich. Aber das war nicht so schlimm, denn es musste auch nicht sein, es ging um die inhaltliche Arbeit und sachlichen Austausch. Er war ohnehin nicht täglich da und unser neuer Vorgesetzter, der ihn schon seit Jahren kannte, war dem Vorstand dienstlich unterstellt.

Yvonne war ein Mensch, mit dem ich sehr gut reden und träumen konnte, wir hatten auf Grund unserer Lebenserfahrung ähnliche Gefühle. Wir brauchten nur ganz wenig über inhaltliche Fragen zu sprechen, verstanden uns oftmals wortlos, wie wir diese oder jene Hilfestellung zu leisten hatten. Manchmal dachte ich, so etwas gibt es nur ganz selten. John war Lehrer an einer Hörgeschädigtenschule, bevor er zu uns kam. Er hatte ein ausgleichendes Wesen, war ein Ästhet und sah die Dinge manchmal sachlicher als wir Frauen. Wir hatten viel Gelegenheit, trotz Stress, Überlastung und Wochenendeinsätzen, miteinander zu lachen. Fanden im Humor ein Ventil, das uns neue Kraft schenkte.

Meine Ausbildung schritt zügig voran, Janus und ich kamen mit der Unterstützung der ganzen Klasse und des Lehrpersonals sehr gut mit. Wir fühlten uns nicht außen vor gelassen, sondern richtig integriert, wir ließen keine Ausnahmen von der Regel zu. Die einzige Ausnahme war, dass wir nach dem Unterricht noch Fragen stellen konnten, wenn wir aus fachlicher Sicht etwas nicht richtig verstanden hatten. Gebärdensprachdolmetscher waren da und übersetzten den Stoff fließend. Wir waren einfach nur zufrieden, ich für mich konnte sagen, dass ich glücklich war und sog die Bildung gierig ein. Ausbildungsinhalte beeinflussten meine praktische Arbeit, ich blickte mit kritischeren Augen auf das, was ich bislang getan hatte, manche Sachen waren zu unausgereift und konnten mit dem neuen Wissen vervollständigt oder ausgebaut werden.

Meinen neuen Vorgesetzten kannte ich ja schon, als er noch Verwaltungsleiter war, und wir hatten ein sehr gutes Verhältnis zueinander. Inzwischen wurde seine Frau als Klubmitarbeiterin eingestellt. Mit dem neuen Leiter konnte ich sehr gut über neue Projekte sprechen, konnte ihm zeigen, wie wichtig es war, dass wir einen Betreuungsverein gründeten, damit Menschen, die eine Mehrfachbehinderung hatten und nicht mehr in der Lage waren, sich selbst zu helfen, einen rechtlichen Beistand in bestimmten Lebensbereichen erhielten. Wichtig war, dass der Betreuer gebärdensprachkompetent war. Wir fanden eine interessierte Fachkraft, die sich voller Elan in diese Aufgabe stürzte. Wir unterstützten sie dabei und nach einiger Zeit konnten wir feststellen, dass das Projekt auf einer guten Grundlage stand, die Fachkraft meldete sich auch für einen Gebärdensprachkurs an. Mein Leiter machte dann ebenfalls noch eine Ausbildung zum Sozialmanager und schrieb seine Arbeit über dieses Thema, was ich mit Stolz beobachtete. Die Frauenarbeit wuchs rasant, mit ihr die Kinderbetreuung, die eine diplomierte Sozialarbeiterin, die ebenfalls ertaubt war, in ihre Hände nahm. Frauen begannen sich zu öffnen, erzählten mehr über ihre Bedürfnisse, die auch ihre hörenden und hörgeschädigten Kinder mit einbezog.

Der nächste Schritt war die Schaffung eines Kinder- und Jugendprojektes nach dem bundesweit gültigen Kinder- und Jugendhilfegesetz, welches verschiedene Hilfearten in sich vereinte. Alle Kollegen arbeiteten auf ihre Weise an diesen Projekten. Es gab ein breites Fundament von soziokulturellen Angeboten, die wiederum Einfluss auf die Hauptprojekte hatten. Das eine ergänzte das andere. Nun kam das schwierigste Projekt an die Reihe, es betraf die Hilfen für psychisch- und suchtkranke hörgeschädigte Menschen, weil es auch unter hörgeschädigten Menschen Betroffene gab, die sich nicht in die üblichen Projekte für hörende Menschen integrieren ließen. Sie hatten auch Hemmungen, zu ihresgleichen zu gehen, da bei ihnen eine Mehrfachbelastung vorlag, die nicht durch jeden nicht derart betroffenen Hörgeschädigten eingeordnet werden konnte. Demzufolge bestand für diese Hilfebedürftigen eine Isolationsgefahr.

Wir setzten uns für einen sachsenweiten Arbeitskreis der Fachkräfte im Sozialbereich, aber auch angrenzenden Berufszweigen wie Medizin, Psychotherapie, Suchthilfe und Behinderteneinrichtungen ein. Dieser konnte nur trotz enormer Widerstände gebildet werden, war von Anfang ein Stiefkind, wobei mir bis heute unklar ist, worin der wahre Hintergrund darin liegen kann. Wir waren in vielen Gremien der Stadt vertreten, ich selbst kannte viele Verantwortliche und suchte auch ständig Kontakte, um auszuloten, was wir für unsere Klientel mit übernehmen oder analog anbieten konnten. Mir reichte es nicht mehr, am Symptom zu arbeiten, sondern ich wollte Probleme an der Wurzel anpacken. Die Wurzel reichte tief in ganz viele Bereiche. Wir wollten noch die Altenarbeit ausbauen und nebenbei ein Netzwerk knüpfen, um auch eine gute Argumentation für einen Neubau des Gehörlosenzentrums zu haben, in welchem die soziokulturellen Angebote vervielfacht werden konnten, wozu auch die Bildungsarbeit gehörte.

Es wäre ganz viel möglich gewesen und wir spürten alle, dass wir uns in die richtige Richtung bewegten, hatten wir doch ein lebendiges Beispiel an Erfolgen vor Augen. Freude der Klienten, Zuversicht der Angehörigen und neue Perspektiven eröffneten sich. Die Klientenarbeit war für uns eine Fundgrube. Wir konnten Bedürfnisse schürfen, die sonst nie so klar zu Tage getreten wären. Mit Stolz sprach ich draußen in der hörenden Welt vom Gehörlosenzentrum, und was dort alles geboten wurde. Viele Fachleute, wie Ärzte, Suchtberater, Klinikleiter, Behördenleiter, Fachkräfte aus anderen sozialen Einrichtungen, Firmenleiter und viele andere wichtige Personen kamen direkt in dieses Zentrum, um dessen Arbeit persönlich kennen zu lernen. Die Kontakte waren geknüpft, nun mussten wir dran bleiben und die Zusammenarbeit pflegen, was mir persönlich besonders wichtig war.

Ich drängte oft auf Umsetzung des integrativen Gedankens, lebte ihn täglich vor, indem ich auf hörende Menschen zuging, Praktikantinnen der Fachhochschule betreute und mit Familienangehörigen sprach, sie einlud, um an unseren Freizeitveranstaltungen teilzunehmen. Drängte ich zu schnell und zu intensiv? Möglich – ich spürte allmählich Widerstand. Doch er kam zunächst nur auf sehr subtile Weise bei mir an. Ich bekam harsche Kritik, wenn ich meine Finger auf Wunden legte, wenn ich sagte, was ich sah und fühlte. Das war in Ordnung, aber dann ging es weiter, es kam Kritik, die nicht mehr gerechtfertigt war, weil ich bestimmte Vorwürfe nicht nachvollziehen konnte, sie entsprachen nicht den Tatsachen. Doch es ging weiter, unser Team hielt zusammen und wir suchten das Gespräch mit dem Vorstand, stellten die Projekte verstärkt vor und versuchten sie transparent zu machen. Janus unterstützte mich dabei, wenn wir allein waren, doch er war im Vorstand, dort hielt er sich zurück. Ich blieb beim Kurs der Öffentlichkeitsarbeit, war unbequem, wenn es um die Umsetzung der Barrierefreiheit ging, damals war die Gebärdensprache noch nicht offiziell anerkannt. Das Arbeiten mit rechtlichen Grundlagen gestaltete sich als diplomatischer Balanceakt, der immer auch davon lebte, dass ich die soziale Ader der Mitmenschen traf. Hörschädigungen konnten jeden Menschen treffen.

John, wie bereits erzählt, war ein Mensch, der Harmonie und die ruhige, sachliche Gesprächsebene suchte. Das machte ihn angreifbar für Menschen, die ihn ausnutzten und als Projektionsfläche für eigene Probleme nutzten. Er litt sehr und war nahe dran, sich das Leben zu nehmen, er konnte nicht mehr und ging. An Johns Stelle trat Will. Will war Ergotherapeut, optimaler konnte es nicht gehen, denn es sollte auch ein therapeutisches Angebot vorgestellt werden. Es bot eine Möglichkeit für Kinder, Mehrfachbehinderte, chronisch Kranke, alte Menschen, Menschen, die erschöpft waren, es war einfach das, was gebraucht wurde. Er hatte das Wissen, Können und die offene, unkomplizierte Art der Jugend, aber auch eine gewisse Empathie, die man braucht, um diese Arbeit leisten zu können und er fügte sich schnell in unser Team ein, er passte zu uns. Das war wichtig, da alle Kollegen gebärdensprachbegabt und gebärdensprachkompetent sein mussten, um den Klienten eine barrierefreie Kommunikation bieten zu können.

Ich schloss den theoretischen Teil meiner Ausbildung ab und nun wollte ich noch ein Praktikum in einer Klinik machen, das Bestandteil der praktischen Ausbildung war; jeder sollte sich ein anderes Arbeitsfeld für seine Projektarbeit suchen. Mir kam der Gedanke, eine Hausarbeit zu schreiben, die im Zusammenhang mit psychischen und suchtrelevanten Problemen hörgeschädigter Menschen stand und da bot sich die Klinik geradezu an. Es war ohnehin ein Ziel, mit der Klinik zusammenzuarbeiten, um eventuell auch für Hörgeschädigte eine Anlaufstelle zu haben. Nach einem Gespräch mit dem Klinikleiter bekamen Janus und ich die Chance, drei Monate standen uns zur Verfügung. Wir bekamen Unterkunft und Essen. Ich erlebte die Mitarbeiter der Klinik als unglaublich aufgeschlossen für die Belange der hörgeschädigten Menschen und eine Bereitschaft, die Hoffnung machte. In der Klinik lernten wir viel über die praktische Seite der psychosozialen Arbeit, konnten so manchen theoretischen Aspekt besser untermauern und auch weiterspinnen, was Hilfeangebote betraf. Nach Beendigung des Praktikums schrieb ich die Hausarbeit mit Erfolg.

Der Leiter der Klinik suchte meinen Vorgesetzten auf und wir sprachen über die Erstellung eines Konzeptes. In diesem Zusammenhang sprach der Leiter der Klinik zu einem späteren Zeitpunkt noch einmal bei meinem Vorgesetzten vor und fragte, ob es möglich wäre, dass ich als Mitarbeiterin in die Klinik wechselte und in Kooperation mit dem Sozialprojekt arbeitete. Dieser lehnte das Ansinnen ab, der Klinikleiter akzeptierte das. Mein Vorgesetzter begründete es damit, dass er mich für die unmittelbare Sozialarbeit mit Klienten brauche und nicht auf meine Mitarbeit verzichten könne. In diesem Moment dachte ich, dass ich als ebenfalls Betroffene, seine Entscheidung verstehen und nachvollziehen könne und ich bliebe, weil ich zur Gemeinschaft der Hörgeschädigten gehörte. Trotzdem zu bleiben, auch wenn ich an wichtigeren Orten gebraucht wurde war für mich eine Geste der Solidarität. Wer ahnte schon, dass ich eine Nummer zu groß dachte, dass es nicht wirklich auf meine Solidarität ankam.

An diesem Punkt begann die Entwicklung der Projekte zu stagnieren. Irgendwie hatte ich den Eindruck, dass eine weitere Öffnung nach außen unerwünscht war. Es sollte jetzt so bleiben, wie es lief. Ich hatte zusätzlich das Gefühl, dass ich mich in ein Abhängigkeitsverhältnis begab, es gab Suchttendenzen, denen ich mich zu entziehen versuchte, um mich selbst zu schützen und um einseitige Polaritäten zu vermeiden. Ich sagte öfter „Nein" und versuchte darauf hinzuweisen, dass es Probleme gab, die nichts mit mir zu tun hatten. Inzwischen beendete ich die Ausbildung mit Erfolg, Janus ebenso. Die Ausbildungsstätte hatte ihren Test mit Bravour bestanden, und sie wurde mit Anerkennung dafür belohnt. Nun hatte ich einen Abschluss, den ersehnten Abschluss, er sollte noch sehr wichtig werden.

Es gab immer neue Anschuldigungen, die ich zu entkräften versuchte, dachte ich doch am Anfang noch, dass ich selbst auch schauen müsste, ob ich nicht doch noch etwas übersehen hatte, bis mir klar wurde, dass es ein Ziel gab: Ich sollte gehen! Ich war nun unerwünscht und eine von vielen Begründungen dafür war, dass ich hörenden Menschen zu sehr zugetan sei. Gerüchte machten die Runde, unter anderem auch, dass ich ebenfalls hörend sei, dass ich nur so täte, als ob …, dass ich schlechte Arbeit leistete und vieles andere mehr.

Loyalität, medizinische Rehabilitation und menschliche Wärme

Mick war hin und her gerissen, wir hatten auch privat einige größere Hürden zu meistern. Maria befand sich jetzt in der Phase der späteren Pubertät und drängte darauf, eigene Wege zu beschreiten, wollte sich aus der mütterlichen Übermacht befreien. Mick war nicht ihr leiblicher Vater und sie konnte ihn auch nicht als ihren Vater betrachten, was wir sehr gut verstanden und auch so annehmen mussten. Trotzdem war es nicht leicht, ein Kind loszulassen, aber wir stimmten zu, als sie den Vorschlag machte, sich eine eigene Wohnung zu suchen. Sie nähme sich sozialen Beistand, um selbstständiger werden zu können. Wir fanden alle, dass dies nicht falsch sein konnte, und wenn es schief ging, könnte Maria ja jederzeit zurückkehren, obwohl wir ihren Fähigkeiten mehr vertrauten, als sie selbst ahnte. Hinzu kam, dass Mick noch immer alle seine bisherigen Ämter inne hatte, Theater spielte, Kurse gab, eine Rolle im Vorstand des Stadtverbandes innehatte und er war zudem sehr beliebt und stand im Mittelpunkt vieler Aktivitäten, was ihm auch eine gewisse Größe verlieh. Er konnte und durfte zu Recht stolz auf sich sein. Die Vorstandsfunktion war seine ambivalenteste Rolle, zumal er auch Entscheidungen in Bezug auf meine Person mittragen musste.

Nach einem längeren Gespräch mit meiner Therapeutin war mir klar, dass ich nun auch erschöpft war, nahe dran auszubrennen und in Depressionen zu versinken. Ich musste etwas tun, und sie empfahl mir, eine medizinische Rehabilitation zu beantragen, die schnell bewilligt wurde. Da ich ertaubt war, war es wichtig, in eine Klinik zu gehen, die spezielle Angebote für hörgeschädigte Menschen bereithielt. Am 4. Januar 2000 war es dann soweit und ich fuhr gemeinsam mit einer anderen gehörlosen Frau hin, besser gesagt, Mick brachte uns mit dem Auto hin. Wir verabschiedeten uns kühl, aber ich konnte mich auf ihn verlassen, was die Kinderbetreuung und Organisation des Alltags betraf. Mick war zuverlässig und fleißig. Mein Vorgesetzter war in derselben Klinik gewesen und nun war ich auch dort. Wie würde es mit mir weitergehen?

Zunächst wurden die Gruppen miteinander bekannt gemacht, Therapien verordnet, auch das Walken oder Joggen am frühen Morgen gehörte dazu. Es war Winter, die Luft klar und kalt – noch war es dunkel und glücklicherweise liefen wir immer in der Gruppe durch den Wald. Ich fing langsam an und steigerte meine Kondition schnell, bis ich die ganze Strecke durchhalten konnte. Am Ende des Hinweges kam man auf eine Anhöhe, dort blieb man eine Weile stehen, um inne zu halten und kehrte dann wieder um. Bisher war die Sicht von Nebel getrübt gewesen, bis ich einmal bei Tageslicht auf der Anhöhe stand und vor Staunen ganz still wurde. Ich hatte noch nie ein Bergrelief aus relativ naher Entfernung gesehen und es war eine ergreifende Erfahrung für mich. Von nun an lief ich täglich dorthin und blickte zu den Bergen und wünschte mir gute Lösungen und Kraft dafür, schwierige Zeiten zu meistern. Das Joggen entwickelte sich zu einer meditativen Technik, während des gleichmäßigen Laufens kamen auch meine aufgewühlten Gedanken zur Ruhe. Ich konnte langsam wieder durchatmen.

Die therapeutischen Sitzungen bewirkten das Aufwühlen alter Erfahrungen, dazu gehörten auch alle Erfahrungen, die mit Gewalt zu tun hatten. Doch mittlerweile erlebte ich während der Arbeit eine andere Form von Gewalt, psychische Gewalt von Gleichbetroffenen aus meinem eigenen Kulturkreis, dem der Gemeinschaft hörgeschädigter und gehörloser Menschen. Ich wusste schon, dass ich mich darauf einstellen musste, den Arbeitsplatz verlieren zu können. Und meine Sinne schärften sich, nahmen alles auf, was ich für mich an ausgleichenden Strategien erwerben konnte, um mich selbst tösten zu können.

Die letzten Wochen der Rehabilitation verbrachte ich mit einigen neu gewonnen Freunden meiner Gruppe und wir nahmen nacheinander voneinander Abschied, versprachen, in Kontakt zu bleiben, was auch so kam. Mick kam zu einem Paargespräch, es ging dabei um das Thema: wichtige Menschen und deren Platz in unserem Leben. Er entschied sich für seine Familie und als er nach Hause zurückkehrte, trat er aus fast allen Ämtern oder ehrenamtlichen Aktivitäten aus, wobei ihm klar war, dass er auch eine kulturelle Heimat aufgäbe. Wir sprachen darüber, ich teilte ihm meine Skepsis mit. Doch er blieb dabei und wollte schauen, wie er sich mit neuen Realitäten anfreunden könne. Wir gaben uns eine Chance auf mehr gemeinsame Stunden und dachten dabei auch an unsere Kinder.

Maria war inzwischen in eine eigene Wohnung umgezogen, sie war fleißig dabei, diese einzurichten und sich auf neue Herausforderungen vorzubereiten.

Innere und äußere Prozesse

Schmal war ich geworden, aber nicht dünn – sehr blass, der Winter hatte keine Farbe auf meine Wangen gezaubert. Meine Haare waren wieder etwas länger, ich wirkte jünger, aber gleichzeitig auch gereifter.

Wieder in meiner alten Umgebung – ich hielt mich daran, mir Freiräume zu schaffen, mich besser abzugrenzen und auch „nein“ zu sagen, wenn ich „nein“ meinte. Das Laufen wurde zu einer täglichen Meditationsübung – die ich noch vor Arbeitsbeginn durchführte. Sie war unwahrscheinlich wichtig, weil ich beim Laufen im Augenblick blieb – der Fokus richtete sich auf die gleichmäßigen, beruhigenden Bewegungen und auf den Atem. Ich war froh, dass im privaten Bereich Ruhe einkehrte, dass es möglich wurde, eine Orientierung zu finden, die meinen Mann und mich wieder hoffen ließ, für uns als Familie. Ohne eine stabile häusliche Grundlage wäre es mir nicht möglich gewesen, mit einer gewissen Gelassenheit die nun folgende Zeit zu überstehen.

Eines Tages erhielt ich ein Schreiben, die Kündigung wegen ungebührlichen Verhaltens. Ich widersprach der Kündigung. Bei einer vorhandenen Behinderung des Arbeitnehmers ging das Schreiben auch an das zuständige Integrationsamt, welches eine Stellungnahme von mir einholte. Es war schwer, diese zu schreiben, denn die Gründe für die Kündigung betrafen auch meine Kollegen. Ich konnte nicht über sie schreiben, sondern sie konnten nur ihre eigene Sicht wiedergeben, was sie dann auch alle taten. Es war eine sehr mutige Geste – mutig, zu dem zu stehen, was man unter Fairness und Mitmenschlichkeit verstand. Gleichzeitig ging ich zur Gewerkschaft, ließ mich dort über meine Rechte beraten, nahm weiterhin therapeutischen Beistand an, ließ mir von der Agentur für Arbeit und vom Sozialamt bestätigen, dass ich zu keinem Zeitpunkt im Zusammenhang mit Angelegenheiten, welche den Arbeitgeber betrafen, bei ihnen war.

Am 10. September 2001 fuhr ich mit Mick nach Berlin und holte mir von einer kompetenten Frau Inspirationen für eine Entscheidungsfindung – eine Entscheidung hatte ich treffen müssen, mir fehlte nur noch das richtige Gefühl für das intuitive Gespür. Einen Tag später der Terrorangriff auf das World Trade Center – und ich reichte, nachdem mir meine Kollegen auf energische Weise Mut zusprachen, die Kündigungsschutzklage ein. Eine Nachfolgerin für mich wurde gefunden, diese würde meinen alten Arbeitsplatz einnehmen. Sie hatte mit der ganzen Sache nichts zu tun, auch für sie war es ein denkbar ungünstiger Einstieg, zumal sie mitbekam, dass sie an meine Stelle trat. Ich war natürlich oft tieftraurig, hatte Ängste vor dem, was die Zukunft brächte,

Sorgen, für Momente fühlte ich aber auch, dass eine Last leichter wurde. Es begänne etwas Neues – auf jeden Fall, auch wenn ich noch nicht wusste, was auf mich zukam. Sie hatten mich gefördert - und als ich zu eigenständig wurde, fallen lassen? Zu gefährlich – für wen und für was? Doch auch auf Frauen wirkte ich zu eigenständig und zu fragend – unbequem. Mir tat es Leid, dass es so kommen musste. Sie würden ihren eigenen Weg gehen und ich meinen. Dankbarkeit – auch dieses Gefühl war dabei – denn ich konnte mich entfalten, konnte mich noch besser verstehen. Es war kein Zufall, dass ich dort arbeiten konnte und auch kein Zufall, dass es zur Trennung kam. Oft weinte ich, aber riss mich dann auch wieder zusammen, ging zum Fitness oder begann zu Joggen, um der Anspannung zu entfliehen. Meine Familie, Verwandten, Kollegen, Freunde, Klienten, die zu mir hielten, die Therapeutin, mein Anwalt – alles Menschen, die mir gut taten, die da waren, als ich zweifelte. Meine neuen Kurfreunde besuchten mich, schrieben Briefe oder Faxe – sie wurden in unserem bereits vorhandenen Freundeskreis willkommen geheißen. Halt war in dieser Zeit wichtiger denn je.

Ich fragte in der Tinnitus-Klinik B. A. nach, ob ich einmal vorsprechen könnte, man lud mich ein zu einem Gespräch, eine Stelle als Sozialarbeiterin stünde jedoch aus. Trotzdem fuhren Mick und ich hin, es kam zu einem Personalgespräch mit der Klinikleitung – mit dem Ergebnis, dass ich dort anfangen könnte. Ich konnte es nicht so recht glauben, war es ein Traum? Bevor ich anfinge, könnte ich auf eine Probewoche anreisen – um zu schauen, wie ich mich dort einarbeiten könnte. Zunächst aber stand der Verhandlungstermin bevor. Wie würde er ausgehen? Und wie kamen wir alle mit dem zu erwartenden Urteil zurecht? Ich blieb seltsamerweise ruhig – war müde, mein Schwiegervater war zu Besuch. Gut, dass er an der Verhandlung teilnehmen würde.

Wieder ein Tag, welcher mein Leben neu ausrichtete:

Meine Therapeutin fuhr mit Mick, Maria und mir zum Arbeitsgericht. Dort warteten viele Menschen, alle Stühle im Saal waren besetzt – natürlich mein Arbeitgeber, Vorstandsvertreter, mein unmittelbarer Vorgesetzter, seine Familie und alle Kollegen des Gehörlosenzentrums, viele meiner Klienten, einige Freunde und Bekannten. Ich staunte über diese Resonanz. Der Gebärdensprachdolmetscher – er war da – das war Pflicht. Noch sehe ich mich in das Gebäude gehen, blass, schwarze Hose, grauen Rolli und dazu ein schlichtes, schwarzes Wolljackett, die Haare aus dem Gesicht gestrichen, zu einem Zopf zusammengebunden – begrüßte, die Menschen, die mir nahe waren. Meine Therapeutin sprach mir Ruhe zu, ich nickte – sie setzte sich neben Maria und

Mick in die Besucherreihe. Der Dolmetscher besprach noch kurz die Kommunikationsform mit mir, bevor ich neben dem Anwalt auf der Parteienbank Platz nahm. Ich konzentrierte mich auf die Leere – auf das Nichts. Das half, ich wurde ruhig. Es würde ein Urteil geben und ich wäre frei. Der Kündigung konnte nicht stattgegeben werden – ich müsste wieder eingestellt werden oder es könnte zu seinem gütlichen Vergleich kommen. Ich sagte: „Ich möchte den Vergleich nicht annehmen!" Ein Raunen zog durch den Saal, ungläubiges Getuschel und es trafen mich zornige, teilweise freudig erregte oder besorgte Blicke. Ich konnte genau erkennen, welche Gedanken die unterschiedlichsten Reaktionen steuerten. Die Richterin sprach das Urteil – welches nun auf Wiedereinstellung hinauslief.

Nichtsdestotrotz sagte ich meinem Anwalt hinterher, dass ich einem Vergleich zustimme, der auf eine einvernehmliche Auflösung des Arbeitsverhältnisses hinauslief. Erschöpft und traurig war ich – teilte keinen Jubel, trotzdem – ich war frei, sah mich wieder aufschwingen!

Stationen

Ende der neunziger Jahre zogen wir noch einmal in eine neue Wohnung. Die Räume waren Licht durchflutet und hatten einen Hof, auf dem die Kinder frei herumtollen und Feste feiern konnten. Die tolle Hausgemeinschaft war überaus herzlich. Jessicas Schulanfang feierten wir in diesem Hof, besser konnte es nicht sein.

Ich fuhr für eine Woche nach Bad Arolsen, um mich umzuschauen und ein neues Arbeitsumfeld kennen zu lernen. Die Stadt, viele 100 Kilometer von meiner Heimat entfernt, war klein, von viel Wald umgeben, besaß ein barockes Schloss mit angrenzender Gartenanlage und einem Gestüt, das zu einem Museum umgestaltet wurde. Die Landschaft lud dazu ein, Sport zu treiben und die Natur zu erleben. Die Stadt erinnerte mich sehr an meine Geburtsstadt. In dieser Woche wohnte ich in der Klinik und konnte auch die einzelnen Mitarbeiter, wie Ärzte, Therapeuten, Verwaltungspersonal und andere Mitarbeiter kennen lernen, Fragen stellen und mir ein Bild vom hochinteressanten Klinikalltag machen. Das Management einer Klinik glich dem einer großen Firma, unglaublich, was an Organisation geleistet wurde, damit ein Rädchen ins andere griff. Die Klinik selbst war in einem denkmalgeschützten Bau mit modernem Anbau untergebracht. Sie war nicht sehr groß, aber mit allem Notwendigen ausgestattet. Der Frühling erwartete mich vollen Pracht, viel Grün und Sonne, mir gefiel es von Anfang an in dieser Gegend. Abends ging ich in den Speisesaal, in dem auch Kollegen ihre Mahlzeit einnahmen und setzte mich zu zwei Ärztinnen, Tatjana und Laura. Sie nahmen mir die erste Scheu, tauschten sich mit mir aus und erzählten, dass sie auch an Gebärdensprachkursen teilgenommen hatten. Ich freute mich über ihre Gebärden, fühlte mich gleich wohl in ihrer Nähe. Später ging ich mit ihnen zu einer Tai-Chi-Stunde. Dort arbeiteten auch Kollegen, die selbst schwerhörig waren oder gehörlose Eltern hatten, also einen sehr persönlichen Zugang zur Hörproblematik besaßen und wussten, worum es ging, wenn die Sprache auf Hörschädigung kam. Ich war froh, gleich so gut in das Arbeitsteam einsteigen zu können. Nach dieser Woche fuhr ich wieder nach Hause.

Im Mai 2002 begann ich dann mit der Arbeit. Ich bekam ein wunderschönes großes Büro mit neuen Möbeln und wenn ich aus dem Fenster sah, blickte ich auf Grün. Ich eroberte mir meinen Arbeitsbereich und gewöhnte mich allmählich an die klinische Aufgabenstellung. Ich war die einzige gehörlose Mitarbeiterin, die Kollegen und ich vollbrachten eine echte Bravourleistung – innere und äußere Integration im Arbeitsleben, in einem Bereich, der von Kommunikation lebte. Darauf konnten wir stolz sein, nicht schon zu der Zeit, aber im Nachhinein, denn das war nicht so selbstverständlich, wie es manchmal in den Medien dargestellt wird. Hinzu kam auch meine persönliche Erfahrung im Gehörlosenzentrum, in dem ich unter anderem wegen dieser Öffnung nach außen auf Barrieren gestoßen war. Ich war demütiger, als man mir ansah, sehr dankbar, dass das Schicksal es gut mit mir meinte und mir zeigte, dass es Lichtblicke gab und es möglich war, Integration zu leben. Integration war keine Illusion oder Vision, es gab sie wirklich.

Ich beriet Patienten in sozialrechtlichen Angelegenheiten oder zeigte ihnen Kommunikationsfertigkeiten, die sie am Heimatort weiter erlernen konnten. Zum Beispiel die Gebärdensprache, die ja auch an Volkshochschulen gelehrt wird. Bei Bedarf forderte ich Gebärdensprachdolmetscher an, welche sehr zuverlässig waren, ohne sie hätte ich an Gruppensitzungen kaum teilnehmen können. Dies war möglich, denn das Sozialgesetzbuch IX sah für behinderte Menschen Arbeitsassistenz oder Dolmetscherkostenübernahme vor, damit auch behinderte Arbeitnehmer ihren Beruf genauso wie nicht behinderte Menschen ohne Barrieren ausüben konnten.

Der Kontakt zu manchen Kollegen oder Kolleginnen entwickelte sich bis hin zu Freundschaften, zu tiefen Freundschaften. Wir trafen uns in der Freizeit zum Wandern, Walking, Essen, kochten gemeinsam, gingen ins Kino, fuhren zum Shopping, besuchten Museen, gingen schwimmen, feierten Feste oder fuhren mit dem Rad.

Die Gebärdensprachkurse wurden von einem gehörlosen Dozenten geleitet. Dieser war eine charismatische Persönlichkeit und wieder bestätigte sich, dass auch hörgeschädigte Menschen in der Lage waren, sich in beiden Welten zu behaupten und ihr ganz persönliches Glück zu finden. Mit dazu bei trägt in erheblichem Maße der ungeheure Reichtum der Gebärdensprache, die einem innerhalb der Gehörlosenkultur auch einen nicht unbeträchtlichen Selbstwert vermittelt. Das sahen auch viele meiner hörenden Kollegen so. Wichtig war nur, dass die Bedingungen für das Gedeihen einer derartigen Kompetenz geschaffen wurden. Ein Hauptziel, wie ich fand.

Nach erfolglosen Bemühungen, eine Arbeit für Mick in Bad Arolsen oder Umgebung zu finden, bahnte sich eine Erschöpfung an, die mich an alte Traumata erinnerte. Ich spürte, dass ich dagegen etwas unternehmen, eine Lösung für mich finden musste. Vielleicht verzichten oder verstehen lernen, dass das Leben nicht alles bot, was man brauchte. Ich fuhr noch einmal für sechs Wochen zur Kur, um nach eigenen Lösungen zu suchen, nach Wegen, die gangbar waren. Diesmal setzte die Erholung nicht so ein, wie ich es erhofft hatte. Ich hatte aber Wahlmöglichkeiten, welche ich mir immer wieder bewusst zu machen versuchte. Entweder weiter pendeln oder eine berufliche Rehabilitation zu beantragen.

Wieder zurück in Bad Arolsen, erhielt ich am Muttertag, ein Fax von Jessica, es lag auf meinem Schreibtisch. Es berührte mich so, dass ich meinen Arbeitgeber um ein Gespräch bat. Einen Tag später verabschiedeten wir uns. Es war einer der schwersten Abschiede für mich, Abschiede von ihm und von allen Mitarbeitern in diesem Hause. Sie wussten nicht, wie wertvoll die Zeit für mich bei ihnen gewesen war, für meinen Glauben an Menschen, an gute Zeiten und auch an Glück.

Meine Freundinnen waren teilweise sehr angetan davon, dass ich als Mutter den Mut gehabt hatte, getrennt von der Familie zu leben und zu arbeiten. Dabei dachte ich an den Ausspruch, dass Menschen oft gerade das möchten, was sie im Moment nicht hatten. Mick kam und wir luden das ganze Gepäck in unser grünes Auto. Mit wehmütigem Gefühl fuhren wir nach Hause, denn auch Mick und die Kinder waren oft in Bad Arolsen und wurden mit weitem Herzen aufgenommen.

In C. angekommen – aufatmen. Ja, ich brauchte zusätzlich zur Familie auch die Großstadt, die Hörgeschädigtengemeinschaft, mein anderes soziales Umfeld, alte Freunde und die größere Vielfalt. Zu Hause liefen die Dinge, es war Sommer und wir waren wieder zusammen und hatten Freunde um uns, sehr gute Freunde, vor allem meine Freundinnen. Nur meiner Mutter ging es nicht sehr gut, auch wenn sie mir kaum von ihren Beschwerden schrieb, die sie auf „allgemeine Zipperlein“ zurückführte. Ich ahnte, dass sie noch immer der Sucht verfallen war. Aber ich ging nicht wieder darauf ein. Meine Briefe sprachen davon, dass ich ihre Entscheidung dort beließe, wo sie hingehörte - bei ihr. Das half uns, unsere postalische Nähe aufrecht und ein hohes Maß an angenehmer Kommunikation beizubehalten.

Im Spätsommer 2004 kam meine Mutter mit akutem Leberversagen in die Klinik und von dort aus in eine stationäre Pflegeeinrichtung. Eine Woche vor meinem Geburtstag kam die Nachricht vom Tode meiner Mutter. Wir waren selten über einen längeren Zeitraum richtig zusammen, aber sie war meine Mutter und sie fehlte mir sehr. Nun war sie endgültig gegangen, nur noch spirituell erreichbar für mich. Die Trauerfeier fand im Kreise ihrer drei Geschwister, deren Familien, ihren Kindern, Freundinnen und Bekannten statt. Sie wurde im Gemeinschaftsgrab, in dem auch ihre Eltern ihre letzte Ruhestätte haben, beigesetzt. Friedhöfe – für mich haben sie keine Bedeutung, ich würde kaum an ihr Grab gehen wollen. Geliebte Menschen bleiben in meinem Herzen.

Lichtpunkte in der Dunkelheit

Ich erhielt eine Einladung von einer Fachklinik, in der auch hörgeschädigte Kinder und Jugendliche behandelt werden. Mick und ich fuhren dorthin und schauten uns die Arbeitsbedingungen an, das inhaltliche Konzept gefiel mir, war es doch ein Bereich, der für mich wirklich eine Herausforderung darstellte. Vor allem deshalb, weil ich aus eigener Erfahrung wusste, wie sehr Kinder und Jugendliche leiden konnten, ganz anders als Erwachsene, sind sie noch am Anfang ihres Lebens. Mein Mitgefühl war zwar stark, aber nicht so, dass ich das Gefühl hatte, mich nicht abgrenzen zu können. Die Klinik selbst lag ziemlich abgelegen in einer ländlichen Umgebung. Hätte ich mich dafür entschieden, hätte mir erneut eine familiäre Trennung bevorgestanden. So sagte ich ab.

Aus dem Internet erfuhr ich von einem Führungskräfteseminar in R., in der Nähe des Wohnortes meiner Schwiegereltern. Warum nicht daran teilnehmen? Schaden konnte es nicht. Gleichzeitig konnten wir die Eltern von Mick besuchen. Also meldete ich mich bei der Veranstaltung an. Eine Dozentin der Gallaudet Universität für Gehörlose aus Washington leitete dieses Seminar. Es war für hörgeschädigte Führungskräfte oder Hörgeschädigte gedacht, die mehr berufliches Können erwerben wollten. Unsere amerikanische Dozentin, etwas älter als ich, mit Herzensbildung und Geist, führte uns hervorragend durch das Seminarprogramm, wir lernten viel Neues, auch über die Geschichte der amerikanischen Studenten an der Gallaudet Universität, die für ihre Rechte auf die Straße gingen. Sie wussten, wo ihre Bedürfnisse lagen, was sie wollten und wofür sie lernten. Deutschland empfand ich in diesem Bereich immer noch als ein „Wintermärchen". Aber gut, dass wir dort saßen und zuhörten, überlegten was zu Hause möglich sein könnte, was wir weitergeben konnten und vor allem, wie.

Es wurde kälter, der Herbst zog ins Land, Schnee fiel. Ich saß vormittags und in so mancher Nacht schreibend am Computer. Wenn ich aus dem Fenster blickte, um meinen müden Augen Pausen zu gönnen, sah ich Lichtpunkte in der Dunkelheit – Menschen, die noch wach waren – aus welchen Gründen auch immer. Ich versuchte mir vorzustellen, was sie gerade tun mochten, ob sie sich wohl fühlten oder ob sie gerade allein waren und sich Nähe wünschten. Ich erinnerte mich an schlaflose Nächte, die meinen Kindern gewidmet waren, weil sie gestillt oder getröstet werden wollten, Stunden der emotionalen Hingabe, der Zärtlichkeit oder der Angst und Verzweiflung, mein Leben eben …

Diagnose Hörgeschädigt

Was Eltern hörgeschädigter Kinder wissen sollten
von Olaf Fritsche und Karin Kestner

Dies ist das erste umfassend informierende und nichts ausklammernde Buch zum Thema „hörgeschädigtes Kind“! Dieses Buch erklärt in verständlicher Form, was Eltern, Lehrer und Berater über die Hörschädigung von Kindern und Säuglingen wissen möchten und sollten.

Es fängt Eltern auf in ihrer Angst, beschreibt die medizinischen Grundlagen und Untersuchungsmethoden, die verschiedenen technischen Hilfsmittel, wo sie praktische Hilfe und Unterstützung bekommen können, welche Möglichkeiten sie haben, mit ihrem Kind zu kommunizieren, wie sie finanzielle Zuschüsse und Erleichterungen erhalten und was bei der Wahl eines Kindergartens oder einer Schule zu beachten ist. Es enthält Tipps für den Alltag und einen umfangreichen Anhang mit wichtigen Adressen.

Das Buch liefert das Wissen, um in Gesprächen mit Ärzten, Beratern, anderen Eltern und erwachsenen Hörgeschädigten gezielte Fragen zu stellen und die Antworten zu verstehen. Es bietet eine umfassende Orientierung und macht Mut, sich den Herausforderungen aktiv und zuversichtlich zu stellen.

Empfohlen vom Deutschen Gehörlosenbund und dem Bundeselternverband gehörloser Kinder e.V. (www.gehoerlosekinder.de).

170 Seiten mit vielen erklärenden Abbildungen.
Verlag Karin Kestner

ISBN 3-9810709-3-3
ISBN 978-3-9810709-3-4
Preis 21,50 EUR

Und jetzt ...? Unser Kind ist gehörlos!

Unterstützungsmöglichkeiten
für Eltern mit hörgeschädigtem Kind
von Carla Vogel

Mit Vorwort von Frau Prof. Dr. Erika Schuchardt.

Für Eltern soll das Buch eine Hilfestellung und Unterstützung sein. Es versucht bei der Entscheidungsfindung nach dem „richtigen Weg“ für das eigene „besondere“ Kind zu helfen und mögliche Schuldgefühle nach einer getroffenen Entscheidung nicht erst aufkommen zu lassen. Es erklärt bestimmte Krisenverarbeitungsprozesse, macht sie sichtbar und verstehbar. Beratern soll dieses Buch Hilfestellung sein und Anregungen geben.

Sozialpädagogische Beratung muss transparent und reflektierbar sein. Berater müssen sich über ihre Einfluss nehmende Rolle im Beratungsprozess bewusst sein. Wenn Beratung nicht mehr neutral ist, kann sie Schuldgefühle bei den Hilfesuchenden auslösen, sodass diese Beratung den Eltern möglicherweise nur teilweise bei der Verarbeitung der Krise hilft. Das Buch zeigt, dass eine Kooperation der Fachleute – Eltern und Experten – sowie eine Akzeptanz einer elterlichen Entscheidung nach dem eigenen Weg, eine wichtige Rolle im Prozess der Krisenbewältigung und Verarbeitung spielt.

Interessierten gibt dieses Buch einen Einblick in die Thematik der Hörschädigung und damit der Problematik einer diagnostizierten Hörschädigung.

140 Seiten.
Verlag Karin Kestner

ISBN 3-00-009469-5
ISBN 978-3-9810709-2-7 Preis 21,50 EUR

Kleines Wörterbuch der Babyzeichen

Mit Babys kommunizieren, bevor sie sprechen können
von Vivian König

Das Buch zur Babyzeichensprache in Deutschland

Neu - endlich auch in Deutschland! Das erste Buch mit deutschen Babyzeichen! In England und den USA heißt es „Baby-signing", in Deutschland heißt es „Babyzeichen"! In den USA, Skandinavien und in Großbritannien wissen es alle jungen Eltern schon lange. Durch Babyzeichen können sich alle Babys schon ab dem 6. Monat verständlich machen und so ihre Bedürfnisse früh äußern.

Mütter und Väter sind begeistert! Das Rätselraten, warum das Baby schreit oder weint, hat nun ein Ende. Ihr Baby kann Ihnen schon früh mitteilen, dass es Hunger oder Bauchweh hat, dass es etwas trinken oder mit Mami kuscheln möchte.

130 Seiten mit 70 Fotos.
Verlag Karin Kestner

ISBN 3-00-015931-2
ISBN 978-3-00-015931-2

Preis 17,50 EUR